MW01240613

Eduardo Thomann
Visión y pasión en tinta y papel

Silvia C. Scholtus - Mario E. Roscher

Libros de la serie
BIBLIOTECA DE ESTUDIOS DE HISTORIA
ADVENTISTA

1. Eduardo Mauro Velardo (Argentina). *Braulio Pérez Marcio y la evangelización radial.*
2. Silvia C. Scholtus y Mario E. Roscher (Argentina). *Eduardo Thomann: Visión y pasión en tinta y papel.*

Silvia C. Scholtus
Mario E. Roscher

EDUARDO THOMANN
Visión y pasión en tinta y papel

Prólogo
Miguel Ángel Núñez

Biblioteca de estudios de historia adventista

Editor
Miguel Ángel Núñez

FORTALEZA
EDICIONES

FORTALEZA EDICIONES
librosfortaleza@gmail.com

© Silvia C. Scholtus, 2019
© Mario E. Roscher, 2019

SCHOLTUS, Silvia C. y ROSCHER, Mario

Eduardo Thomann: Visión y pasión en tinta y papel. / Silvia C. Scholtus y Mario E. Roscher / Valencia: Fortaleza Ediciones, 2019. Serie: Biblioteca de estudios de historia adventista. Prólogo: Miguel Ángel Núñez .

15.24 x 22.86 cm. 323 páginas.

1. Historia adventista. 2. Publicaciones. 3. Eduardo Thomann 4. Evangelización.

Derechos reservados

© Silvia C. Scholtus, 2019
© Mario Roscher, 2019
© Fortaleza Ediciones, 2019

Editor de la serie: Miguel Ángel Núñez
Diseño de portada e interior: Servicios Editoriales FE

FORTALEZA EDICIONES
Quart de les Valls, CP 46515
Valencia
España

Contenido

PRÓLOGO

L as nuevas generaciones suelen actuar como si el pasado fuera solo un recuerdo sin importancia, lo que no alcanzan a captar es que sin las acciones decididas de las personas que estuvieron antes difícilmente podrían gozar de las consecuencias positivas en el presente.

En todos los grupos humanos hay héroes anónimos, personas con vocación de servicio, individuos que no dudaron en dar el todo por el todo para lograr objetivos a largo plazo en aquello que se han propuesto.

Este libro no solo es la historia de un visionario y la trayectoria de un hombre que buscó servir con honestidad para llevar el evangelio a quienes no lo conocían utilizando las herramientas propias de quienes buscan hacer todo lo posible, con tinta, papel y voz. También es el sendero de un ideal que comenzó con un chasco y terminó siendo un movimiento internacional de alcances insospechados en un comienzo.

Silvia C. Scholtus y Mario E. Roscher, han logrado sintetizar en estas páginas no solo la historia de este joven de origen suizo que llegó a Sudamérica cargado de ilusiones y con la idea de convertirse en un agricultor, y luego en un artesano-empresario, y que cambió todo por el llamado a predicar el evangelio, es también la historia de un sueño, de múltiples situaciones que supusieron esfuerzos enormes para cimentar la vocación de servicio de quienes vinieron a predicar y dar a conocer el evangelio en tierras del sur.

No es fácil hacer un libro de esta envergadura, porque supone rastrear información en documentos no publicados, en artículos de revistas, en necrologías, incluso, en entrevistas a personas que conocieron a quien se está investigando. De allí el mérito de este volúmen y el de los autores que lo han escrito.

Eduardo Thomann, ebanista de profesión, artesano que labraba la madera con maestría, conoció el mensaje adventista de una manera muy especial y tomó decisiones radicales que implicaron no solo cambios para él, sino para muchos de sus allegados, que se entusiasmaron con su arrojo y valentía para dar pasos visionarios que llevaron a la publicación de revistas y libros, y a comenzar la obra en lugares donde el evangelio no se podía predicar debido a ignorancia, prejuicios e intolerancia.

El adventismo, desde sus inicios, nació con un afán de predicar el mensaje a todo el mundo. Los comienzos fueron difíciles, tuvieron que aprender en el camino, y por todo el mundo se distribuyeron personas que iban con el afán de comunicar a la mayor cantidad posible de gente las buenas nuevas. A Sudamérica vinieron predicadores de diferentes lugares, no solo de EE.UU., pero que supieron asimilarse a la cultura de los nativos y criollos con el fin de darles a conocer el evangelio y el mensaje adventista.

Eduardo Thomann, que tenía un plan de vida totalmente desligado del evangelio, cuando conoció el mensaje tomó la decisión de dejar todo y dar un cambio radical. Ver el giro que tomó su vida permite entender cómo las elecciones personales nos llevan por senderos que en algún momento ni siquiera imaginamos.

Ni en sus mejores sueños Eduardo se vió a si mismo siendo un editor y escritor de impacto mundial; un evangelista que estuvo dispuesto a atravesar Los Andes para llevar el evangelio a personas que nunca antes escucharon hablar de la Biblia y de Jesucristo.

Sus decisiones, tal como las de otras personas, sentaron las bases de un movimiento que atraería a miles de personas posteriormente. Poco imaginó Eduardo que sus artículos serían leídos por personas de diferentes países y condiciones sociales, que su influencia perduraría por décadas y que muchas personas seguirían sus pasos, inspirados en lo que él y otros misioneros hicieron, con la seguridad de que estaban difundiendo el evangelio.

Los autores del libro trazan la historia de un joven que nació en Suiza y que vino a Sudamérica buscando nuevas oportunidades de trabajo con su familia y terminó convirtiéndose en un misionero comprometido y ligado a un movimiento naciente, que tuvo muchos detractores en sus inicios, y que terminó convirtiéndose en una iglesia que se tornó en una pieza vital para la educación, la asistencia en momentos difíciles de diferentes países y en la presencia evangélica con la predicación y el consuelo que el evangelio trae a la vida de las personas.

Las nuevas generaciones deben agradecer a quienes vinieron antes. Sin su esfuerzo, tezón y compromiso no gozarían de las bendiciones que viven en la actualidad. El pasado enseña a ser agradecidos en el presente. De lo que se ha vivido se aprende, para no cometer los mismos errores. De las personas que pasaron antes, es posible sacar lecciones de vida, y ese es precisamente, lo que aporta este hermoso libro, que más que una biografía, es la constatación de que es posible vivir los sueños y lograr los objetivos que se han propuesto.

Dr. Miguel Ángel Núñez
Valencia, España

INTRODUCCIÓN

La difusión del evangelio después de la Reforma Protestante del siglo XVI, estuvo ligada a la accesibilidad de las páginas impresas y en especial de la Biblia. Hacía pocos años que había comenzado a funcionar la primera imprenta de Gutenberg. Los años que siguieron estuvieron marcados por una difusión poderosa del evangelio mediante las facilidades que proveía este nuevo invento.

Sin duda, esto también trajo aparejados muchos cambios. Uno de los más importantes fue la educación. Se necesitaba aprender a leer para disfrutar del conocimiento que brindaban tantos libros, panfletos y periódicos que se publicaban.

En el siglo XIX, cuando surgió el movimiento millerita y posteriormente la Iglesia Adventista del Séptimo Día, en Estados Unidos, también se utilizó la imprenta para difundir las creencias en el pronto regreso de Cristo.

En noviembre de 1848, la escritora Elena de White

indicó a su esposo, Jaime White, que iniciara la publicación de un periódico.

> Al salir de la visión, dije a mi esposo: 'Tengo un mensaje para ti. Debes comenzar a publicar una revistita y mandarla a la gente. Será pequeña al principio; pero a medida que la gente la lea, te mandará recursos con que imprimirla, y tendrá éxito desde el principio. Se me mostró que de este humilde comienzo procedían raudales de luz que circuían el mundo'.[1]

En pocas décadas, la revista *Signs of the Times* llegaba a otros continentes. Se replicó la instalación de imprentas propias en varios países fuera de Estados Unidos, como en Europa, imprimiendo sus mensajes en los idiomas de la zona. Periódicos y libros en inglés, alemán y francés llegaron a diferentes lugares.

En 1874, apenas un poco más de dos décadas después del inicio del primer periódico adventista, John N. Andrews fue enviado como misionero a Europa y se estableció en Suiza. Su tarea incluyó iniciar la publicación de periódicos adventistas en idiomas locales. Los creyentes de la iglesia de Tramelan,[2] la primera iglesia adventista de Suiza, enviaron las publicaciones en francés y alemán a sus familiares y amigos que habían emigrado a Sudamérica. Las hojas impresas enviadas no se perdieron. Despertaron inquietudes y pedidos de más información a la casa que las imprimía.

Fue así que en Sudamérica, en el hogar de varias familias de inmigrantes, se despertó el interés por conocer más sobre el mensaje bíblico y las creencias adventistas.

---

[1] Elena G. de White, *Primeros Escritos* (Buenos Aires: ACES, 1962), 4.

[2] La primera Iglesia Adventista en Suiza fue inaugurada con edificio propio en ocasión de la visita de Elena de White en 1886, en la pequeña comunidad de habla francesa de Tramelan. Fue inicialmente un grupo organizado por M. Czechowski en 1865. Véase la historia en https://www.adventistreview.org/church-news/church-buys-oldest-adventist-church-in-europe; y en http://www.adventisthistory.org.uk/documents/rexriches/chapter02.php; Internet (consultada en 17 septiembre 2018).

Eduardo Thomann fue uno de los que fueron impresionados por la literatura adventista que llegó a Sudamérica, a tal punto que en pocos años llegó a ser un visionario y un promotor enérgico de la evangelización mediante las publicaciones. Su historia de vida resulta inspiradora para quienes llevan en el corazón el amor por difundir las creencias cristianas.

¿Cómo fue que un joven nacido en Suiza y que llegó a Chile en 1885 con 9 años, cambió sus convicciones religiosas y con pocos estudios formales llegó a ser un escritor, publicador y fundador de revistas que todavía hoy se imprimen en castellano? ¿Cuál fue su contribución en los inicios de la Iglesia Adventista en Chile, Bolivia, Perú, Ecuador y Argentina? ¿Cómo fue que repitió los efectos de la impresión de la Biblia en los idiomas autóctonos de Europa, en los países hispanohablantes de Sudamérica? ¿Qué rol cumplió Eduardo Thomann en hacer real la visión recibida en 1848 "rodeando al continente sudamericano"? Su trabajo, ¿influyó en el desarrollo de la educación entre la población?

Para poder escribir sobre su vida, se han revisado las historias que surgen de los relatos y escritos del mismo Eduardo Thomann, y también de sus familiares y amigos. Vaya particularmente nuestro agradecimiento al suizo Heinz Wiedemann quien compartiera con nosotros su entusiasmo por las historias de los pioneros adventistas y nos motivó a conocer y escribir la historia de este pionero. Gracias a él recibimos un material valioso que fue en gran parte la base de la redacción de este libro.

En 2013, la revista *Adventist World* publicó una reseña histórica sobre los inicios del adventismo en Sudamérica.[1] El artículo mencionaba el interés despertado por las publicaciones que los adventistas de la primera iglesia de

---

[1] Silvia Scholtus Roscher, "God's bountiful care. The Beginnings of the Seventh-day Adventist Church in South America", *Adventist World*, October 2013, 14-15.

suiza habían enviado a Sudamérica y despertado, así, el interés por sus creencias allí.

Como la revista *Adventist World* "rodea al mundo", pues se publica con una tirada de seis millones por mes en trece idiomas, el ejemplar en alemán de octubre de 2013 llegó a las manos de Heinz Wiedemann, quien conocía la primera iglesia adventista Suiza mencionada. Emocionado, leyó el informe y decidió escribirle a la autora. Le envió un manuscrito sobre la vida de Eduardo W. Thomann, quien había nacido a pocos kilómetros de su residencia. Había sido amigo de Donaldo Thomann, hijo de Eduardo Thomann, a quien conoció en 1952 en México. Después de escuchar las historias que Donaldo le contara sobre su padre, le pidió a los hijos que registraran esas historias para que no se pierdan. Cuando Donaldo se jubiló, junto con su hermana Dorita trabajaron en la redacción y pudieron enviarle a Heinz el manuscrito sobre la vida de su padre Eduardo. Para ese entonces, Heinz había vuelto a vivir a Suiza. Promovió la publicación de la biografía de Eduardo Thomann en alemán para el 2003 aproximadamente. Por esa época, la esposa de Donaldo Thomann envió copia del borrador en español al Centro de Investigación White, ubicado en la Universidad Adventista del Plata, Entre Ríos, Argentina.

La información contenida en el manuscrito y su valor histórico motivaron a los autores a revisarlo. Ese manuscrito base fue corregido pues contenía varias imprecisiones históricas y geográficas, seguramente porque se escribió muchos años después de que sucedieron los hechos narrados. Un detalle muy importante es que este libro incorpora varios capítulos extras con detalles de la vida de Eduardo Thomann que no contenía el manuscrito de los hijos de Eduardo, y que fueron relatos registrados por el mismo biografiado en diferentes informes que escribió en las revistas que publicó. Es decir, que en este libro se consideró la historia de vida contada por el mismo Eduardo Thomann de forma tal que corrige y amplía la historia contada por sus hijos. De allí, que este libro contiene muchas referencias bibliográficas ausentes en el borrador de los hijos. Otro punto importante de este libro es el material fotográfico incluido.

Como autores consideramos que esta historia no es totalmente completa y que puede ser enriquecida por documentos, fotos y testimonios a los que no pudimos acceder.

Deseamos de todo corazón que la inspiración que fue la vida de Eduardo Thomann para quienes la escribimos, también lo sea para aquellos que la lean.

Silvia C. Scholtus y *Mario E. Roscher*
Centro Histórico Adventista
Unión Argentina de los Adventistas del Séptimo Día
Universidad Adventista del Plata
Libertador San Martín
Entre Ríos, Argentina

DISTRIBUYENDO EL MENSAJE DEL EVANGELIO POR ESCRITO

En la zona sur de Francia, en el área llamada Languedoc, a orillas el río Tarn, a unos sesenta kilómetros al noreste de Tolosa, y a unos 200 metros sobre el nivel del mar, está la ciudad de Albi. A finales del s. XII y principios del XIII d.C, un grupo de personas que residían en esta ciudad fueron considerados como herejes por la iglesia popular. Se los conoce como los Albigenses, por el nombre de la ciudad donde vivían.

El Papa Inocencio III (1161-1216) puso a Francia bajo un entredicho y en 1208 proclamó una cruzada contra los Albigenses. Felipe II, en el trono en París (1165-1216), no disputó la proclama porque tenía poco o nada de interés en el sur de Francia. Sin embargo, Simón de Momfort, desheredado de su rango inglés por el rey Juan de Inglaterra, y ansioso de anexarse vastos territorios, se unió a la cruzada contra los Albigenses. Por un tiempo la cruzada fue frenada por Raimundo VI de Tolosa, pero Simón de Momfort pudo seguir adelante y pasó a la historia como el conquistador de los Albigenses.

Fueron pocos los Albigenses que lograron huir. La

matanza avanzó desde Beziers donde en 1209, todos los habitantes, tanto católicos como herejes perecieron, llegando a Muret, donde en 1213, según algunos historiadores, perecieron 20.000 Albigenses. La persecución fue muy sangrienta hasta 1229, cuando terminó.

Hay registros que atestiguan de sobrevivientes que escaparon. Los habitantes de Villamur huyeron dejando a su pueblo en llamas, un botín pero de cenizas. Los residentes de Carcassone huyeron usando unos pasajes subterráneos, cuando sospecharon los motivos de los cruzados. Los cruzados habían dado al jefe de la ciudad un salvoconducto, pero no lo dejaron libre.

Había varias rutas hacia la libertad. Algunos huyeron a España donde fueron protegidos por un tiempo. Pero muchos evitando los caminos más transitados, iban por riachuelos y pasos poco conocidos a través de los Alpes. Iban a los cantones no católicos que estaban más allá de la frontera francesa, cantones que en 1290 se unieron para formar el país de Suiza. Las rutas usadas eran de por sí un desafío para los hombres más fuertes, y muy peligrosas para las mujeres con niños pequeños en brazos. Confiaron en Dios como su fortaleza y refugio.

La historia de la época fue escrita y preservada por la iglesia soberana de ese tiempo, y fue naturalmente poco benévola con los albigenses. Para despertar aversión hacia ellos entre sus fieles, los clasificaron como paganos en sus creencias y prácticas.

Los "pecados" que los hacían herejes eran básicamente cinco. Los albigenses denunciaban:

1. Que la misa era un invento humano y la transubstanciación una blasfemia, porque el hombre no puede crear la carne ni la sangre de Dios.

2. Que el purgatorio es una invención para satisfacer la avaricia de los sacerdotes. Los vivientes no pueden

ayudar a los muertos con oraciones, limosnas o buenas obras.

3. Que el bautismo infantil es inútil.

4. Que la veneración, adoración y el hacer peticiones a la cruz y a los santos es contrario a la Biblia.

5. Que la iglesia Romana que pretendía ser la esposa de Cristo, era en realidad un cuerpo de confusión, era la prostituta de Babilonia presentada en Apocalipsis, embriagada con la sangre de los santos.

Para los Albigenses, como también para los Valdenses, esta última declaración llegó a ser una realidad aterradora. Pero gracias a su valor indomable y su fe inquebrantable en el Dios que adoraban, lograron sobrevivir y transmitir a sus descendientes sus valores.

Seis siglos después uno de sus descendientes participaba como evangelista de la Iglesia Adventista, alguien que abría caminos no transitados aún, en el menospreciado continente sudamericano. Como un hábil carpintero que va tallando y dando forma a una madera escogida, esta es la historia del trabajo amante de Dios para formar a un siervo suyo.

La madera en las manos del Gran Artesano, fue Eduardo W. Thomann.

Corría el año 1909, la voz de Eduardo se oía por encima del ruido de la estación. "¡*Las Señales de los Tiempos*! ¡Si usted lee esta revista será excomulgado!". Gritaba asomando la cabeza por una ventana abierta del tren que estaba detenido cerca de Riobamba, en los Andes ecuatorianos, a unos 1800 metros de altura sobre el nivel del mar.

La estación del tren era un lugar de muchas actividades. Gente con grandes bultos atados a la espalda se empujaba con los que traían sus costales de frutas, verduras y artículos de alfarería. Las madres remolcaban a sus vociferantes hijos que procuraban ser oídos por encima de los gritos de los puercos y las protestas de las gallinas atadas de las patas en grupos. Comerciantes emprendedores pregonaban su mercadería: tijeras, mantos, frutas y bocados para comer. Pero por encima de todo, la voz de Eduardo sonaba clara: "Las Señales...".

Durante sus trabajos, Eduardo constantemente era sorprendido por el cambio que ocurría en una ciudad del día a la noche, como también en las actitudes de las personas. Le costaba creer lo que sus ojos castaños estaban viendo. La calle que la noche anterior estaba casi desierta, en la que había procurado sin éxito vender la revista, de día abundaba con vendedores de mazorcas de maíz y transeúntes, y vendía las revistas tan rápido que le costaba dar el cambio a los compradores con suficiente celeridad.

Ahora en el tren, por una moneda de plata dio su última revista, y lamentándose, se retiró de la ventana. Al volver a acomodarse en su asiento, vio a un hombre que venía apresurado, empujando a los pasajeros por el pasillo del vagón, que se le acercó y le ofreció una moneda a Eduardo y casi sin aliento le dijo: "Por favor, véndame una".

"Lo siento mucho" le dijo Eduardo sacudiendo lentamente la cabeza, "Acabo de vender mi último ejemplar".

Esa cara chasqueada le resultó conocida. Este era el hombre que temprano en esa mañana le había aconsejado no vender la revista en Riobamba. Era la orden del cura que amenazaba con la excomunión.

Con emoción, Eduardo se levantó y pasando sus dedos por su pelo castaño le vino una sonrisa en el rostro. Según sabía, él era el primer adventista del séptimo día en visitar Ecuador. Las semillas de la verdad habían sido sembradas. Estaba contento.

El silbato del tren sonó. Eduardo se sentó. El tren arrancó de un tirón y salió de la estación rumbo al pueblo portuario de Guayaquil. De allí un barco lo llevaría hacia la

Sesión de 1909 de la Asociación General de los Adventistas del Séptimo Día, Estados Unidos.

El ruido acompasado del tren le ayudó a ordenar sus pensamientos. Los asientos labrados del tren llamaron su atención por un momento. Podía reconocer un trabajo bien hecho porque había sido entrenado desde su niñez como ebanista. Pero su mente iba a otros momentos, lejos. Ni el gruñido de los puercos, ni el cacareo de las gallinas debajo de los asientos, ni el lloriquear de los niños perturbaron su meditación. Por su mente desfilaban los eventos de una historia fascinante que comenzó con la huida de Francia de sus antepasados por la cruzada contra los Albigenses. Una historia que su padre había repetido a menudo.

UN OTOÑO DEL SIGLO XIII

L o que sigue sucedió en el otoño de un año no conocido con exactitud, posiblemente durante la segunda o tercera década del siglo XIII.

El pequeño grupo de Albigenses había caminado desde Francia hacia un cantón suizo. Habían pasado bien al este de las montañas de Jura. Ya a salvo dentro de los cantones independientes, se detuvieron para descansar un poco. Observando el pacífico paisaje realzado por la luz de la tarde, divisaron una casita de campo de un pastor de ganado.

Jeannot, niño de nueve años y su hermanita, Lisa, de siete, con los otros niños del grupo, se pusieron a correr para ver quién llegaría primero a la casita; pero a poca distancia se encontraron con un pastor que traía sus cabras del campo de pastoreo. Los niños que corrían entusiasmados no se percataban que asustarían y dispersarían el rebaño, así que el pastor, hombre barbudo, que sonreía alegre al ver la algarabía de los niños, levantó la mano en señal que se detuvieran y exclamó: ¡Bueno, bueno, bueno! ¿Qué es lo que tenemos aquí?" Abruptamente detenidos por el hombre con la mano en alto, los niños se miraron tímidamente el uno al otro en silencio. El pastor, siempre alerta a los fugitivos que frecuentaban esa ruta, levantó la mirada más allá de los niños. Vio a poca distancia un grupo que marchaba pesadamente y pudo oír el apagado eco de un salmo de alabanza.

Volviendo su atención a los niños, les dijo: "Esperen aquí mientras pongo las cabras en el corral. Volveré en seguida".

Cuando volvió el pastor, ya se había juntado el grupo.

—Buenas tardes—, fue el saludo vespertino que se dieron. —Vengan a mi cabaña. Mi mujer les preparará algo que comer y podrán descansar. ¿Hacia dónde van?—, preguntó el pastor.

—Oh, muchas gracias, señor, qué amable es usted— Fue Jean, el papá de Jeannot el que contestó. Se enderezó y acomodó el bulto que cargaba en su espalda y agregó, —Hemos oído de Brienz, una población junto a un lago grande. Nos han dicho que podemos localizarnos allí y comenzar una nueva vida. Señor, ¿Queda muy lejos?—.

—No, mi amigo, está muy cerca, a solo unos pocos kilómetros. Es un pueblo pacífico y pintoresco. Ustedes estarán contentos allí—, contestó el pastor con una sonrisa.

El pastor abrió la puerta de su vivienda y con amabilidad llamó a su esposa, —Lucille, ven a saludar a nuestras visitas—.

Difícilmente alguien podría describir las emociones del pequeño grupo de fugitivos. Ahora estaban a salvo, había amistad, abrigo, comida y el final del largo viaje estaba cercano. Sus corazones estaban llenos de agradecimiento al entrar en la acogedora cabaña.

Lucille los había visto mientras venían y había puesto un queso entero y un pan casi del mismo tamaño que el queso, sobre la rústica mesa.

—Bienvenidos—, los saludó. —Que Dios los bendiga. Seguramente están muy cansados—. Durante varios minutos atendió y acomodó a las agotadas madres y sirvió leche de cabra para los pequeños. También ofreció caldo caliente a los adultos, y se preocupó de que cada uno estuviera lo más cómodo posible y bien provisto de pan y queso.

¡Qué acogedoras y hogareñas se veían las llamas y las rojas brasas en la chimenea! Lágrimas de gratitud y alegría corrían por más de una mejilla mientras comían y hablaban.

Pronto llegó la hora de descansar. En la cabaña no había espacio suficiente para todos pudieran dormir, de modo que el bondadoso pastor tomó una lámpara y condujo a los jovencitos y hombres al sótano de quesos donde pasarían la noche. No era más que una caverna cercana excavada en la ladera de la montaña. Nunca hacía frío en la caverna en invierno ni calor en el verano.

En el camino al sótano el pastor miró a la media luna sobre los picos de las montañas. Las nubes se deslizaban sobre ella y los hombres notaron que había una fresca brisa que soplaba.

—Es posible que venga un aguacero esta noche—, observó el pastor. —Parece que el invierno está llamando a la puerta. Pronto tendremos que bajar de esta montaña—.

El pastor abrió la puerta rústica y uno por uno los hombres y nos niños mayores entraron al sótano. Jeannot notó, con la poca luz de las lámparas, que no se veía la pared trasera, solo se veían camas de lajas de piedra que sobresalían de la pared, llenas de grandes quesos redondos. No era de sorprenderse, porque el tiempo de hacer quesos ese año estaba por terminar y allí estaba reunido el trabajo de muchos días. Cuando el pastor y su esposa descendían de las montañas al pueblo del valle, eran estos quesos los que les darían suficiente dinero para sostenerse durante el invierno. Jeannot tomó una inspiración profunda. Lo único que podía oler era queso. Pero ya no estaba pensando en comer. No tenía hambre; estaba muy cansado.

El pastor le dio la luz a Jeannot y le mostró cómo abrir la puerta desde adentro. Entonces, al salir a la noche exclamó: —Buenas noches—, y prometió llamarlos para el desayuno en la mañana.

—Alimento, abrigo, seguridad, descanso. Dios es bueno—, dijo Jeannot y luego ayudó a que el grupo se acomodara lo mejor que podían cubiertos con sus sobretodos. —Dios es bueno—, se oía repetir en el sótano. Todo quedó en calma y uno por uno los agotados fugitivos se durmieron. Durmieron tan profundamente que los truenos y la furia de la tempestad que vino en la noche no los inquietó.

Lo siguiente que percibieron fueron los golpes de alguien en la puerta del sótano, seguido por una voz que llamaba, — ¡A desayunar!—.

Todos se sentían renovados y fortalecidos después de haber dormido sin sobresaltos y preocupaciones. La algarabía se dejó oír en el sótano y la luz lo iluminaba cada vez que alguien salía por la puerta. Afuera lloviznaba.

Jeannot se quedó con su padre quien, con una lámpara en mano, revisaba el sótano para ver si alguien había dejado olvidado algo. Al volverse hacia la puerta oyeron a la distancia un lejano retumbar. "Trueno, por supuesto", pensó el papá. Pero el sonido retumbante crecía amenazante. Parecía que venía más y más cerca y entonces estalló sobre sus cabezas. Papá y Jeannot quedaron como petrificados, escuchando como el rugido espantoso se alejaba y extinguía gradualmente bajando la montaña. Papá caminó a la puerta y giró la manija, pero la puerta no se movió hacia afuera como antes. Entonces con todas sus fuerzas empujó hacia la única salida, hacia la esperanza de libertad, pero la puerta no se movió. La horrible verdad golpeó cruelmente su mente, "Un alud", murmuró. Estaban enterrados en la caverna.

Al fin, Jeannot preguntó:

—¿Qué fue eso?—.

Un sinfín de preguntas torturaba la mente del padre. "¿Cómo estarían su esposa y Lisie? ¿Qué sería de todo el grupo que había llegado a ser como de la familia en el arduo andar? ¿Qué había pasado con el bondadoso pastor y su esposa? ¿Habría quedado alguien vivo? ¿Habría alguien que conocía el lugar del sótano y que esa noche se había usado como dormitorio? ¿Vendría alguien a ayudar? ¿Cuándo?".

Tomando a Jeannot en sus brazos, dijo —Hijo, somos prisioneros de un alud. La salida está bloqueada—.

—De seguro vendrán pronto para sacarnos—, dijo Jeannot.

El padre no contestó. En cambio, comenzó a repetir el Salmo 23. La voz infantil y confiada de Jeannot lo acompañaba y repetía: —Aunque ande en valle de sombra de muerte, no temeré mal alguno, porque Tú estarás conmigo...—. Estas palabras les trajeron un poco de alivio y calma.

—Jeannot, tenemos a Dios y el uno al otro, queso sin fin, vino en esos grandes barriles y esa pequeña corriente de agua que pasa allá en ese rincón. Después de todo somos bendecidos—, dijo el padre quedamente.

Toda referencia temporal había desaparecido. El tiempo perdió significado. El aceite de la lámpara pronto se consumió. Ni el padre ni Jeannot podían medir el paso de los días y las noches. No era más que una eternidad marcada por el hambre, amortiguado con queso y unos sorbos de vino o agua, y el dormir. Las horas que estaban despiertos las ocupaban en recordar relatos bíblicos, memorias de familia y muchas oraciones. Los días se hicieron semanas, las semanas meses y los meses años.

En un bonito día de verano casi tres años después del alud, tres cazadores caminaban por el sendero que había sido abierto por encima del lugar donde estaba la cabaña del pastor. Los perros comenzaron a actuar de la misma manera extraña como lo habían hecho cada vez que pasaban por allí. Agitados corrieron a un montón de piedras y comenzaron a ladrar, aullar y escarbar.

Nuevamente los cazadores se rieron y llamaron a sus perros. —¡Vámonos, no hay animales allí! ¡Perros estúpidos!—.

Sin embargo, esta vez los perros rehusaron alejarse del lugar y siguieron aullando y escarbando. Finalmente, los cazadores dieron vuelta y fueron a ver lo que los perros habían encontrado.

Cuando los cazadores comenzaron a mover las rocas y la tierra, los perros se pusieron más agitados. Ya convencidos de que debería haber algo que valía la pena, siguieron quitando las rocas del área. Finalmente llegaron a una superficie dura con un pequeño agujero. Era un agujero como el que solían hacer los pastores arriba de los sótanos para que haya un intercambio de aire. "Eso deberá ser lo que vuelve locos a los perros, huelen a queso", comentó uno. —Pero no, esperen un momento, ¿Es eso que oigo una voz humana?—.

Jeannot estaba gritando: —¡Papá! ¡Una luz! ¡Papá! ¡Luz!—.

Una voz que parecía venir del cielo gritó: —¿Hay alguien allí abajo?—.

—¡Si! ¡Si! ¡Aquí estamos!—, replicó el padre.

Jeannot y el padre miraban con ojos medio cerrados a causa de la brillante luz del sol que entraba por el agujero que se hacía más grande con cada golpe dado a la roca. Por fin el agujero fue lo suficiente grande como para poder sacar a un hombre.

"Amárrese con esta cuerda" dijo uno de los cazadores luego de bajarla por el hueco.

Temblando con alivio y alegría, Papá se la amarró a su alrededor. Con cuidado lo subieron. Pero la emoción fue de corta duración. La respiración profunda de aire fresco lleno de oxígeno fue demasiado para el cuerpo debilitado del padre. Se encogió y cayó al suelo. Su corazón se detuvo.

Los cazadores le explicaron a Jeannot, porqué debía quedar en el sótano por varias horas más. El aire fresco que entraba poco a poco tomó el lugar del aire mustio de la caverna, y el cuerpo de Jeannot tenía que ajustarse a la mayor cantidad de oxígeno. Uno de los cazadores se quedó allí con él durante esas horas, que le parecieron sin fin. Para Jeannot fue muy bueno saber que había alguien cerca mientras tenía que afrontar la perspectiva de estar ahora solo, sin su padre que había sido su compañero constante por tres largos años. Por fin el cazador bajó la cuerda.

Cuando por fin estaba parado en la brillante luz del sol, el cazador le preguntó: —¿Cómo te llamas?—.

—Jean Thoma—, contestó. (En francés, Tomás se escribe sin s).

Jeannot fue llevado al pintoresco pueblo de Brienz, en el Cantón de Berna para vivir. Unos treinta años más tarde los cantones de los Alpes se unieron para formar la Confederación de Helvetia, que hoy es conocida como Suiza. Los descendientes de Jeannot están registrados en el libro enorme de genealogías de ese distrito. A través de los años la ortografía de ese nombre evolucionó de Thomas a Thomann. Fue costumbre de las familias Thomas llamar Juan (Jean, Johannes) al hijo mayor.

1880, Grund, Interlaken, Suiza

Juan Thomann había pasado el día en su pequeño taller que estaba cerca de su casa, tallando una escena del pesebre. Había pasado por días mejores, días en que sus pequeños y chatitos alfileteros labrados habían sido vendidos a precio de oro, días en que muchos buscaban sus hojas trasparentes de madera de tilo, que lograba cepillando la madera con fina destreza hasta dejarla tan delgada que se podía leer un periódico a través de ella cuando se la ponía bajo un vidrio para eliminar el aire entre el papel y la hoja de madera. Fue una novedad que le dio buenos ingresos. Hubo días en que la iglesia le había pagado generosamente por los santos hermosamente tallados; días cuando los armarios profusamente tallados estaban en demanda.

Al cerrar y poner candado a su taller y caminar lentamente hacia la puerta de la cocina de su casa, a Juan le parecía que esos días de bonanza estaban muy, muy lejos.

—Otro día sin un pedido—, suspiró hondamente al hundirse en una silla de la cocina. —Nadie tiene con qué comprar muebles, y mucho menos recordatorios. Las iglesias tampoco están comprando. El país está pasando por tiempos difíciles. No hay dinero Bárbara—. Dejó caer el puño sobre la mesa para dar énfasis mientras repetía desanimado: —No hay dinero—.

Bárbara, bonita en su ropa de hilado doméstico de color castaño, tono que destacaba sus hermosos ojos y cabello del mismo color, volteó para mirar de frente a su marido. Vio su pelo desgreñado y sus tristes ojos avellanos. No era necesario decirle a ella que estos tiempos eran difíciles. Ella sabía que Juan tenía unas pocas monedas. Ella sabía que él había buscado en toda la aldea por algún trabajo: afilar serruchos, lustrar muebles, mejorar sillas con nuevos asientos de cuero. Ella sabía que no había tareas, que no había dinero. Ella quería muchísimo a Juan. Él siempre había sido un buen proveedor. Le dolió mucho verlo tan acongojado.

Bárbara rompió el largo silencio. —Bien lo sé, Juan. Lo siento mucho. Te ves como si te sintieras miserable—. Dejó lo que estaba preparado en el fuego y caminó hasta donde él estaba. Puso su mano sobre su hombro, lo movió un poco y con la voz más alegre que pudo le dijo: —Por favor no te desesperes. Sonríe por el bien de nuestros hijos. Tenemos mucho para estar agradecidos: cinco hijos, nuestro hogar, la vaca que tendrá un ternerito en pocos días, y hay papas y queso para la siguiente comida. ¡A ver, Juan, sonríe! ¡Dios todavía está en su cielo!—.

Juan alzó la cara para mirar a su esposa optimista. Sus miradas se cruzaron. Su sonrisa fue apareciendo de a poquito.

—Eso es verdad—, respondió. Al rato Juan añadió: —Acabo de tener una idea. Yo me encargaré de una de las comidas—. Bárbara parpadeó y sabiendo que le gustaba hacer bromas, pensó que estaría tramando alguna treta.

Poniendo la mano en su bolsillo, Juan sacó cuatro preciosos *pfennig* (peniques) y los puso sobre la mesa. En seguida el alegre parloteo de los niños llenó la cocina al entrar Juan hijo, de diez años, Walter, de ocho y Eduardo de seis, que venían de jugar afuera. La pequeña Olga vino corriendo desde su recámara para unirse con ellos. Tanto alboroto despertó a Víctor, quien empezaba a caminar y estaba durmiendo en la cuna cerca del calor del fuego del hogar.

—¡Hola, hola!—, dijo Juan en voz fuerte para ser oído por encima del alboroto. —¿Qué es lo que los trae por aquí como un alud?—.

—Es tiempo para la cena. ¿Qué se piensan?—, contestó Walter en su acostumbrada forma arrogante.

—Walter...—, respondió la mamá cariñosamente.

—Estábamos jugando en lo de tío Pedro—, dijo sofocado Juan, el mayor. Sus oscuros ojos chispeaban mientras añadió: —Estaban hablando de América y cuanto trabajo y comida hay allí, y...—, tomó aire y continuó, —cuan pronto ellos iban a ir allí—, y añadió enseguida, —¡Hablar de toda esa comida nos dio hambre!—.

—¡Hambre!—, repitió la pequeña Olga.

Eduardo le tocó el suave pelo rubio y le dio a su hermanita un beso en la frente. Al inclinarse para besarla, sus veloces ojos vieron esas monedas brillantes. ¿Por qué estarían allí en la mesa? Su padre nunca antes había dejado dinero a la vista.

Entonces su padre preguntó: —¿A cuántos de ustedes les gustaría un pfennig?—.

Nunca antes habían tenido dinero propio. Con un pfennig se podía comprar tantas cosas. Mientras las ideas se amontonaban en sus cabezas, contestaron casi al unísono: —¡A mí!—.

El padre repartió una moneda a cada uno. Entonces vino la sorpresa, —Ustedes pueden guardarse su pfennig si se quedan sin comer la cena—.

Decisiones, alternativas, suspenso. Pensativamente, de mala gana cada uno puso su dinero en su bolsillo y decidió no cenar. Por supuesto, papá y mamá se unieron al ayuno. Ahora abría papas y queso para el desayuno.

Esa noche fue larga para los niños. Sus estómagos vacíos continuamente les recordaban de la cena que no habían tenido y del dinero que quería ser gastado. Tres muchachos hambrientos llegaron a la cocina esa mañana, cada uno con su pfennig en la mano. ¡Qué placer tendrían después del desayuno y de cumplir sus tareas domésticas! Tenían un montón de ideas sobre lo que deseaban comprarse.

—Buenos días Muti (mamá)... Buenos días Vati (papá)—, dijeron al correr a la mesa. El papá levantó la mano para que se detuvieran.

—¿Cuántos quieren tener un desayuno?—, preguntó con una leve sonrisa en la cara.

La respuesta de cada muchacho fue clara, pues rápidamente se subieron a las sillas.

—Esperen—, ordenó el padre, —La única manera de tener un desayuno es pagando un pfennig—.

Hubo un momento de tensión e incredulidad. Luego todos se pusieron a reírse al darse cuenta del truco de papá. Cuando acabaron de reírse, papá les preguntó: —Bueno, ¿no fue esta broma mejor que si solo les hubiéramos dicho que había alimento solo para una comida?—.

En los días siguientes, de tanto en tanto, el padre conseguía algún trabajo ocasional, lo que fue permitiendo que la familia comiera moderadamente. Pero la situación económica continuaba empeorando. Debido al progreso de la navegación en alta mar y los transportes ferroviarios que traían productos de agricultura muy baratos de países de geografías llanas, la agricultura de Suiza se precipitó en una grave crisis. Esto confrontó a artesanos y campesinos con dificultades económicas, intelectuales y también político-sociales.[1]

Un día de otoño, recordando cómo su mamá viuda lavaba ropa trabajando largas y extenuantes horas en su lucha por alimentar y vestir a sus niños, Juan tomó una decisión.

En la fría noche, luego que Juan y Bárbara terminaron de acostar al último niño en la cama, Juan pensó que era el momento indicado para decirle a su esposa su plan. Fueron a la tibia cocina y Juan dijo con voz suave y titubeante: — Bárbara, vamos a ir a América—.

—¿A América? Juan no tenemos dinero para ir al pueblo vecino. ¿Cómo puedes siquiera soñar con ir a América?—.

—Bueno, pero tenemos un chalet bien edificado y fuerte, con un jardín y una buena vista del valle. ¿No te parece que a alguien de Brienz le gustaría comprarla?—.

—¿Vender nuestro chalet? Oh no, Juan. Estoy encantada con nuestro hogar, estas montañas, este valle, nuestros amigos y el jardín. Y la vaca y su ternerita. ¿Cómo podemos dejar todo esto?—. Ella lo miró buscando una respuesta, una alternativa. Pero no la halló. El no tenía otra respuesta. Sus labios estaban tensos y ella vio que lágrimas comenzaron a acumularse en sus ojos castaños. Bárbara se dio cuenta que él había hecho la decisión más difícil de su vida. Ella sabía lo que debía decir pero las palabras no le venían a sus labios. Pasaron varios minutos mirándose a los ojos mutuamente y buscando fervientemente otras salidas, otras soluciones. Momentos de gran tensión mientras copiosas lágrimas corrían por sus rostros.

Por fin el rostro de Bárbara se aflojó y pudo decir: —Yo lo sé, Juan. Eso sería lo mejor. Otros se han ido. Nosotros también podemos. ¿Eso va ser un comenzar de

---

[1] Patricia Schifferli Coloma, *Nuestras raíces suizas, auspiciado por la embajada de Suiza* (Temuco, Chile: Imprenta Austral, 2007), 6. Disponible en http://www.memoriachilena.cl/archivos2/pdfs/MC0052 245.pdf; Internet (consultada el 19 de mayo de 2018).

nuevo, verdad?—. Sus ojos se fijaron en algo muy lejano. —¿Dónde?—.

—Chile. Mira aquí. Tengo documentos del gobierno que nos ofrece tierra. ¡Gratis! Tierra para agricultura—.

Foto: Documento de convocatoria a inmigrantes para Chile.[1]

—Pero Juan, nosotros no somos agricultores, tú...—, y su voz se enmudeció.

—Bien, lo sé Bárbara querida. Pero podemos aprender—.

Un frío día invernal en febrero de 1885, Juan, Bárbara y sus hijos llegaron en un carruaje tirado por caballos al puerto Le Havre, Francia. Juan contaba con 57 años, Bárbara con 34.[2] En pocos bultos llevaban todas sus pertenencias

---

[1] Véase el original en inglés en Schifferli Coloma, *Nuestras raíces suizas*, 12-13.

[2] Ibid., 70-71. Schifferli relata en su libro que la Sociedad Nacional de Agricultura se hizo cargo de la gestión administrativa de la colonización. Nombró un Inspector General de Colonización y estableció una oficina en el territorio con todo el personal necesario. El primer Inspector General de Colonización fue don Martin Drouilly. Por su parte, la Sociedad Agrícola del Sur, con asiento en Concepción, se encargó de la recepción, alojamiento y traslado de los colonos desde su llegada al puerto de Talcahuano y su posterior envío a la ciudad de Angol, centro administrativo inicial del proceso de colonización. El Ministerio de Relaciones Exteriores tomó bajo su responsabilidad el reclutamiento de colonos en Europa, para lo que nombró un Agente General de Colonización. Don Francisco de Borja Echeverría hizo su asiento en París. El Agente General de Colonización contrató

y el dinero que les quedaba de la venta del chalet, la vaca y su ternera. Con emociones encontradas subieron por la pasarela al barco Aconcagua que los llevaría tras 21.000 kilómetros a otro continente, a un nuevo idioma, a otro hemisferio donde el invierno era verano, lo que les permitiría ir a nadar en diciembre. Pasaron por los puertos de Burdeos, Lisboa, Brasil, Buenos Aires, y atravesaron el estrecho de Magallanes hasta llegar al puerto de destino en Chile.

El viaje fue emocionante para los niños, aunque echaban de menos a sus compañeros de escuela a quienes habían abandonado a mitad del año escolar. Juan hijo, con sus poco más de 11 años de edad, vivió intensamente las etapas del viaje.[1] Walter tenía 10 años, Eduardo Werner 9, Olga Rosa 7 y el menor, Víctor Edwin con 6 años.[2] Una tarde luego de haber visto por semanas solo mar en todas direcciones hasta el horizonte, vio tierra cubierta de rocas a ambos lados del barco. Podía observar sin problemas hacia la derecha, pero al mirar a la izquierda, el furioso viento le hacía arder los ojos, sumado a las molestias del agua salada que volaba por la cubierta.

El capitán le dijo que estaban entrando al Estrecho de Magallanes. Juan recordaba haber estudiado sobre Magallanes unos meses atrás y con emoción grababa el paisaje pensando que lo mismo había visto y surcado siglos atrás el gran navegante y explorador Magallanes.

Sub-Agencias de Contratación de colonos en casi toda Europa: en San Sebastián, España; en Bordeaux, Francia; en Bale, Fribourg y Ginebra, Suiza; entre otras. Se repartieron folletos llamando a unirse al contingente colonizador de la Araucanía. Se ofreció llegar a Chile, el estado más próspero de Sudamérica. Los interesados debían llenar un formulario de solicitud de admisión como colono y enviarlo por correo postal a la Sub-Agencia más cercana a su domicilio. Muchos suizos vieron en esta emigración la posibilidad de mejorar sus empobrecidas vidas y darles a sus hijos las oportunidades que su país de origen no les estaba brindando.

[1] Ibid., 71.

[2] Ibid. Se cita a Víctor con el nombre de Hedwig, como si fuera otra niña más. Pero este dato no es correcto en el registro de todos los inmigrantes y sus familias que contiene el libro.

Foto: Líneas para la salida a Sudamérica. Véase la fecha de llegada del vapor Aconcagua que tomaron los Thomann. Salió el 25 de febrero y llegó el 8 de abril de 1885.[1]

Estaba en sus cavilaciones cuando de pronto fue sacudido por una fuerte explosión que lo empujó y una nube blanca y muy caliente lo envolvió. Un silbido agudo y amenazante lo dejó paralizado incapaz de moverse y hablar. El ruido de hombres corriendo y gritando le ayudaron a recomponerse del *shock*. Se detuvieron junto a él y lo estudiaron de arriba abajo. Al ver que estaba bien, le comentaron que se había reventado el tubo que llevaba el vapor que controlaba el timón del barco.

Por el resto del viaje se requirió a tres hombres continuamente para controlar el timón y dirigir el barco a mano, tarea dura en las traicioneras aguas australes. Los marineros estuvieron contentos que no vino ninguna tormenta que complicara las maniobras necesarias para recorrer el estrecho.

---

[1] Ibid., 71.

Foto: Vapor Aconcagua, de 4.000 toneladas. Fue
completado por Elder en 1872-1873 con motores de mayor
potencia. Tenía una chimenea[1] y 116 metros de eslora.

El 8 de abril de 1885, el barco por fin atracó en el puerto
de Talcahuano, Chile. Los rayos inclinados del sol otoñal
que los recibieron iluminaban el hermoso panorama, que
no era muy distinto al de su bien amada Suiza.

Desde Talcahuano viajaron varios días, recorrieron
ciento sesenta kilómetros hacia el sur hasta Traigüen y
luego otro tramo más para llegar al terreno de 40 hectáreas
que les fue cedido.[2] Estas tierras habían pertenecido a
los mapuches. Cuando el gobierno chileno los venció,
declararon terrenos fiscales las tierras que comprende La
Frontera, y quedaron definitivamente anexados a Chile.
El pueblo mapuche fue distribuido en pequeños trozos de
tierra, perdiendo con ello una de las bases de su cultura: la
familia extendida.

Después de largos e incesantes esfuerzos, el terreno

---

[1] "Familia Peschke Schmidt en Chile Colones en Ercilla". Disponible en http://
peschkechile.blogspot.com/2005/09/familia-peschke-schmidt-en-chile.html;
Internet (consultada el 19 de mayo de 2018).
[2] Schifferli Coloma, *Nuestras raíces suizas*, 71. Título definitivo Dcto. 457 del 16
de marzo de 1896.

quedó a disposición de las autoridades chilenas, quienes comenzaron a dimensionar los terrenos con el fin de entregárselos a colonos y/o rematarlos en subastas públicas, dejándose siempre el fisco una gran porción del mismo. El destino pareció sellado, tanto para los mapuches como para aquellos que vinieron a colonizar esas tierras sin saber lo que allí había ocurrido, en el desconocimiento total de que se trataba de tierras habitadas poco tiempo antes.[1]

En 1881, el gobierno de Chile, que estaba en manos de Aníbal Pinto y luego de Domingo Santa María, tuvo que decidir a quiénes traer y cómo administrar esta nueva experiencia colonizadora en el país. La colonización de las tierras de La Frontera con inmigrantes de familias de agricultores nació mucho antes de la apertura del territorio mapuche. La duda era si colonizar con extranjeros o locales. De hecho, antes de abrir el territorio de La Frontera, se remataron lotes de tierra a un muy bajo precio y sus "dueños", generalmente capitalistas santiaguinos, no pudieron acceder a ellos por muchos años. Pero entonces, tomaron como ejemplo la colonización alemana de las provincias de Llanquihue y Valdivia, y los excelentes resultados obtenidos por estos colonos y se decidió admitir una colonización europea. Esto ayudaría además a traer nuevas tecnologías y servir de ejemplo a los nacionales.[2]

Así que cuando llegaron a Chile, Juan y Bárbara tuvieron que pensar en conseguir provisiones para el invierno, como hacía pocos meses atrás. El nuevo hogar estaría en un pequeño poblado llamado "Salto", porque estaba cerca de un hermoso salto de agua. Esta pequeña población estaba más o menos a media distancia entre Traigüen, al oeste, y Victoria, al este, a unos quince kilómetros de cada uno.

---

[1] Ibid., 8.
[2] Ibid., 8-9.

Foto: Salto de Quichamahuida, Río Traiguén.

El bondadoso señor que los llevó a Salto, los dejó en una casa de hospedaje donde se podían quedar mientras el padre y los muchachos edificaban una casa de piedra. Bien sabían cuánto debían apresurarse, porque en unas seis semanas el viento invernal estaría soplando del Polo Sur.

El padre y los muchachos cargaron las piedras al lugar para la casa en una carreta tirada por bueyes, que el gobierno les había proporcionado, junto con el terreno. También usaron un trineo que el padre construyó. Allí con arena y cal, el padre levantó las paredes de piedra de la casa de una sola habitación. En el lado sur, de donde venían los helados vientos del Antártico, también construyó un fogón para que sirviera para cocinar y para calefaccionar. Los muchachos tumbaron árboles para usarlos como armazón de soporte del techo, como también para fabricar las tejas de madera. Luego de colocar el techo, se dedicaron a juntar leña para el hogar, ya que les esperaba un largo invierno.

En los primeros días de junio la familia se mudó al rústico abrigo. ¡Cuán contentos estaban de estar juntos otra vez en una casa propia! Y cuando los vientos fríos soplaron y la nieve cayó, estaban cómodos y abrigados en su "castillo".

Una noche, pocas semanas antes de la primavera, estando toda la familia sentada cerca del hogar, el padre compartió una preocupación que tenía. El dinero que habían traído con ellos estaba casi agotado. En los próximos días tendrían que comprar semillas para sembrar, alimento para los bueyes y provisiones para ellos. Sin algún ingreso no podrían progresar.

—¿Qué podemos hacer?—, preguntó muy serio el padre. Titubeante sugirió, —Podemos abandonar la granja y mudarnos a Traigüén donde podemos encontrar trabajo—.

—No, no, no—, pidieron los niños a una voz. A ellos les gustaba la libertad que tenían en esos campos abiertos.

—Oh—, continuó Papá, —Yo puedo ir solo a la ciudad para trabajar—.

—No—, respondió Juan. Hizo una larga pausa, suspiró profundamente y dijo: —A ti te necesitan aquí para plantar y cuidar de la huerta. Mamá te necesita y también mis hermanos menores. Déjame ir a mí, Papá, y encontrar trabajo. Pronto tendré doce años. Déjame ayudar—.

Mamá miró seriamente a su hijo mayor. ¡Cuán rápidamente habían pasado los años! En ese momento lo vio con una nueva luz. Ya no era ese niño callado que ella había conocido. Era un jovencito, casi maduro, independiente, capaz, listo para trabajar para ayudar a la familia. Sus ojos se llenaron de lágrimas cuando suavemente dijo: —Juan, ¡hijo mío!—. Estaba orgullosa de él y él lo notó en sus ojos.

Pocos días después, Juan hijo estaba empleado en la cervecería de Guillermo Otto en la población de Victoria. Durante la primavera, el verano y el otoño él trabajó, viniendo a casa domingo por medio con el dinero ganado con su arduo trabajo. Cada vez le esperaba una grata sorpresa: un nuevo mueble, otro cuarto añadido a la casa, otra verdura en la huerta y cada vez el trigo y el maíz más alto y maduro. Por lo que veía, el segundo invierno que pasarían en Chile sería mucho mejor que el primero.

Un día, a fines de julio, mientras los vientos fríos del invierno soplaban con fuerza, el padre salió a buscar un poco de leña para el hogar. Cuando volvía cargando la leña vio a alguien que venía por el camino de la casa. Se detuvo y miró cuidadosamente. ¡Era Juan! No era domingo. Su caminar era lento y vacilante. Lleno de interrogantes, el padre se apresuró para ir a recibirlo.

—Juan, Juan, ¿qué es lo que pasa?—. Las palabras salían atropelladas del corazón lleno de temor. Vio la cara sonrojada, y al rodearlo con su brazo sintió el calor febril que tenía.

El padre le ayudó a llegar a la casa donde todos comenzaron a hablar a la vez. ¿Por qué venía a la casa cuando no era domingo? ¿Por qué se veía tan triste? ¿Habría perdido el empleo? Mamá sintió su frente febril y les dijo a todos que callaran. Lo guió hasta su catre, le ayudó a desvestirse y lo abrigó bien mientras él suspiraba con alivio al poder acostarse al fin. Con paños fríos le baño la frente. Con agua fresca procuró humedecer su boca y garganta ardiente. Nada parecía aliviar el dolor que su cuerpo estaba sufriendo. Nadie sabía lo que era esa fiebre misteriosa.

Cuan quieta estaba la casa mientras todos iban en punta de pie. Eduardo estaba especialmente preocupado al ver los tristes rostros de sus padres. Dos días después los ojos de Juan se cerraron por última vez. "¿Qué terrible enfermedad estamos enfrentando?" era la pregunta en la mente de todos. La familia aturdida casi no podía creer que su hijo mayor y hermano se había ido.

Al padre le tocó la responsabilidad de hacer lo que después en repetidas ocasiones llamó la tarea más difícil que jamás había hecho. De tablas de pino rústicas, sin cepillar, hizo un ataúd para su primogénito y a unos diez metros de la casa, en un lugar con sombra, cerca de un pequeño salto cavó el sepulcro y en ese helado día lo puso a descansar.

Unos diez días más tarde la madre despertó enferma y cansada. Aunque su cuerpo estaba adolorido se levantó y preparó el desayuno. El padre notó que tenía el rostro sonrojado. La observó cuidadosamente mientras ella puso los platos y el cereal caliente en la mesa y llamó a la familia para que vinieran a comer.

—Juan, dile a los niños que limpien la cocina después del desayuno. Estoy tan cansada. Solo déjame descansar—. Dicho esto, se fue a descansar.

—Papá, ¿Mamá está enferma?—, susurró Olga que ya tenía diez años.

—Oh, no, no como Juan. Por favor no—. Lamentó Víctor. —Nunca lo podremos pasar sin Mamá—.

—No, no, niños—. Negó el padre suave y apaciguadamente. —Mamá va a estar bien. Ella va ir al hospital en Traigüen. Walter, después del desayuno vas a ir al vecino para preguntarle si él la puede llevar en su carruaje—.

Pero Walter no tenía hambre. —Voy a ir ahora. Prefiero no esperar—, contestó. Su engreimiento se volvió determinación.

Solo los más chicos comieron esa mañana. Eduardo y su padre juntaron las pocas cosas que la madre necesitaría en el hospital y recogieron todas las frazadas que la familia tenía.

El padre decidió que Eduardo y Walter irían acompañando a su madre. Él quedaría en casa con los pequeñitos y atendería los quehaceres y los animales.

Cuando todo estaba listo, el padre se arrodilló junto a la cama y tomó la mano febril de su esposa. ¿Qué podía decir? ¿Qué debía decir? Al mirarla él sabía que estaba muy enferma. Parecía que ella tenía la misma enfermedad que

Juan. Pero en el hospital ellos sabrían... ¡Oh! ¿Realmente sabrían?

Por fin las palabras brotaron de sus labios. —Bárbara, perdóname por las palabras ásperas y no bondadosas que he dicho. Por todas las cosas que entristecieron tu vida. Por haberte traído hasta aquí. Yo te quiero mucho. Tienes que componerte—. Sus últimas palabras estaban ahogadas por la emoción.

Bárbaro lo miró y dijo, —Perdóname también Juan—, dijo lentamente y en voz muy débil. —Yo no tengo nada que perdonar. Te quiero mucho. Mi familia... tan preciosa...—, y su voz se apagó al cerrar los ojos. Su respiración era muy rápida, su cabeza ardía.

Mientras el amable vecino esperaba en la entrada del hospital, Walter y Eduardo llevaban las cosas de ella a la pieza del hospital. Fue cuando oyeron a los asistentes decir, —¡Qué epidemia de cólera! Son tantos los que mueren—. Con corazones quebrantados besaron a su madre y prometieron volver pronto.

—Papá, papá—, gritaban Walter y Eduardo mientras corrían para abrir la puerta de la cabaña. —Papá, es cólera. Mamá tiene cólera—, anunciaron sofocados. —Nosotros oímos decir que son muchos los que mueren. ¡Oh papá! ¿Vendrá mamá a casa otra vez?—.[1]

Papá estaba en silencio. Él también estaba muy preocupado.

La triste historia no había terminado. Dos días después Eduardo llamó de nuevo al vecino, esta vez para llevar a Walter y a Olga al hospital. Y un día más tarde, su padre comenzó a sentir dolores, mareos y debilidad. Justo en el peor momento posible llegó un mensajero a caballo con la noticia de que su madre había fallecido.

---

[1] Se desconoce exactamente si fue cólera, aunque una epidemia azotó Chile por esos años cuando un argentino huyendo de la epidemia traspasó el cordón de seguridad chileno (Enrique Laval R., "El cólera en Chile (1886-1888)", Revista Chilena de Infectología 20 [2003]: 86-88).

El pequeño Víctor, de solo siete años fue dejado en la casa para mantener el fuego en el hogar, mientras Eduardo y su padre se encaminaron una vez más, hacia Traigüen en el carruaje del vecino. Una vez que el padre pudo descansar seguro en la cama del hospital, la pesada y difícil tarea de sepultar a su madre recayó sobre los hombros de Eduardo que solo tenía once años. No había nadie para acompañarlo al cementerio. No tenía dinero para comprar un ataúd. Era invierno, y hacía mucho frío. La envolvió con la única sábana que tenía. Los sepultureros lo ayudaron cavando una fosa poco profunda. Pensó que su corazón se quebrantaría mientras lloraba desconsoladamente. Lloró largamente por su mamá y por toda su familia. Entonces sintió una mano en su hombro.

—Hijo, ¿por qué estás llorando? ¿Por quién estás llorando?—.

—Mi mamá, señor. Yo no tengo cómo marcar la tumba—.

El hombre, que también era pobre, buscó hasta hallar dos pedazos de madera apropiadas. Los arregló con cuidado en forma de una cruz y la puso a la cabecera del lugar de reposo de la madre.

Milagrosamente Víctor y Eduardo lograron escapar de la tan temida fiebre. Pasaron muchas noches solos en la pequeña cabaña hasta el gran día en que su padre, Walter y Olga pudieron volver a casa. Pero aun así fue un invierno triste sin su madre y sin Juan. La familia pasó muchas noches junto al hogar leyendo la Biblia alemana que tenían y del libro luterano de oraciones de su madre.

EL INVIERNO HA PASADO

"Porque ha pasado ya el invierno;
La lluvia se ha acabado y se ha ido;
Las flores se ven en la tierra;
El tiempo de cantar de las aves ha llegado".
(Cantar de los Cantares, 2:11-12).

Con la primavera, el padre se sintió con más fuerzas. Walter y Olga también superaron la enfermedad y trajeron nuevamente su alegría juvenil al hogar. Mientras el padre y Walter araban, plantaban y cuidaban el ambiente exterior. Eduardo cuidaba de la casa y de los dos niños menores. Un día del verano Eduardo vio que su hermanito Víctor necesitaba un nuevo par de pantalones; tomó un costal de harina, lo cortó en dos partes, y con la destreza que sus manos no entrenadas de doce años pudieron, cosió los pedazos y suplió la necesidad.

En ese verano los niños tuvieron tiempo para recorrer el campo y conocer las hermosas flores de Chile, algunas de las cuales no crecían en la Suiza. Caminaron entre tréboles amarillos, vieron la flor nacional de Chile, de fucsia roja, la silvestre Copihue; también una violeta muy pequeñita. Y al mirar los álamos, las acacias, o los sauces llorones, encontraron que había pájaros de muchas clases interesantes. Vieron al ruidoso perico chileno, el pájaro carpintero, el Martín pescador, y a la distancia y muy alto, un cóndor. De tanto en tanto pasaba velozmente cerca de ellos un destello rojo, era un colibrí chileno de coronilla roja. Tal vez una de las sorpresas más grandes fue conocer una planta con hojas del tamaño de un paraguas grande, soportadas por un tallo de unos setenta centímetros de largo. Aprendieron su nombre en el idioma Mapuche, que es nalca. Los lugareños también les dijeron que era un ruibarbo que se podía comer aún sin cocinar. Los niños nunca dijeron cuántos suculentos tallos de nalca se comieron ese verano. Al trascurrir el verano pudieron seguir el crecimiento de algunas plantas, ver florecer las margaritas, y disfrutar las flores de la zarzamora transformadas en una fruta deliciosa. Había helechos en todas partes.

Muchas veces después de terminar con las tareas, Eduardo, Olga y Víctor bajaban al río para nadar. A veces también iban Walter y su padre. Pero sin importar con quién iba, Olga nunca dejó de llevar a su gatito. Al principio se escapaba y escondía, pero después de ser recibir varios chapuzones, decidió que el agua fresca no era tan mala, después de todo. Junto con los niños llegó a ser un excelente nadador.

Un día de verano en el río, oyeron ruidos extraños. Los tres niños subieron al terraplén para ver qué producía las vibraciones rítmicas. También escucharon que alguien gritaba: —1, 2, 3, 4, 1, 2, 3, 4—. De entre los árboles aparecieron soldados. ¡Qué emocionante!

—Van hacia el puente de soga—, indicó Eduardo.

—Vamos más cerca para que podamos ver mejor—, sugirió Olga. Y así los tres niños y el gatito caminaron rápido hacia el puente.

—1, 2, 3, 4, 1, 2, 3, 4—, decía enérgicamente el sargento. Al llegar cerca del puente, gritó: —Aaalto—.

—¿Irán a cruzar el puente?—, se preguntó Eduardo con voz incrédula mientras caminaban. —En verdad va ser imposible marchar a lo largo de una soga porque hay que esquivar las cuerdas que la unen con la soga superior, y usar las manos para sujetarse—.

Los niños se pararon cerca de la fila de soldados, tan cerca como su curiosidad les permitía.

A la orden del sargento los soldados comenzaron a cruzar el oscilante puente y llegaron al otro lado. Cuando el cuarto soldado estaba en el centro la soga de abajo se cortó y el desafortunado soldado cayó en la parte más turbulenta del río.

Los niños miraban alarmados los esfuerzos del joven que luchaba contra la corriente en desventaja por sus ropas y las pesadas botas. ¡Cómo deseaban que fuera llevado lo suficientemente cerca de una de las grandes rocas para que pudiera agarrarse y treparse en ella! Pero fue llevado primero cerca de una roca, luego a otra. Pero, ¡esperen! Va cerca de una roca pequeña... —Por favor, por favor agárrese de ella—, decían los niños. Para alivio de todos, lo logró. Ahora los niños se acercaron al grupo que estaba discutiendo el problema y planes.

—Arrojar la soga a través del río—.

—Está algo ancho—.

—No es demasiado ancho si hay alguien lo suficiente fuerte con el lazo—.

—Con una piedra atada en la punta—, añadió otro.

Encontraron a alguien y, mientras hacía girar la soga con la piedra para darle impulso, todos retuvieron el aliento.

—Hay que lograrlo en la primera vez o nunca—, alguien comentó. —Si la soga se moja…—.

Al girar la soga cada vez más rápido, sonaba más y más agudo, hasta que con un zumbido estridente, llegó hasta el otro lado del río.

—Bravo, bravo—, gritaron los soldados que habían pasado al otro lado y agarraron el extremo de la soga.

Entonces, mientras sujetaban la soga en sus dos extremos, caminaban por las dos orillas río abajo haciendo flotar la soga para llegar hasta el soldado. Pero había un problema, las rocas altas. Con la soga mojada, los hombres no podían hacerla volar por encima de ellas.

Hasta aquí los niños habían estado en silencio, solo mirando con interés. Entonces se oyó al sargento gritar: —Necesitamos a un voluntario para ir a levantar la soga por encima de las rocas—.

—Señor—, la voz de Eduardo rompió el silencio. —Yo voy a ir—. Y antes que nadie pudiera presentar objeciones, él estaba en el río camino a la soga. Se alegró de haber aprendido a nadar. Alzó la soga por sobre las rocas, una por una hasta que quedó libre para alcanzar al hombre varado.

Este incidente fue una muestra del carácter que estaba formando Eduardo. Tenía lo que podría llamarse testarudez.

Otro incidente revela algo parecido. En los días cortos del otoño Eduardo solía pasar tiempo perfeccionando sus talentos de escultor. Un día Eduardo estaba tallando la cabeza de un caballo. No era la primera vez que tallaba y él sabía exactamente cómo hacerlo. Por lo general, su padre no lo molestaba, pero esta vez vio que su hijo intentaba realizar una tarea en forma torpe. Tomándole la gubia le mostró: —Esta es la manera de tallar esa clase de ranura—.

—Yo sé, Papá, pero me parece que es más fácil hacerlo a mi manera—, contestó Eduardo al volver a tomar la gubia.

El padre era un ebanista o tallador de madera profesional. —Hijo—, respondió enfáticamente, —Hay solo una manera de hacer eso, es la manera que todos los ebanistas de la Suiza lo hacen—.

—Pero yo quiero hacerlo a mi manera, Papá. Se ve igual de bien hecho cuando está terminado—, protestó Eduardo.

El padre se irguió tan alto como era mientras ordenaba: —Mi hijo aprenderá a hacerlo correctamente o no lo hará—.

Frustrado Eduardo replicó: —Si no lo puedo hacer como yo quiero, iré al río y me ahogaré—.

Papá miró a su obstinado hijo por un largo momento, y entonces mientras se retiraba le dijo: —¡Bien, vete, ahógate!—.

Eduardo no pudo ver la sonrisa que jugaba en el rostro de su padre mientras se iba. Avergonzado de su mal pensada amenaza, Eduardo salió de la casa.

Media hora más tarde su padre fue al rio. Vio a Eduardo parado en el río con el agua hasta las rodillas. Desde la barranca exclamó: —Hijo, si quieres ahogarte tendrás que ir más adentro que eso en el río—.

Allí en la barraca del río, padre e hijo enterraron sus diferencias. Los dos habían aprendido en cuanto a la determinación de Eduardo. Esa determinación lo ayudó posteriormente a enfrentar muchas circunstancias difíciles.

DÍAS DE TRANSICIÓN

La pequeña finca producía bien para una familia de cinco, pero el padre quería que sus hijos tuvieran la oportunidad de ir a la escuela. Además sentía nostalgia por un taller de ebanista y su profesión. Con algunos de los objetos de madera que fabricaba allí en su casa y vendía, la gente comenzó a apreciar su obra manual.

En 1888 se le pidió que tallara un mural para una exposición a celebrarse en Concepción, la capital del estado. Este mural debía ilustrar la labor agrícola. Una vez terminado dejó a los niños en la casa y viajó ciento cincuenta kilómetros para entregarlo. Estando allí en Concepción, comenzó una epidemia de cólera y la ciudad fue puesta en cuarentena. Desafortunadamente se tuvo que cancelar la exposición. Así, además de estar en cuarentena con el resto de la ciudad, recibió el dinero por el mural, por el cual había trabajado tan duro y por mucho tiempo. Caminó por las calles día tras día y hablaba con cualquiera que quisiera escucharlo. Cierto día se encontró con un sacerdote jesuita alemán, Leonardo Junker, que vivía en el viejo monasterio de San José en Concepción.

En la charla, el sacerdote Junker convenció al padre de que trajera a sus hijos a Concepción tan pronto como pasara la cuarentena. El padre, cuanto más lo pensaba, más se convencía en hacerlo. Así fue que, al volver a su pequeña cabaña en Salto, que le dijo a Eduardo y a Olga que empacaran sus cosas para poder mudarse a Concepción. Víctor era demasiado chico para dejar la casa, y el papá necesitaba la ayuda de Walter. La despedida fue triste cuando los tres emprendieron el viaje a la ciudad.

Tan pronto como el padre presentó los niños al sacerdote Junker, inmediatamente los hizo confesar y bautizar.

Antes que el padre emprendiera su regreso, vio a Eduardo acomodado en la casa de los dueños de la cervecería de Santa Clara, quienes eran una devota familia católica. Olga fue dejada con las monjas en el convento. El padre volvió a Salto satisfecho de que había hecho lo mejor para asegurar la educación de los dos niños.

Pero, educación fue una cosa que no recibieron. El trabajo de Eduardo en la cervecería consistía en lavar botellas y cuidar de los caballos. En pago por este trabajo le daban cuarto, comida y ropa. Para poder tener un poco de dinero en el bolsillo, lustraba zapatos los sábados de tarde, cobrando dos centavos y medio el par.

Mientras Eduardo trabajaba en la cervecería iba a misa cada domingo y se confesaba cada dos o tres meses. Un domingo inolvidable, vio cómo el obispo oficiaba ataviado con sus vestimentas suntuosas. Durante el servicio el asistente le quitaba y volvía a poner la mitra al obispo muchas veces. Al mirar y escuchar la música y recitar la liturgia, se puso a pensar en muchas cosas. Especialmente se preguntaba del porqué no podía darse el servicio en castellano para que todos pudieran entender.

Otro domingo el sacerdote Junker predicó un sermón sobre San Luis de Gonzaga, quien nació en una familia protestante y luego se hizo católico. —Había cometido solo dos pecados—, afirmó el sacerdote. —Una vez había usado una mala palabra y en otra ocasión vendió un poco de pólvora que su padre usaba para tirarle a los pájaros. Pero confesó—, continuó el sacerdote, —confesando y haciendo penitencia. Tomó una rama de un árbol de membrillo y le metió clavos. Entonces encerrándose en su cuarto y quitándose la ropa se flageló hasta que le corría la sangre por la espalda—.

"¿Será esto lo que Dios requiere?", se preguntó Eduardo. "Mi papá no hubiera requerido tal cosa de mí. Que extraño," pensó Eduardo.

—¡Eduardo, Eduardo, los caballos están en el campo del vecino al otro lado del río!—. Era uno de los empleados de la cervecería que llamaba.

Sin demora Eduardo montó en uno de los caballos que quedaba y se dirigió hacia el puente. Eligió el recorrido más corto, teniendo que cruzar dos canales de irrigación. El caballo, con un buen brinco cruzó el primer canal, pero al acercarse al segundo tropezó y cayó al fondo de la zanja prensándole una pierna a Eduardo. El caballo comenzó a patalear en el aire y Eduardo temió ser herido por los cascos que se sacudían. Gritó tan fuerte como pudo. Por fin un hombre que vivía no muy lejos oyó los gritos desesperados y al ver el problema vino corriendo con una soga. Primero tiró del caballo para que Eduardo pudiera librar su pierna. Librado y aunque la pierna le dolía mucho, ayudó al hombre para que el caballo pudiera enderezarse. Un caballo que rengueaba y un muchacho con cara tensa por el dolor cruzaron lentamente el puente, juntaron los caballos y los condujeron a casa.

Justo cuando terminaba la tarea, uno de los empleados de la cervecería vino para decirle: —El sacerdote Junker ha venido. Quiere que vayas a confesarte inmediatamente—.

—Pero no estoy listo—, protestó Eduardo. Estaba cubierto de lodo y le dolía mucho la pierna.

—Mejor es que ya vayas—, el hombre repitió.

—No voy—, contestó Eduardo con énfasis y se fue.

Pocos días después vino su padre para llevarse a casa a Eduardo y a Olga. El sacerdote había mandado informar de la desobediencia de Eduardo. Por otra parte, Olga también se sentía incómoda por algunas cosas que veía en el convento y eso hacía que no respondiera como deseaban las monjas.

Ahora el papá de los chicos sabía que sus días en la finca estaban contados. Tenían que mudarse todos juntos a la ciudad. No podía confiar sus hijos al cuidado de otros.

DE SALTO A SANTIAGO

C omo un año después de que Eduardo y Olga volvieran de Concepción en 1890, su padre puso en venta la finca. No fue una decisión fácil para la familia. Habían llegado a apreciar la pequeña cabaña y la campiña. Extrañarían el río, el salto donde estaba sepultado Juan, los extensos sauces llorones y los altos álamos blancos cuyas hojas susurrantes los invitaban a dormir de noche; las margaritas, y los narcisos y tanto más.

Finalmente llegó el día de decir adiós a la finca, el lugar de tantos recuerdos. La familia puso sus pocas pertenencias en el trineo y enyugaron a los bueyes. Con ojos llenos de lágrimas, miraron primero aquí y después allá. Al rato, con un aire de determinación, el padre anunció, —Vámonos. Victoria dista mucho y tenemos que empezar el viaje—. En su bolsillo llevaba un pago parcial por la finca. Siempre muy confiado en la gente, había cerrado la venta de la finca con un anticipo y sin un contrato firmado por el saldo.

Con ese dinero el padre pudo alquilar una casa en Victoria donde podía establecer su taller de ebanista y comenzar de nuevo el trabajo que tanto le gustaba. Nunca pudo cobrar el resto del dinero por la finca.

Casi inmediatamente Eduardo consiguió un empleo en un restaurante. Y pronto sus compañeros de trabajo lo consideraban un amigo y confiaban en él. La determinación que evidenciaba el gesto de su mentón y sus labios, sus ojos hundidos y penetrantes le ganaron respeto. Pronto el dueño del restaurante le encargó la distribución de la comida que quedaba al fin del día entre los empleados. Había días en que no quedaba nada para repartir. Para esos días el dueño había indicado que se preparara un huevo revuelto para cada empleado. Eduardo se volvió un experto en preparar huevos revueltos y cuando todos se habían ido, preparaba dos para sí.

Foto: Pastor Arnoldo Leutwyler.[1]

---

[1] Schifferli Coloma, *Nuestras raíces suizas*, 36.

Durante ese tiempo Walter, Eduardo y Olga asistieron a los cursos de confirmación en la Iglesia Evangélica Luterana. El pastor era un suizo, Arnoldo Leutwyler. Durante el segundo curso Eduardo compitió por el primer lugar en conocimiento con una niña que había sido instruida por su padre quien conocía mucho de la Biblia. Pero lo más destacado de este segundo curso fue que Eduardo se convirtió. Su conciencia le empezó a incomodar por los segundos huevos que se había preparado tantas veces. Determinado a corregir su falta, Eduardo le confesó al dueño y ofreció pagarlos. El bondadoso caballero vio el verdadero pesar escrito en toda la cara de Eduardo y generosamente se lo perdonó. Esta fue una lección sobre el resultado de la honradez y la bondad que Eduardo nunca olvidó.

Una noche el pastor Leutwyler pidió que alguien de la clase asumiese la responsabilidad de impartir la clase de confirmación. Eduardo pensó, "Yo lo haré." Pero al mirar su ropa desprolija, decidió que no debería ofrecerse para la tarea.

Dos años más tarde, cuando Eduardo tenía dieciocho años, la familia se mudó a Santiago, la ciudad capital

Foto: Certificado de ebanista y carpintero de Juan Thomann y sus hijos.

de Chile. Encontraron una casa para alquilar en la calle Alameda, y allí el padre estableció su taller de ebanistería. Aquí encontró una mayor demanda para sus gabinetes bien tallados y bien decorados, y también para los otros productos de su taller. Comenzó a sentir que por fin había llegado a casa.

Además de ayudar a su padre en el taller, Eduardo encontró trabajo con un sastre. Pero estas actividades, para un joven con sueños grandes para su futuro, solo fueron de segunda importancia.

Cierto día mientras Eduardo volvía silbando a casa, tuvo un grato encuentro, era el pastor Leutwyler de Victoria.

Se saludaron muy alegres.

—¿A dónde va?—, preguntó Eduardo.

—Voy en camino a la iglesia—, dijo el pastor.

—¿Dónde?—, preguntó nuevamente Eduardo.

El pastor le dijo cómo llegar a una iglesia protestante y también le dijo a qué hora se celebraban los servicios en alemán. Eduardo asistió a la Iglesia Presbiteriana.

Después de unos minutos de amistosa conversación, se separaron. Silenciosamente Eduardo le dio gracias a Dios por permitirle encontrarse con un viejo amigo que podía indicarle cómo llegar a su iglesia. Pero de ningún modo podía imaginarse en ese tiempo la senda en que Dios lo estaba encaminando.

Por varias semanas Eduardo disfrutó de los servicios en alemán. Pero un domingo notó un anuncio sobre los servicios religiosos de los miércoles de noche. El siguiente miércoles allí estaba. Un diácono lo recibió en la puerta y lo saludó en castellano.

—¿Adónde voy para el servicio en alemán?—, le preguntó Eduardo en un castellano bastante bueno.

—No hay servicios en alemán los miércoles de noche. Solo en castellano—, replicó el diácono. —Pero siempre será bienvenido a cualquier reunión. Este es un culto protestante. Pase adelante—, insistió.

Un poquito inseguro Eduardo entró y se sentó en el último asiento, así podría retirarse fácilmente. Eduardo recordaba la afirmación del sacerdote Junker de que los protestantes hacían que sus miembros firmaran su tarjeta de membresía con sangre. El también había dicho que los

Foto: Rev. Francisco Diez, pastor en la primera Iglesia Presbiteriana de Santiago de Chile durante los años 1890 a 1909.[1]

---

[1] "El español de origen hugonote asumió el pastorado de la Primera Iglesia el año 1890, tras el incendio del templo en la calle Nathaniel Cox. Le tocó animar a los creyentes en una época complicada para los protestantes. Su pastorado se extendió hasta 1909, cuando fue a vivir a la ciudad de New York. Durante sus últimos años, en la década de los 50, vivió en Suiza", datos obtenidos del blog de la Primera Iglesia Presbiteriana de Santiago, Chile, disponible en https://www. facebook.com/PRIMERAIPCH/photos/a.245279935821058.1073741829.1924 22497773469/513104732371909/?type=3&theater; Internet (consultada el 2 de mayo de 2018).

protestantes azotaban a Jesús. Si ahora, alguna de esas cosas sucedía, Eduardo iba a salir corriendo.

Cuando Eduardo apenas se había sentado, el pastor, Francisco Diez, anunció un himno. El diácono le dio a Eduardo un himnario, que estaba abierto en el himno anunciado. Se titulaba, "A nuestro Padre Dios, alcemos nuestra voz, Gloria a Él". Las palabras conmovieron el corazón de Eduardo. Eduardo cantó, cantó con todo su corazón y cuando el himno terminó, había perdido todos sus recelos. La música del himno era similar a la del Himno Nacional de Suiza.

Tiempo después Eduardo se reía de esta experiencia. En Suiza, la Iglesia Luterana, en la cual él había sido confirmado, era llamada simplemente la Iglesia Reformada. Él no se había dado cuenta que como luterano, él era también protestante.

El siguiente miércoles se sentó en los asientos de adelante de la iglesia. Su entusiasmo crecía con cada servicio y pronto estaba gozando tanto de los servicios en castellano que dejó de asistir a los servicios en alemán.

Aunque en ese tiempo Eduardo tenía veinte años, se sentía limitado por su escasa educación. Había asistido a la escuela solo por cuatro años en Suiza, pero en Chile solo por seis semanas, además de las clases de confirmación. Decidió asistir primero a la Escuela Dominical, en la clase para los niños. Pero al aumentar su confianza, pasó a la clase para jóvenes de su edad.

Cuando el secretario de la Escuela Dominical se fue a estudiar a los Estados Unidos, se le pidió a Eduardo que lo reemplazara. En esta tarea pudo ver que las clases solían tener un maestro diferente cada semana. No era fácil conseguir maestros regulares. A menudo Eduardo tenía que ocuparse de alguna clase pues el encargado no se presentaba, y una vez faltaron tantos maestros que tuvo a todos los alumnos en una sola clase. Después de esto, cuando había un tema difícil, todos querían que él diera la lección. Años después, Eduardo consideró que cuando se le pidió que fuera un maestro regular, fue el comienzo de su servicio a otros.

Durante el curso de ese año los miembros jóvenes de la iglesia decidieron formar una Sociedad de Actividad Cristiana. El pastor Lowe, profesor en el Colegio Internacional en Santiago, era uno de los líderes favoritos entre los jóvenes, y lo escogieron para que fuera el presidente de la sociedad. Para gran sorpresa de Eduardo, él fue elegido vicepresidente. Aceptó solo porque habían elegido a un presidente muy capacitado.[1]

Un día el pastor Lowe se acercó a Eduardo y le dijo: —Tengo que hacer un largo viaje. Sobre usted dejo las responsabilidades de la Sociedad de los Jóvenes—.

—¡Oh, pastor Lowe! ¿Tiene usted tanta confianza en mí?— fue la incrédula respuesta de Eduardo.

—¡Ciertamente! Solo tendrá que hablar por unos quince minutos, cada semana, y darles a los jóvenes estímulo para sus actividades—. El pastor Lowe sonrió.

—Es cierto, en la reunión, la mayor parte del tiempo los jóvenes relatan sus experiencias—, pensó Eduardo en voz alta. Y resolvió que aceptaría.

Pero no resultó así. Había veces en que los jóvenes ocupaban solo unos dos o tres minutos. Esto fue un desafío para que Eduardo usara todo su ingenio y descubriera sus talentos de liderazgo, paciencia, buena voluntad y amor hacia otros, talentos que no sabía que poseía.

La iglesia patrocinó una Sociedad de Temperancia, en verdad, dos. Para ser miembro de una de ellas, la persona

---

[1] Por intercambio de correspondencia por e-mail con el pastor Marcone Bezerra Carvalho, actual pastor de la Primera Iglesia Presbiteriana de Santiago, durante abril de 2018, los autores de este libro supieron que los libros de actas donde posiblemente se hayan registrado los nombramientos de Eduardo, se quemaron en un incendio en dicha iglesia en 1970, o se perdieron antes por los traslados de la iglesia.

tenía que prometer no beber por un año. Para la otra, La Logia de los Temperantes, los miembros prometían abstenerse para siempre. Eduardo se hizo miembro de la segunda. También integró el coro de la iglesia, y se afilió a la sociedad de música patrocinada por la iglesia.

Fueron días felices y plenos, pero una oscura nube vino a nublar el sol. Sus hermanos, Walter y Víctor y también la cocinera, enfermaron gravemente. Sus cuerpos estaban grotescamente hinchados. Walter que tenía dinero ahorrado pudo ir al hospital, pero Víctor y la cocinera no lo tenían. Eduardo se tuvo que quedar en casa para cuidarlos. Echaba de menos el ir a la iglesia y cumplir con sus responsabilidades, y a su vez la iglesia lo echó de menos. El pastor, preocupado, vino presto y golpeó la puerta con fuerza.

—¡Oh pastor Lowe! ¡Estoy muy contento de verle!—. Exclamó Eduardo al abrir la puerta. —Pase adelante, pase adelante. Mi familia está muy enferma y no sabemos qué enfermedad es la que tienen—.

El pastor visitó a Víctor y a la cocinera en sus cuartos. Vueltos a la sala le preguntó a Eduardo: —¿Qué es lo que han tenido para comer?—. Eduardo brevemente mencionó lo que podía recordar.

—¿Nada más?—, lamentó el pastor.

Eduardo recordó unas pocas cosas más.

—Eduardo, ¿han comido cerdo?—.

—Sí, tuvimos un poco—, dijo lentamente al recordar el incidente.

—¿De dónde era la carne de puerco?—, preguntó el pastor Lowe.

Eduardo nombró al propietario de los puercos.

—¡Ese señor ha estado en la cárcel dos veces por

vender puerco con triquinosis!—, exclamó el pastor Lowe. —Nunca más vuelvan a comprarle puercos a él—.

Durante los largos días de convalecencia de Víctor y la cocinera, Eduardo permaneció junto a ellos. Una tarde algunos de sus amigos pasaron para decirle a Eduardo que no faltara a la reunión del siguiente domingo. Pudo ir ya que sus pacientes habían mejorado un poco.

Después del sermón el pastor mencionó la muerte de uno de los diáconos y que la iglesia debería elegir un reemplazante.

—Esta vez, continuó el pastor, no hemos elegido a uno de los más ancianos, sino a un joven. Eduardo, por favor pase al frente—.

Eduardo se sintió confundido, y se sorprendió al darse cuenta de que él era el nuevo diácono joven. Allí, frente a la congregación, que era también su familia grande, se le dio el encargo y fue ordenado para sus quehaceres. Entre sus responsabilidades debía hacer dos visitas a los enfermos o desanimados por semana.

Años después, Eduardo confesó: —En esto he fallado. A menudo hacía solo una visita en dos semanas—. Pero durante ese tiempo también estaba ocupándose en el proyecto misionero más precioso de su corazón. Estaba trabajando por la conversión de su propia familia.

¿Víctor? Bien, consiguió que fuera a las reuniones del domingo de noche. Pero todo lo que logró con Walter fue que con su pelo castaño y abundante barba, echara los hombros para atrás, giraba la cabeza hacia un lado y retrucaba: —Buenas están las cosas. Yo me asocio con la Sociedad Filantrópica, me eligieron director de baile y mis propios hermanos no son capaces de ir a bailar conmigo los domingos de noche. A Víctor ya se le pasó el asunto de la religión. Vengan conmigo para pasar un rato alegre—. Pero Víctor vez tras vez rehusó en deferencia a Eduardo y su entusiasmo religioso.

Finalmente, Walter concibió un plan. Un domingo de noche dijo: —Bueno, Eduardo yo voy a ir contigo a tu reunión y después, Víctor tú vas a ir conmigo al baile—.

Fue un buen truco por un tiempo. Pero Eduardo nunca desistió. Oraba por su hermano menor y por supuesto también por Olga, su padre y Walter. Finalmente, las oraciones de Eduardo y sus diálogos con Víctor dieron fruto. Víctor aceptó a Dios. También su hermana Olga. Pasaron seis años antes de que Walter por fin entregara su corazón al Señor. Su padre lo hizo un tiempo después.

Además de las reuniones regulares en la Iglesia Presbiteriana en la esquina de las calles Natanaél y Gálvez, había un pequeño grupo que se reunía en un pequeño edificio en la calle Moneda. El pastor Lowe, sintiendo la necesidad de ayuda, decidió pedir a Eduardo y a otro buen hermano en la iglesia que se hicieran cargo de las reuniones allí. El plan era que los dos debían hablar en cada reunión y se alternarían sus presentaciones de la primera parte y la segunda. Pero los dos jóvenes tenían tanto que decir que el segundo raramente tenía ocasión de hablar. Así decidieron hacerse cargo de las reuniones semana por medio. Eduardo nunca pensó que mediante todas estas experiencias Dios lo estaba preparando para un servicio especial.

En su tiempo libre Eduardo seguía trabajando en el taller de ebanista de su padre porque él era el responsable de proveer para su hermana Olga hasta que ella se casó. Lo hizo con un ministro protestante de apellido Fernández. Entre sus trabajos, Eduardo talló unos santos para unos frailes Salesianos. Uno de los santos, Santa Rosa de Pelequén, todavía es famosa en Chile como hacedora de milagros.

Más o menos en ese tiempo, el año 1894, un matrimonio español de apellido Balada vino a vivir y trabajar en Santiago. El señor Balada no era alto, pero su cara amable y su entusiasmo captaron la atención de los vecinos. Era colportor de la Sociedad Bíblica, y era bautista. El pastor

Foto: Santa Rosa de Pelequén, tallado por Eduardo Thomann

Lowe, atraído por su espíritu vigoroso, le habló: —Señor Balada, yo soy el pastor Lowe de la iglesia Presbiteriana. Me he preguntado si usted podría hablarle a mi iglesia en un domingo."

Acordaron la fecha y se separaron.

En el domingo asignado el señor Balada habló de la resurrección y del cielo. Muchos de los jóvenes y también algunos mayores se quedaron después del servicio para hablar con él. Eduardo se acercó a escuchar los comentarios. "Que hermosos pensamientos." "Usted sí conoce la Biblia." "Gracias por sus palabras tan animadoras." "Ud. tocó mi corazón." "¿Cómo haré para aprender más?"

—Si quieren venir a mi casa los jueves de noche podemos estudiar juntos. Yo vivo en la calle Esperanza número 23—, dijo Balada.

—Muchas gracias—, respondió uno.

—Allí voy a estar—, respondió otro.

69

—Nos vemos el jueves de noche, señor Balada—, añadió Eduardo.

Los estudios bíblicos del pastor Balada fueron interesantes y bien guiados. Eduardo asistía de tanto en tanto. Cuando tocó el tema del bautismo por inmersión fue bien estudiado hasta que quedó claro que el bautismo infantil no era bíblico. Como resultado varios de los asistentes fueron bautizados. Ninguno le preguntó a Eduardo en cuanto a sus convicciones, así que no fue bautizado en ese momento.

ACUÉRDATE DEL SÁBADO

Por mucho tiempo Eduardo había estado perplejo sobre el mandato de guardar el sábado. A él le parecía que Dios había mandado guardar el séptimo día de la semana como día de descaso. Y recordaba que su padre contaba que sus antepasados mantenían como sagrado el séptimo día de la semana. Finalmente, un día decidió preguntarle a su padre.

—Papá—, comenzó, —¿Cómo es que la Biblia dice que debemos guardar como santo el séptimo día de la semana y los luteranos guardamos el domingo, el primer día de la semana?—.

—Bueno, hijo—, vacilando un momento, respondió, —Bueno, es así. En Europa, hace mucho la gente se puso a celebrar tantos días que finalmente decidieron deshacerse de un montón de ellos y establecer un día. Así escogieron el domingo—.

A Eduardo le parecía una respuesta muy corta y una solución irrazonable, pero su padre había hablado y decidió no preguntar más. Decidió que si el domingo era el día de guardar, entonces nadie, absolutamente nadie lo guardaría mejor que él. Lo guardaba tan estrictamente que ni siquiera era capaz de lustrarse los zapatos durante sus horas. Pero todavía no estaba en paz. Mirando a su alrededor veía a mucha gente haciendo cosas que él consideraba pecaminosas en el día santo de Dios.

Un día le anunció a su hermano Víctor, —La gente no guarda el día santo de Dios. Yo tengo un plan. Podemos obligar a todos que guarden como santo el día domingo. Voy a juntar unas mil firmas y presentarlas al gobierno. Ellos pueden obligar a todos que honren el día de Dios—.

Víctor levantó sus oscuras cejas y retorció su bigote. Podía ver en los ojos de Eduardo una firme determinación. Por fin dijo: —Mil firmas. Me parece a mí un montón de caminatas. ¿Estás seguro que hay mil personas que van a querer firmar?—.

—Ya veremos—, replicó Eduardo. —De seguro que hay esa cantidad de gente interesada en guardar como santo al domingo. Los tiene que haber—.

Unos días más tarde Eduardo estaba listo para comenzar a recoger firmas. Estaba seguro de que él era un ayudador de Dios, y con la ayuda de Dios, ¿quién podía fallar?

Pero Dios tenía otros planes. En la reunión del miércoles de noche un señor Duroch, quien hacía poco había regresado de un viaje al norte de Chile, dio el sermón. En el sermón mencionó que en su viaje se había encontrado con gente que sostenía que el Señor esperaba que guardaran el sábado. La mandíbula de Eduardo bajó al mismo tiempo que sus planes. Puso su plan de recoger firmas en suspenso hasta que pudiera entender mejor este asunto del sábado.

Todavía perplejo sobre el problema del sábado y domingo, Eduardo decidió un sábado de tarde ir a visitar al señor Vera, un zapatero, que era su amigo y a la vez diácono como él.

El señor Vera vivía en la casa de los Balada, y el señor Balada hacía poco lo había bautizado. Hacía solo uno días que Eduardo le había llevado un par de zapatos para remendar. Esto le daría una buena razón para ir a visitarlo.

—Buenas tardes, amigo—, anunció Eduardo al llegar. Después del saludo del señor Vera, Eduardo continuó: —¿Están listos mis zapatos?—.

—No—, respondió el señor Vera sin titubeo, —pero— sus ojos centellaban, —hemos encontrado algo muy interesante en la Biblia—.

—¿Y qué es el gran descubrimiento?—, preguntó Eduardo ansiosamente.

—Que debiéramos guardar el séptimo día, sábado—.

Por varios minutos hubo una discusión acalorada en que Eduardo presentaba todos los argumentos en contra del sábado que podía pensar y el señor Vera los rebatía con sus propias convicciones. Pronto el señor Vera dijo: —Vamos a la Biblia—.

—Muy bien—, replicó Eduardo, confiando en su posición. —Yo aceptaré todo lo que la Biblia diga—. Las palabras del pastor Lowe dichas hacía unas dos semanas, pasaron por su mente: "Debemos obedecer todo lo que la Biblia enseña."

El señor Vera le dio a Eduardo unos dos o tres versículos sobre el sábado, y entonces sintiéndose incompetente para llevar el asunto más allá, dijo: —Usted sabe, esto es todo nuevo para mí también. Mire, aquí hay un libro que le ayudará a entender. Llévelo y estúdielo—.

Eduardo tomó el libro. Su mente trataba de imaginar qué diría un libro titulado: *El ministerio de iniquidad*. Mientras reflexionaba en el título, entró el señor Balada.

—Oh, buenas tardes Eduardo. ¿Cómo está?—, lo saludó.

—Muy perplejo—, respondió Eduardo. —Señor Balada, usted oyó la presentación del señor Daroch. ¿Qué tiene que decir sobre el séptimo día, sábado?"—.

—Nada, Eduardo. Si la Biblia lo enseña, es correcto; y si no, no lo es—, dijo el señor Balada como conclusión a la discusión.

—Tengo que pensarlo—, dijo Eduardo mirando otra vez el libro en su mano. Giró hacia la puerta mientras decía: —Tengo que pensarlo seriamente—.

Eduardo se dirigió hacia su casa y a una actividad desconocida hasta ese entonces para él, una semana de intenso estudio sin interrupción.

C orría el año 1894. Frederick Bishop y Tomás Davis habían trabajado arduamente todo el verano vendiendo el libro *El Conflicto de los Siglos*. De esa forma ganaban dinero para poder ir, en el otoño, al Colegio Adventista del Séptimo Día en Healdsburg, California, Estados Unidos. Actualmente conocido como Pacific Union College.

A los pocos días del inicio de clases, el pastor Mead realizó una convocatoria de colportores. En la reunión del viernes de noche habló al cuerpo estudiantil sobre la misión de llevar el Evangelio a todo el mundo. Mencionó que los adventistas tenían misioneros en el África, la China y la India, pero que aparentemente había un desinterés por América del Sur. Sugirió que la más apremiante necesidad en el "Continente Olvidado" era la de colportores que pudiesen distribuir literatura. De esa forma se abrirían puertas para que luego puedan ingresar ministros del evangelio. Se preguntó, si tal vez habría entre los oyentes, alguien que estuviera dispuesto a contestar a este llamado de Dios para ir a América del Sur. Si alguno estaba dispuesto que lo vea después de la reunión.

Frederick y Tomás estaban escuchando. Eran compañeros de pieza y estaban sentados juntos. Se miraron uno al otro cuando oyeron el llamado. Después de la reunión los dos jóvenes fueron a hablar con el pastor Mead. Él les extendió un llamado y los jóvenes prometieron que orarían sobre ello.

En el camino hacia el dormitorio se detuvieron a orar detrás de unos arbustos y le pidieron a Dios que los dirigiera y le dedicaron sus vidas. Acordaron pasar ese sábado en ayunas, estudio meditación y oración.

Al llegar el atardecer del sábado, los dos estaban convencidos de que ese era el camino por el que Dios los estaba guiando.

El domingo de mañana fueron a la oficina del presidente del colegio para pedir un reembolso de su dinero.

—Pero jóvenes—, protestó el presidente, —Apenas han comenzado el año escolar. ¿Se han desanimado tan pronto?—.

—No señor—, replicó Frederick. —No estamos desanimados. Hemos oído el llamado de América del Sur, y estamos convencidos que Dios nos está llamando. Hemos decidido responder a su llamado—.

—América del Sur—, repitió lentamente el presidente Howe, en un tono que mostraba su interés. Tomó su pluma y escribió en una hoja de papel. Después de un largo momento le dio el papel a Frederick.

—Lleve esto a la oficina de finanzas. Ellos les devolverán su dinero. No quisiéramos jamás estorbar un cometido tal—. Poniéndose de pie les extendió la mano y añadió: —Frederick y Tomás, que Dios los bendiga. Que él siempre vaya con ustedes—.

Los días siguientes estuvieron llenos de actividad. Una vez que empacaron, tomaron el tren hacia el sur, hasta San Francisco. Allí en el puerto encontraron un barco de carga que los llevaría, por un precio accesible, hasta Chile. Luego tomaron un ferry para cruzar la bahía de San Francisco hasta Oakland llegando hasta la casa publicadora Pacific Press (actualmente ubicada en Nampa, Idaho) donde usaron casi todo el dinero que les quedaba comprando libros que llevarían consigo. Compraron literatura en inglés que tendrían que vender donde se habla español, pero no estaban preocupados.

A mediados de octubre de 1894, Frederick Bishop y Tomás Davis subieron al barco con sus pocas pertenencias y varias cajas de libros. Las escasas comodidades a bordo no les fueron de gran molestia. Tampoco les preocupaba que les quedaran solo 2,50 dólares entre los dos. Iban en una misión para el Señor, y sabían que Él cuidaría de ellos.

Después de cincuenta y cuatro días, el 8 de diciembre, el barco ancló en la bahía de Valparaíso, Chile. Ya estaba próxima la navidad, pero en Valparaíso era pleno verano. Frederick y Tomás estaban ansiosos de poner pie en tierra firme, pero descubrieron que tenían que contratar a un hombre con su bote de remos para llevarlos a la costa. Cuando fueron dejados en el muelle les quedaba solo un peso chileno. Es fácil imaginarse su espanto cuando oyeron que un cuarto de hotel costaba diez pesos por noche.

Afortunadamente la noticia de su arribo los había precedido y otro colportor, C. A. Nowlen, de Inglaterra, estaba allí para recibirlos.

Al contemplar el frondoso paisaje camino al hotel, se dieron cuenta que el puerto había sido nombrado apropiadamente: Valle del Paraíso. El aire estaba fragante con el perfume de las rosas, jazmines y lirios; había hermosos árboles por todos lados: álamos, robles, olmos, sauces, y de tanto en tanto veían algún siemprevivo, árbol extraño y nuevo para ellos. Aprendieron que la familia de altos pinos, las auracarias, llevaban el nombre de los habitantes nativos del país.

El día siguiente Tomás partió para el sur de Chile. Frederick se puso a colportar en Valparaíso. Duro fue darse cuenta que le era imposible vender un libro porque la gente no le entendía ni los gestos. En la tarde, Dios lo guió a una zona donde vivía gente que hablaba inglés y antes de terminar el día había tomado varios pedidos.

Después de haber recorrido una gran zona costera al norte y al sur de Valparaíso, Frederick y Tomás volvieron a encontrarse en Valparaíso. Juntos decidieron que deberían ir a Santiago, la capital del país.

En Santiago después de buscar sin éxito un lugar para vivir, a su alcance, fueron a ver al pastor metodista Wilson. Él les señaló la casa amplia de los Balada que tenía cuartos para alquilar. Días después de estar hospedados allí, el sr. Balada descubrió que sus huéspedes reposaban en el día séptimo, el sábado. Recordó la inquietante presentación del señor Daroch. Con pasión Balada se puso a mostrarles a los jóvenes que ellos estaban equivocados. Ellos se esforzaban para entenderle y le mostraban versículos en la Biblia que apoyaban las creencias que tenían. Esto resultó perturbador para Balada pues había hospedado a unos "villanos" venidos de Estados Unidos que pretendían enseñarle a él, que era un obrero de Dios de muchos años de experiencia.

ESTUDIO CUIDADOSO Y DECISIÓN

El lunes de mañana, después de la visita de Eduardo a su amigo zapatero en la casa de los Balada, Eduardo despertó con el vientre hinchado y un malestar general. Notó que su cama estaba húmeda porque la pared absorbía humedad de un canal de irrigación adyacente. Sintiéndose mal he hinchado, decidió pasar el día en la cama. Pensó que era una oportunidad perfecta para estudiar este problema del sábado y el domingo.

Víctor le ayudó a mover la cama a un lugar seco y trajo, por pedido de Eduardo, su Biblia y el Diccionario Bíblico. Determinado, Eduardo se puso a buscar apoyo bíblico para la observancia del domingo. Investigó todo el día pero sin éxito. Seguía sintiéndose descompuesto el martes, siguió su investigación y así hasta el jueves. Dios lo mantuvo inflado todo el tiempo que necesitaba para estudiar. Luego de cuatro días de estudio Eduardo estaba pensativo y frustrado. El viernes encontró, detrás de su Biblia en el estante, el libro que su amigo le había dado.

Para no ser engañado, Eduardo lo leyó lenta y cuidadosamente. Leyó y releyó cada versículo mencionado.

Pasó el día leyendo, releyendo y reflexionando. Cada vez comprendía mejor lo que estaba expuesto en el libro, y llegaba a la convicción de que el verdadero día de reposo era el sábado, el séptimo día de la semana.

Para la tarde de ese viernes la inflamación intestinal estaba claramente desapareciendo. A las cinco de la tarde Víctor entró al dormitorio.

—¡Sí que te ves mejor! ¿Qué has descubierto hoy?—.

Víctor le estaba repitiendo la misma pregunta que le había hecho esos días. Y a Eduardo le estaba llamando la atención el interés y la pregunta repetida de su hermano como también algunas de sus expresiones y conductas de los últimos días, pero había decidido esperar antes de preguntarle directamente qué le pasaba o en qué andaba.

Eduardo respondió con énfasis: —Estoy convencido que deberíamos guardar el séptimo día de la semana, el sábado—.

—Yo también lo estoy—, contestó Víctor riéndose entre dientes pero en tono amable. Al oír esta respuesta Eduardo abrió grandes los ojos.

—Te sorprende, hermano. Déjame contarte una historia—, le dijo sentándose cerca de Eduardo.

—Hace unas noches tuve un sueño. Era tan real y vívido que al despertar me dejó pensando por un buen rato. En el sueño iba caminando por la calle central de Santiago, la Avenida Delicias. Alcé los ojos y vi a dos hombres que venían leyendo hacia donde yo estaba. Uno tenía un libro abierto en la mano. Al cruzarlos, uno de ellos leyó en castellano mal pronunciado: "Bendice alma mía a Jehová." La semana pasada caminaba por la Avenida Delicias y de repente vi que venían hacia mí los mismos hombres con los que había soñado. Y con gran sorpresa para mí, uno de ellos tenía un libro abierto en la mano. Atónito, casi inmóvil los miraba fijamente y escuché que en su mal castellano leían justamente "Bendice alma mía a Jehová". Pude reaccionar antes que pasaran y tomé el brazo del que estaba más cerca y les pregunté quiénes eran y de dónde vivían. Me dieron sus nombres, hermano. Se llaman Frederick Davis y Tomás Bishop. Y nunca adivinarás dónde viven. ¡¡Están en la casa de los Balada!! Y yo estuve yendo esta semana a estudiar la Biblia con ellos.[1] Y cuando pude les pregunté por el día de reposo. ¡No creerás la cantidad de textos que tienen para probar que el séptimo de es sábado de Dios! La señora Balada está convencida. El señor Balada está indeciso. Pero yo creo que pronto lo aceptará.

—¡Alabado sea Dios!—, exclamó fuertemente Eduardo al saltar de la cama.

—¡Alabado sea Dios!—, repitió Víctor.

---

[1] Este encuentro fue aproximadamente a mediados de 1896.

LA OBSERVANCIA DEL DESCANSO SABÁTICO

El día siguiente fue sábado y los dos hermanos decidieron que guardarían el día de Dios descansando. Eduardo era el despertador de la familia. Despertó a las seis, pero después de un poco de reflexión decidió que no quería ser responsable, ante Dios, de despertar a la familia para un día de trabajo en sábado.

A las siete despertó Walter. Irritado, al ver la hora, apresuradamente fue a despertar a Víctor. Walter era responsable por su hermano menor, así como Eduardo era responsable por Olga mientras estuviera soltera.

—¡Víctor!, ¡Víctor! ¡Despiértate! Ya es tarde—, gritó. Se fue a lavar y peinar su cabello abundante y su barba. Al volver y pasar frente al dormitorio, vio a Víctor todavía en la cama.

—¡Víctor!—, llamó impaciente, —Levántate, hay que trabajar—.

Víctor convino y respondió: —Sí Walter, me levantaré. Pero yo no voy a trabajar hoy. Hoy es el sábado del Señor y como Él ha dicho: "...No harás obra alguna en él—."

Los ojos de Walter taladraron a Víctor mientras le ordenaba: —Vas a trabajar hoy—.

La respuesta calma y amable de Víctor enfurecieron a Walter. Con pasos firmes llegó hasta su cama y lo sacó de un tirón.

—¡Vístete!—, ordenó.

Una vez que Víctor estuvo vestido, Walter lo tomó por los hombros y le hizo caminar hasta el taller que estaba puerta por medio. Lo empujó hasta el banco de carpintero y demandó: —¡Ahora a trabajar!—.

Otra vez Víctor comenzó a explicar por qué no podía trabajar, pero su explicación fue truncada por un golpe en la espalda. Walter había tomado del banco una pata para silla y lo había golpeado.

Víctor, que era un poco más alto que Walter, se dio vuelta para defenderse con sus fuertes puños, pero Eduardo que veía todo desde su cama, llamó: —¡No, Víctor!, no le pegues. Si él te quiere pegar, déjalo. Pero no le pegues tú—.

Airado también contra este nuevo antagonista, Walter tomó un mazo de madera y se encaminó encolerizado a la puerta del dormitorio. —Así que tú eres el culpable—. Tiró el mazo a la cabeza de Eduardo. Eduardo hundió su cabeza contra la almohada y el colchón y el mazo pasó zumbando y dio contra la pared. Walter había arrojado el mazo con tanta fuerza que al dar contra la pared se le rompió el mango.

El papá apareció con su frente calva y con ojos tristes miró a Walter y con el ceño fruncido dijo: —Ya basta Walter—.

—¿Y ahora tú también te vas a poner del lado de ellos? Primero no querían trabajar en domingo. Ahora no quieren trabajar en sábado. Ya pronto no van a querer trabajar nada—.

En los ojos de Walter y en su voz se sentía fuego. Con

los hombros echados para atrás se marchó de la pieza, pero no pudo evitar oír la admonición del papá: —Déjalos, déjalos—.

Con miedo a que Walter tenga otra explosión de ira y quiera darle azotes en la cama, Eduardo se vistió. Él y Víctor se pusieron los abrigos, porque era invierno, y con una Biblia salieron calladamente de la casa.

Dirigieron sus pasos hacia la casa de los Balada. Cuando Enrique Balada abrió la puerta y vio a Eduardo y a Víctor, preguntó: —¿Qué mal viento los trae por aquí?—, pensando que tal vez venían a espiarlos. Pero al oír de lo sucedido esa mañana, preguntó con un tono de sorpresa en su voz: —¿Entonces quieren en verdad guardar el sábado?—.

—Sí, sí—. Contestaron casi juntos Eduardo y Víctor. Entraron y hallaron que había allí reunidas otras ocho personas más. Frederick Bishop[1] estaba explicando, lo mejor que podía en su castellano, la profecía de Daniel sobre los 2.300 días. Eduardo entendió, a pesar del trabado castellano, algunas de las profundas verdades espirituales de la profecía. Luego de la reunión y camino a su casa, Eduardo dijo: —Tengo que saber más. Tengo que estudiar esto por mí mismo. Estudiarlo hasta que lo entienda bien. Lo tengo que hacer. Tengo que poder explicarlo a otros—.

En su modo calmo, Víctor respondió: —Sí Eduardo, todos deben saber—.

Ese mismo año terminaron su preparación académica en Battle Creek, la primera clase de ministros adventistas con especialidades en el mensaje de salud, dirigidos por el Dr. Kellogg.

De este grupo salió el primer pastor adventista que llegó a Chile, G. W. Baber. Llegó a Valparaíso el 12 de octubre

---

[1] Frederick Bishop relata los momentos de esa reunión en un artículo que escribió recordando esos momentos. Agrega que Eduardo Thomann fue quien más tarde inició la publicación del periódico en español *Las Señales de los Tiempos* (F. W. Bishop, "Principios de la obra en Chile", *La Revista Adventista* 28/4 [20 febrero 1928]: 9-10).

de 1895. En pocos meses luego de su arribo ya había hecho amigos en una vasta zona en el centro de Chile, a pesar de sus limitaciones con el castellano. En 1895, estaba visitando a los Balada en su casa cuando Frederick Bishop le pidió que bautizara a la señora Balada, a Víctor y a Eduardo. El bautismo fue el 19 de diciembre de 1895. A continuación del bautismo, el pastor Baber fue manteniendo una amistad con Enrique Balada.

Al planificar sus próximas tareas en la zona norte de Chile, el pastor Baber decidió invitar a Enrique Balada para que lo acompañara. Le presentó su necesidad de alguien que se expresara bien en castellano; valoró que Enrique era un estudioso de la Biblia. Le comentó que tenía que visitar a interesados que habían oído el mensaje dado por los colportores y que varios eran guardadores del sábado. Necesitaban más instrucción, necesitaban ser bautizados. Y organizados en grupos. Claro que el viaje tomaría varios meses. Con este panorama Enrique se sintió estimulado y decidió ir con Baber.

Mientras ellos estuviesen ausentes, la responsabilidad de cuidar del grupo de la casa de los Balada cayó sobre Eduardo. ¡Cuánto estudió durante esos meses! Estuvo inmensamente agradecido a su padre porque, hacía varios años, había comprado varios libros en alemán que ahora le eran muy útiles y valiosos. Allí en los estantes de su casa estaban: *Patriarcas y Profetas*, *Daniel y Apocalipsis*, *El conflicto de los Siglos* y *Lecturas Bíblicas para el Hogar*.[1] ¡Esta admirado cuan abundantemente el Señor había provisto el material para ayudarlo y proveyó mucho tiempo antes que él supiera que tendría esa necesidad! Con mucho cuidado tradujo al castellano las *Lecturas Bíblicas para el Hogar* y usó estos artículos para elaborar sus sermones semana tras semana.

Después de bautizar y establecer varios grupos en

---

[1] Probablemente vendidos por Clair Nowlen, el primer colportor adventista que comenzó por Punta Arenas en el año 1892.

pueblos norteños, el pastor Baber y Balada volvieron a Santiago y en mayo de 1896 se bautizó Enrique Balada junto a otras personas que él antes había bautizado en la fe Bautista. Ahora había un grupo activo y creciente de adventistas del séptimo día en la capital del país.[1]

No mucho tiempo después Enrique Balada fue ordenado como anciano de iglesia y él, junto con el pastor Baber y los colportores Bishop y Davis, continuaron haciendo visitas por todo Chile. Grupos pequeños se establecieron en Victoria, Angol, Cherquenco, Rengo y en muchos lugares más. Mientras tanto en Santiago, Eduardo y Víctor hallaron su mayor placer en servir al grupo de Santiago y a otros de lugares cercanos, animándolos e instruyéndolos en el mensaje.

---

[1] "Summary of Mission Work", *Advent Review and Sabbath Herald* 73/36 (September 8, 1896): 573, ver "Chile".

Confianza Invariable

Poco antes de que Eduardo comenzara a guardar el sábado, había esculpido unos santos y hecho unos gabinetes para los sacerdotes Salesianos. Durante ese tiempo había prosperado bastante. Pero cuando él comenzó a guardar el sábado ya no le dieron más trabajo.

El padre se preocupó bastante, pero Eduardo que confiaba implícitamente en Dios, simplemente contestó, —Papá, Dios no puede mandarme a trabajar seis días por semana y no suplirme con el trabajo necesario para seis días—.

¿Qué más podía decir su padre? Padre e hijo se miraron de frente. El padre vio determinación. Eduardo vio aprobación y admiración.

Eduardo estaba listo para hacer cualquier clase de trabajo que Dios le pudiera proveer, aún el limpiar los canales de desagüe, el trabajo menos deseable de la ciudad de Santiago. Por el momento no lo tendría que hacer y con una sonrisa en el rostro decidió mostrar su fe en Dios afilando sus herramientas, y ordenando y limpiando su banco de carpintero y el taller.

El día siguiente a la conversación con su padre, Dios envió a un hombre con un mensaje urgente: —Señor Thomann, se le necesita en la calle San Vicente 123—.

"¿Me necesitan?" se preguntó Eduardo. Al instante lo supo. ¡Esta era la respuesta de Dios a su fe! —¡Muchas gracias, muchas gracias!—, respondió casi con demasiado entusiasmo. —Voy enseguida—.

El hombre giró para irse, pero volvió la mirada para repetir la dirección: —Calle San Vicente 123—.

Eduardo se repitió: —Calle San Vicente 123—, mientras se quitaba el mandil y se ponía la chaqueta. Con corazón alegre y apresurado casi voló a la calle San Vicente. Ya en la cuadra correspondiente calmó sus pasos mientras buscaba el número 123. ¡Allí estaba! Con el corazón en la garganta se acercó a la puerta y golpeó. Una señora abrió la puerta.

—Yo soy Eduardo Thomann—, comenzó. —Un mensajero me dijo que me necesitaban aquí para la fabricación de un gabinete—, añadió mientras notaba que en el rostro de la señora no había señal alguna de reconocimiento.

—Siento mucho, yo no sé nada de tal asunto. No tenemos ninguna necesidad de trabajo de gabinete aquí—, respondió.

—Debe haber un error—, replicó Eduardo y repitió, —Calle San Vicente número 123. ¿Sabe Ud. de alguna persona que necesite un ebanista?—.

—No—, ella respondió, —no por aquí—.

—Muchas gracias—, dijo Eduardo al dar la vuelta y la puerta se cerró. En la vereda se encontró con dos o tres personas y les preguntó si sabían de alguien que buscara un ebanista. —Nadie. —Chasqueado volvió hacia su casa.

El día siguiente el mismo mensajero volvió. —Le están esperando en la calle San Vicente, número 123—. Le dijo en un tono con algo de reproche.

—Pero fui ayer, tan pronto como usted se había ido. Encontré la calle San Vicente, número 123, pero la señora me dijo que no necesitaban un ebanista—, respondió Eduardo.

—Créame, se lo necesita en la Calle San Vicente número 123. Tiene que volver hoy—.

Antes de que Eduardo pudiera hallar palabras para argüir, el hombre se había ido. Lentamente Eduardo se puso otra vez la chaqueta y salió a la calle. Esta vez le tomó un poco más de tiempo llegar a San Vicente. Caminó por uno de los lados de la calle y luego por el otro leyendo otra vez los números de las casas de la cuadra del 100 al 200. Era en vano. Había solo un 123 y él no iba a llamar en esa casa otra vez. Estaba por encaminarse otra vez hacia su casa cuando vio a un conocido que venía por la calle. ¡Qué bien se sintió de poder contarle su dilema y contratiempo!

Cuando terminó de narrarle su triste momento, su amigo se puso la mano en la cabeza y pensó un momento.

—¿Estás buscando trabajo de ebanista? Ve a la siguiente cuadra. Allí vi a gente que estaba sacando gabinetes nuevos de un taller—.

—Muchas gracias—, dijo Eduardo mirando a la siguiente cuadra. —¡Chau!—.

—¡Chau!—, contestó el amigo.

Rápidamente caminó hacia la siguiente cuadra buscando el lugar que el amigo le había indicado. Y allí estaba un taller de carpintería y para sorpresa suya, en la puerta estaba el número 123.

Una vez en el taller Eduardo preguntó —¿Cómo puede haber el número 123 en esta cuadra y también en la siguiente?—.

—Oh—, el hombre respondió, —es por la nueva ley que el gobierno puso para renumerar a cada cuadra—.

—Ah—, dijo Eduardo, —esa nueva ley me ha causado varios problemas. Ayer busqué en vano procurando hallar el lugar donde se me necesitaba. Yo soy Eduardo Thomann. ¿Será este el lugar que yo estaba buscando?—.

—Sí, sí—, respondió el hombre que estaba detrás del banco. —Usted debe ir al presidio. Allí encontrará a un señor Clemente. Él es el dueño de este plantel. Está esperando hablar con usted—.

—Muchas gracias. Iré inmediatamente a ver al señor Clemente—, dijo Eduardo con una sonrisa y se fue.

Cuando llegó al presidio, le preguntó al guarda adónde debía ir. Con las indicaciones recibidas llegó a una puerta de la oficina del señor Clemente y golpeó. Al abrirse la puerta apareció un señor corpulento que tenía un gesto de interrogación en la cara. —¿En qué le puedo servir?—, preguntó en tono grave.

—Entiendo, señor que usted me necesita. Yo soy un ebanista. Me llamo Eduardo Thomann—.

—En verdad tengo necesidad de un ebanista, pero ya le he hablado a uno. Sin embargo—, se detuvo por un momento que a Eduardo le pareció una eternidad, —si podemos llegar a un acuerdo sobre el precio, le daré a usted la tarea. Pase, siéntese—.

El señor Clemente le explicó a Eduardo la tarea que necesitaba. —¿Cuánto me cobrará por una docena de estos husos?—.

Eduardo decidió en el momento cotizar un precio lo más bajo que pudiera, para que Dios no lo acusara de perder el trabajo a causa de avaricia. Decidió que quince centavos era lo mínimo por lo cual los podría hacer. Multiplicó mentalmente quince por doce. Eduardo siempre había sido rápido para las matemáticas, pero esta vez se equivocó y dijo —saldrán $ 3.60 la docena—.

—Muy bien—, dijo el señor Clemente, —eso es cinco

centavos menos de lo que el otro hombre pedía—. Entonces le mostró otro trabajo que necesitaba que hiciera, —¿Y estos respaldos de rejilla?—. Como lo que ya había cotizado resultó más barato que el precio que ya había recibido el hombre, dijo: —Voy a pedirle cinco centavos menos de lo que el otro carpintero le pidió—. La respuesta fue, —Es suyo el contrato—.

Pero antes de festejar, Eduardo tenía una petición que hacer: —Señor Clemente, estaré contento de hacerle el trabajo, pero solo puedo aceptar el contrato si me permite tener el séptimo día, el sábado libre—.

—Eso no es un problema—, respondió el señor Clemente. —¿Trabajaría los domingos?—.

—Sí señor—, contestó Eduardo.

—Muy bien entonces. Me entregará sus trabajos los viernes, lo que será muy bueno—.

—Muchísimas gracias—, dijo Eduardo con una sonrisa generosa.

El señor Clemente lo acompaño hasta la puerta. —Lo veré el viernes—, dijo al cerrar la puerta.

Eduardo sintió que no podía llegar a casa con suficiente rapidez para compartir las buenas noticias.

Día tras día Eduardo trabajó diligentemente en su banco. Viernes tras viernes entregó su trabajo. Cuando procuró aclarar que se había equivocado y que había pedido el doble de lo que le parecía justo, lo interrumpieron con la frase, —Bien vale el precio—.

Cuando terminó esas tareas, le fueron dadas otras. La verdad es que los trabajos que se le asignaron eran más de lo que él podía hacer. Pronto su padre y sus hermanos también estaban completamente ocupados. Nunca más volvió su padre a reprenderlo por guardar el sábado. Ahora además de tener más trabajo que antes, se le estaba pagando mejor.

Sin embargo, a pesar de la abundancia de trabajo bien pagado, Eduardo no estaba completamente contento. A menudo le venía a la mente la pregunta: "¿Y qué bien traerá todo este adornar muebles y casas en día del juicio? No tendrá ningún valor."

Como Olga ya se había casado, Eduardo no tenía que preocuparse por su sostén. ¡Cómo ansiaba él dedicar su vida y vitalidad en trabajar para Dios! Estaba seguro de que su padre no se opondría. Después de todo, ya tenía veintidós años y había trabajado fielmente, todos estos años, para ayudar en el sostén de la familia.

—Papá—, dijo un día, cuando halló por fin valor para hablar, —quiero abandonar el taller de ebanistería. Quisiera ocupar todo mi tiempo en trabajar para el Señor—.

El padre detuvo su trabajo en una hermosa pata tallada para una mesa y miró por un buen rato a ese hijo que tenía tantas ideas raras. Por fin su respuesta fue dada con determinación, pero sin hostilidad:

—No, la respuesta es no—.

Eduardo pacientemente esperó mejores tiempos y continuó trabajando con su padre y hermanos. Entonces un día Víctor le dijo a su padre que quería usar su tiempo en la venta de literatura y libros.

—Por favor, papá—, rogó.

Walter levantó las cejas con horror y espanto. El padre inspiró profundamente mientras Víctor esperaba casi sin respirar. Pretendiendo que no estaba interesado, Eduardo comenzó a silbar suavemente al otro lado del taller. Después de lo que parecieron horas, el padre respondió en medio de un suspiro: —Me supongo que después de todo debería decir que sí—.

—Oh, gracias papá. Esto nunca te pesará. Estarás orgulloso de mí—, prometió Víctor que tenía ya dieciocho años.

Eduardo encontró valor en el éxito que Víctor había tenido y comenzó a pedirle a su padre que le dejara abandonar el taller para dedicarse a la obra del Señor tiempo completo. Finalmente, en febrero de 1897, su padre accedió.

Por varias semanas Eduardo y Víctor trabajaron juntos allí mismo en Santiago y sus alrededores porque el pastor Baber y el señor Balada estaban visitando el sur de país.[1] Visitaron Los Ángeles, Victoria, Temuco, Nueva Imperial y Concepción.[2]

Por lo tanto, Eduardo quedaba encargado de los grupos de la ciudad mientras Baber y Balada solían recorrer diferentes lugares de Chile.

Eduardo y su hermano Víctor ocuparon mucho de su tiempo visitando a los creyentes en diversos lugares y dando estudios bíblicos.

Eduardo consiguió, de un amigo, la fórmula para hacer la gelatina para un hectógrafo que habían comprado para hacer copias. Mientras los demás dormían en su casa, él tradujo los estudios bíblicos del alemán e hizo copias, hasta diez copias de un original en el hectógrafo, y las envió por correo a todos los grupos de creyentes a su cuidado.

Los dos hermanos también, en el tiempo que les quedaba, vendían libros y diversa literatura, a pesar de que en ese tiempo había solo tres de los libros de la escritora Elena de White en castellano, cada uno era muy

---

[1] G. H. Baber, "Chile", *Review and Herald* 74/8 (February 23, 1897), 124. Disponible en http://documents.adventistarchives.org/Periodicals/RH/RH 18970216-V74-08.pdf, Internet (consultada el 8 de septiembre de 2017); G. H. Baber, "Chile", *Review and Herald* 74/45 (November 9, 1897), 716. Disponible en http:// documents.adventistarchives.org/Periodicals/RH/RH18971109-V74-45.pdf, Internet (consultada el 8 de septiembre de 2017); G. H. Baber, "Chile", *Review and Herald* 75/8 (February 22, 1898), 127. Disponible en http://documents. adventistarchives.org/Periodicals/RH/RH18971109-V74-45.pdf,   Internet (consultada el 8 de septiembre de 2017).

[2] G. H. Baber, "Chile", *Review and Herald* 75/8 (February 22, 1898), 127. Disponible en http://documents.adventistarchives.org/Periodicals/RH/RH1 8971109-V74-45.pdf, Internet (consultada el 8 de septiembre de 2017).

apreciado por estos hermanos. Estos libros eran *Patriarcas y Profetas, El Camino a Cristo* y *Cristo nuestro Salvador.* Tenían también un librito que presentaba las creencias de los adventistas del séptimo día y unos diez tratados de seis a treinta y dos páginas. Vender libros era un modo de suplir sus necesidades personales.

Los caminos polvorientos, las piedras y la lluvia no eran compasivos con sus zapatos y finalmente llegó el día en que tenían un solo par de zapatos utilizable para cuatro pies.

—¿Qué vamos a hacer ahora, hermano?—, le preguntó Víctor a Eduardo.

—Yo voy a usar los zapatos hoy, Víctor. Tú quédate aquí y ora por mí. Mañana tú vas a usar los zapatos y yo me quedaré en casa y oraré por ti. ¿Qué piensas?—.

—Buena idea. Después de todo, los dos estaremos haciendo la obra del Señor, ¿verdad?—.

—La haremos tan bien como podamos—.

No tardaron mucho hasta que habían ahorrado lo suficiente como para comprar un segundo par de zapatos.

El pastor Baber y Balada estaban teniendo dificultades de comunicación en algunas zonas con su español y el alemán. Así que solicitaron que Eduardo les ayudara en una serie de reuniones en Victoria. Allí consiguieron un salón grande que pertenecía a un adventista que vivía a varios kilómetros de distancia. Bautizaron allí a siete personas y dos semanas después a diecinueve más. Eduardo pudo colaborar con la gente de habla alemana.[1]

El pastor Baber apreciaba tanto la disposición y servicios de Eduardo que había solicitado por medio de una carta fechada el 21 de septiembre de ese año, 1897, a la

---

[1] G. H. Baber, "Chile", *Review and Herald* 75/8 (February 22, 1898), 127. Disponible en http://documents.adventistarchives.org/Periodicals/RH/RH18980222-V75-08.pdf, Internet (consultada el 8 de septiembre de 2017).

Asociación General de los adventistas en Estados Unidos que lo autorizaran a emplearlo. Recibió autorización de hacerlo, pero sin posibilidades de que tuviera un sueldo completo debido a los escasos recursos. La idea era que podía colaborar con él porque hablaba español y alemán, y también deseaba trabajar entre los indígenas Mapuches.[1]

Cuando Baber y el señor Balada regresaron de su viaje por el sur de Chile, Eduardo y Víctor se sintieron más libres para visitar algunos lugares. A principios de 1898, fueron de villa en villa y pueblo en pueblo con la buena nueva del amor de Dios.

Fue también en esa época que el pastor G. H. Baber, escribió una carta a la Junta de las Misiones Extranjeras para que consideraran extender el territorio de la Misión de Chile anexando Ecuador, Bolivia y Perú. Ya en ese año de 1898, un colportor procedente de Chile, Juan Pereira, estaba vendiendo libros en Bolivia, hecho que le valió persecución de la religión católica, arresto y sentencia de muerte. Pero pudo ser librado por las autoridades civiles.[2] La Junta aceptó la solicitud[3] y esto significó mayores desafíos en el futuro de Eduardo.

Pero a principios del año 1898, Eduardo volvió triste al taller de ebanistería. Él y Víctor habían hecho un viaje a Valdivia con un buen surtido de libros. Allí celebraron reuniones públicas y vendieron libros. Pero las fuertes

---

[1] "Chile-Mapuche Indians", *Index of Proceedings of the Seventh-day Adventist Foreign Mission Board, March 16, 1897 to January 6, 1899, and of the Board of Trustees of the Foreign Mission Board of Seventh-day Adventists, February 13, 1899 to February 21-1901*, 44. Disponible en http://documents.adventistarchives.org/Minutes/FMBM/FMBM18970316.pdf, Internet (consultada el 8 de septiembre de 2017).

[2] G. H. Baber, "Chile", *Review and Herald* 75/8 (February 22, 1898), 127. Disponible en http://documents.adventistarchives.org/Periodicals/RH/RH18980222-V75-08.pdf, Internet (consultada el 8 de septiembre de 2017).

[3] "Addition to Chilean Mission Field", *Index of Proceedings of the Seventh-day Adventist Foreign Mission Board, March 16, 1897 to January 6, 1899, and of the Board of Trustees of the Foreign Mission Board of Seventh-day Adventists, February 13, 1899 to February 21-1901*, 79. Disponible en http://documents.adventistarchives.org/Minutes/FMBM/FMBM18970316.pdf, Internet (consultada el 8 de septiembre de 2017).

lluvias hicieron imposible que regresaran cuando lo tenían planeado y poco a poco los gastos de alojamiento y mantención consumieron todo el dinero que juntaron de los libros. Ahora tenían una deuda de noventa pesos. Eduardo decidió pagarla con el fruto de su oficio. Pero le dijo a su familia, —Solo trabajaré hasta que haya ganado trescientos pesos. Eso pagará la deuda, nos comprará un poco de ropa que necesitamos y nos dará dinero con que comprar un nuevo surtido de libros. Trescientos pesos, nada más—, afirmó.

Su padre y Walter estaban contentos de tener a Eduardo de vuelta, a pesar de que les molestaba que estuviera continuamente silbando y haciendo comentarios sobre cuán importante y maravillosa era su religión. Ellos hubieran preferido que Eduardo obviara esos comentarios que los dejaba incómodos y les picaba la conciencia. Al mismo tiempo Eduardo estaba sorprendido por la cantidad de trabajo que les continuaba llegando. Y que era tan bien pagado. Finalmente se sintió muy preocupado. Estaba convencido que el diablo estaba intentando amarrarlo al taller de ebanistería e impedir que volviera a la obra del Señor. Así que aceptó solo suficiente trabajo como para ganar los trescientos pesos. Después de eso volvió al trabajo que en realidad le gustaba y que nunca volvió a abandonar.

Cuando se presentó para trabajar tiempo completo para el Señor, el pastor Baber le amonestó con palabras que nunca pudo olvidar.

—Eduardo—, le dijo, —Nunca vuelvas otra vez a tu casa para trabajar como ebanista. Continúa trabajando para el Señor y suplirá todas tus necesidades—.

Víctor, mientras tanto, había estado escuchando los planes de un amigo, José Escobar. Lleno de un deseo de hacer algo por otros que no habían oído las creencias adventistas, Escobar había decidido ir con su familia al Perú, donde, en la ciudad de Lima, podría establecer su hogar y ser un misionero de sostén propio. La idea de hacer un trabajo de evangelista no solo apeló a Víctor, sino también a otras familias y a otros cuatro jóvenes.

Cuando Víctor vino a su casa para contar su decisión de acompañar al grupo al Perú, su padre protestó:

—Hijo, tú no tienes dinero como para hacer tal viaje—.

—Sí, papá. Hay dinero para que todos vayamos. Creyentes adventistas de Alemania han enviado el dinero. ¿No es eso providencial?—.

La sonrisa grabada en su rostro mostraba su alegría interior y su disposición. El padre miró a su hijo menor y vio la misma frente alta, y la mirada firme que Eduardo tenía. Esos ojos, tan parecidos a los de Bárbara; esa determinación y devoción, le hicieron recordar a su esposa.

—Está bien, hijo—. Bajando los ojos y fijando la mirada como si mirara más allá del piso, dijo: —Tu Dios es poderoso. Que él te guarde a salvo y qué esté con nosotros aquí—. Su padre había hablado de un modo bondadoso y en un tono un tanto sumiso. Esto fue como música en los oídos de Víctor y Eduardo.

Antes que terminara el año, José Escobar, Víctor y otros tres jóvenes se habían instalado en una pequeña casa en Lima, Perú. Sabían que no sería fácil hallar trabajo en una ciudad extraña, pero su fe y valor no vaciló, aunque por un tiempo no pudieron comprar otra cosa para comer que batatas. Persistieron y las condiciones mejoraron.

Con fidelidad tenían sus reuniones, distribuyeron literatura y vendieron libros. Cada vez que tenían una reunión, la casa recibía pedradas, pero a pesar de la oposición las semillas del evangelio fueron sembradas y el pequeño grupo de creyentes creció.

POR LA MISIÓN

En una noche fría del invierno de agosto de 1898 le sorprendió a Eduardo un golpeteó en la puerta. Ya no era la hora acostumbrada para recibir visitas. Abrió un poco la puerta para ver quién llamaba, y luego dio expresivamente la bienvenida,

—¡Pastor Baber! ¡Pase adelante! ¿Qué es lo que lo trae en esta fría noche?

—Lo has conseguido—, dijo sonriendo mientras pasaba frente a Eduardo.

Los ojos pardos de Eduardo mostraban su deseo de saber más mientras cerraba la puerta. Su mirada se mantuvo fija en el pastor.

—Sabes, Eduardo, estoy por hacer un viaje al norte—, dijo mientras se quitaba el abrigo y se acomodaba en una silla.

—¿Al norte de Chile?—, preguntó Eduardo, ansioso por saber la razón de la visita.

—Estaré afuera por más tiempo que otras veces. Este

viaje me llevará hasta Lima, Perú—, dijo el pastor mientras observaba cuidadosamente el rostro de Eduardo.

—Oh, ya veo. Pastor Baber, usted sabe que puede confiar en mí para el cuidado de la obra aquí. Dígame...—

El pastor Baber lo interrumpió para poder continuar su línea de pensamiento. —No, Eduardo. Gracias, pero eso no es lo que quiero. En realidad, deseo que tú me acompañes en este viaje. ¿Considerarías hacerlo?—.

—¡Pastor Baber! ¿Ir con usted? ¿Si iría? ¡Qué oportunidad! Sí, lo acompañaré. ¿Cuándo partimos?—. Sus pensamientos y palabras mostraban entusiasmo. No le quedó duda alguna al pastor Baber sobre su disposición a viajar.

Se pusieron a hablar y planear sobre las visitas que harían a empresas y compañías, de los libros que debían llevar, la forma de trasladarse, la ropa que necesitarían. Ya era muy tarde cuando el pastor se fue, pero los planes elementales estaban trazados. En dos días tomarían el tren a Valparaíso donde esperarían un barco que viajara hacia el norte.

Frenéticos pensamientos se agolpaban en la mente de Eduardo al acostarse esa noche. Los libros que tenía que juntar, los folletos, los sermones... "Papá, tengo que decirle a Papá... la levita estilo Príncipe Alberto y los cuellos de celuloide, las camisas y los zapatos, los calcetines, la corbata de moño...", por fin lo venció el sueño.

No tardó mucho en llegar al puerto de Valparaíso un barco que iba hacia el norte. Eduardo fue a hablar con el capitán.

—¿Tiene lugar para dos pasajeros?—.

—Sí—, respondió el capitán.

—¿Cuáles serán los puertos donde va a amarrar?—.

—Antofagasta, Tacna, Iquique y Callao—, fue la respuesta del capitán.

Llegaron a un acuerdo sobre el precio y Eduardo se fue con las buenas nuevas en busca del pastor Baber.

La forma de alojarse en el barco, por cierto, no eran lujosas. Todos los hombres dormían en una misma sala y tenían acceso a un solo cuarto de baño y aseo. La comida tampoco era especial. Pero cuando uno va en una misión para el Señor no hay lugar para las quejas. Para cuando llegaron a Antofagasta ya todos los que estaban a bordo sabían de los Adventistas del Séptimo Día y de sus creencias peculiares. Cuando colocaron la rampa desde el barco al muelle, por unas pocas horas, Eduardo fue uno de los primeros en bajar, con las manos llenas de tratados y folletos, un corazón alegre y una sonrisa jovial.

Después de tres semanas el barco ancló en Iquique. El pastor Baber y Eduardo dijeron adiós a los muchos amigos que habían hecho en el barco y descendieron a tierra. Iban a pasar un mes bien ocupado y lleno de incidentes interesantes en este puerto norteño de Chile.

Pronto hallaron alojamiento y una vez acomodados salieron a buscar un salón pequeño donde tener sus reuniones. Encontrando un lugar, anunciaron de boca en boca y la primera noche el pequeño salón estaba lleno. Eduardo, en su saco Príncipe Alberto habló esa noche. El pastor Baber, que no hablaba bien el castellano, saludaba a la gente en la puerta y hacía que se sintieran bienvenidos. Su presencia le daba apoyo y confianza a Eduardo. De tanto en tanto, le daba algunas indicaciones sobre cómo hablar al público y hacía algunas correcciones doctrinales. Al fin del mes bautizaron diecisiete personas. Eduardo siempre dio el crédito al pastor Baber porque su presencia, dirección y apoyo fueron de gran ayuda.

Cuando finalmente llegaron a Lima fueron a la casa

del señor Escobar, quien hacía un tiempo que estaba en el Perú.

El hermano de Eduardo, Víctor había vuelto a Chile en busca de nuevos desafíos y oportunidades en la misión.

El pastor Baber y Eduardo pasaron diez días en Lima celebrando reuniones y regocijándose con el crecimiento de la congregación allí. A la hora de viajar, se despidieron con tristeza, pero emprendieron confiados el regreso sabiendo que habían dejado una luz que empezaría a brillar en el lugar.

En camino a casa pararon otra vez en Iquique, esta vez por quince días. Al final, terminaron con un bautismo de once personas más. Thomás Davis, quién tres años antes había compartido las creencias adventistas con Eduardo y Víctor, quedó a cargo del grupo en ese lugar.

COMO LAS HOJAS DE OTOÑO

El viaje de regreso a Valparaíso en el barco obsequió a los esforzados predicadores con muchas horas de tranquilidad. Eduardo se animó al comentarle al pastor Baber sobre una inquietud que había estado surgiendo en su mente hacía un tiempo.

—Pastor Baber, nuestra literatura en castellano es muy escasa. Necesitamos una revista que presente el mensaje de salvación a la gente, una que trate de los eventos actuales a la luz de la profecía—.

El pastor Baber escuchó y se quedó pensando por un largo tiempo. Entonces, levantando los ojos lentamente se puso a mirar directamente el rostro de Eduardo. Y allí dio una respuesta firme y llena de convicción:

—Has dicho bien, Eduardo. No solo *necesitamos* una revista; con la ayuda de Dios, ¡vamos a publicar una! Debería llamarse *Las Señales de los Tiempos*—.[1]

---

[1] Ya en 1897, Jean Vuilleumier y Frank H. Westphal habían iniciado la publicación de un pequeño periódico denominado *El Faro* en Argentina. Así que este era un nuevo emprendimiento en el área hispana. Así que *Las Señales de los tiempos* se publicó en Chile para fines de 1899 (G. B. Taylor, "Early Work and Experiences in South American", *Review and Herald* 114/29 [July 22, 1936]: 15. Disponible en

Durante el resto del viaje hablaron e hicieron planes para la nueva revista. Decidieron que tendría ocho páginas y que sería publicada mensualmente. También acordaron que Valparaíso sería el centro de las actividades de publicación porque allí existían las mejores vías de comunicación del país.[1]

A mediados de 1899, G. B. Baber, superintendente de la obra en Chile consiguió permiso para publicar un periódico misionero en su territorio.[2]

Mientras tanto Eduardo continuaba con su costumbre de visitar diferentes lugares de Chile. Para mediados de 1899 estaba visitando el sur. Las lluvias excesivas eran una dificultad en ese momento. El pastor Baber sentía la carga de seguir reclamando para que se enviara otro pastor a cubrir tantas necesidades... Muchos creyentes hacían sacrificios disponiendo de su tiempo y sus recursos.[3]

A su regreso, y con unas pocas pertenencias, Eduardo se trasladó de Santiago a Valparaíso y su entusiasmo hizo que pronto se concretara el proyecto de publicar sus propios periódicos. A los pocos días, después de desembarcar estaba en su cuarto sentado en su escritorio provisorio, anotando diligentemente los temas que eran de mayor interés.

Puso mucha dedicación y preocupación para sacar el primer ejemplar. Había ocupado muchas horas escribiendo,

---

http://documents.adventistarchives.org/Periodicals/RH/RH19370722-V114-29.pdf, Internet [consultada el 13 de septiembre de 2017]).

[1] Véase Matilda Erickson Andross, *The Story of the Advent Message* (Takoma Park, Washington: Review and Herald Publishing Association, 1926), 286.

[2] "Chile, vs: Periodical", *Index of Proceedings of the Seventh-day Adventist Foreign Mission Board, March 16, 1897 to January 6, 1899, and of the Board of Trustees of the Foreign Missión Board of Seventh-day Adventists, Febreuary 13, 1899 to February 21-1901*, 177. Disponible en http://documents.adventistarchives.org/Minutes/FMBM/FMBM18970316.pdf, Internet (consultada el 8 de septiembre de 2017).

[3] G. H. Baber, "Chile", *Review and Herald* 76/34 (August 22, 1899): 12. Disponible en http://documents.adventistarchives.org/Periodicals/RH/RH 18990822-V76-34.pdf, Internet (consultada el 8 de septiembre de 2017).

traduciendo, y corrigiendo con el diccionario en la mano, y más horas aun editando. Había incluido un artículo del pastor Baber, a quien respetaba mucho.

Con una copia bajo el brazo fue a la imprenta de su amigo suizo, Gustavo A. Rhode.

—Buenos días Gustavo—, saludó Eduardo.

—Hola, Eduardo. ¿Qué tal tu día?—, fue la respuesta.

—Perfecto si tú me puedes hacer un trabajo—.

—Me apena echar a perder tu día—, respondió Gustavo, —pero mi tipógrafo se fue y voy a tener que ocupar todo mi tiempo haciendo el trabajo que ya tengo en mano. ¿Qué es lo que tienes para imprimir?—.

—Una revista en castellano, que trata de profecía y asuntos de actualidad—.

—¿Sabes tú cómo armar tipos?—.

—No, pero puedo aprender—.

—Ven. Yo te voy a enseñar—.

Eduardo recibió solo una lección en tipografía e impresión. Le tomó un buen rato el acostumbrarse a trabajar con las letras al revés. Después de varios días, Eduardo extrajo de la imprenta manual la primera página impresa de la revista. Era enero de 1900, en el inicio del nuevo siglo, era el comienzo de un nuevo capítulo en la obra adventista en el continente descuidado.

Ese mismo día se imprimieron varias páginas. Eduardo se llevó varias pilas pesadas de hojas impresas a su habitación para doblarlas. Mientras las doblaba, ya estaba haciendo planes para la venta de las primeras mil copias de *Las Señales*. Andaría por cada calle. Nadie quedaría sin la oportunidad de comprar una copia. Nadie con quien se encontrara. Tarde, pero muy contento se acostó a dormir.

El siguiente día pasó rápidamente mientras él doblaba hojas, hacía planes y silbaba. Cuando miraba los ejemplares completos, su corazón se aceleraba con gozo y agradecimiento. En verdad, Dios había bendecido este nuevo esfuerzo para llegar al público con las noticias de su amor.

A Eduardo siempre le resultaba placentero encontrarse con nuevas personas, hablarles y ofrecerles su amistad. Ya era de noche cuando terminó de armar las revistas. Le resultó difícil esperar a que llegara la mañana para distribuirlas en la ciudad de Valparaíso.

Por eso, bien temprano en la mañana, Eduardo salió a la calle a ofrecer la revista a un precio muy razonable y con su mejor sonrisa. Se sentía feliz cuando alguien le compraba, y triste por los que no lo hacían.

Dos semanas más tarde, ya había vendido todas las copias viajando Santiago y al sur, a Valdivia. Se sentía feliz de que al menos mil personas recibirían su influencia. Antes de dormirse esa noche, Eduardo elevó una oración de profundo agradecimiento. Estaba cansado. Siendo el escritor principal, redactor, tipógrafo, impresor, jefe de circulación y único vendedor de una revista de ocho páginas, no era poco. Fue una actividad que sobrellevó prácticamente solo por un lapso de once años en Chile. A menudo viajaba hacia el norte hasta Bolivia y Perú, como a lo largo de Chile, para distribuir la revista.

Un día cuando llevaba un manuscrito al taller de Gustavo, vio acercarse a un joven cabizbajo, de nombre Ramón, que hacía poco se había bautizado.

—Hola—, lo saludó alegremente Eduardo. Al ver la respuesta de su mirada, Eduardo supo que no estaba de buen ánimo.

—¿Qué pasa?—, le preguntó.

—Perdí mi empleo—, contestó tristemente el joven. Y con amargura añadió: —Fue por cuestión del sábado—.

—¿Perdiste tu empleo, eh?—, repitió casi automáticamente Eduardo. Y su mente pronto tuvo una respuesta. —¿Sabes algo de trabajo de imprenta?—.

—No, señor, no sé nada—, respondió tristemente el joven.

—Bueno, ven conmigo, yo te voy a enseñar. No podremos empezar antes que arreglemos esto. No hay duda de que Dios permitió que nos encontráramos—.

La cara de Ramón se iluminó al unir sus pasos con los de Eduardo, quien siempre caminaba como si tuviera una tarea importante. Ramón aprendió rápidamente y para el siguiente mes cuando llegó el tiempo de imprimir *Las Señales*, Eduardo le dio el manuscrito para imprimirlo.

Esto le dio un tiempo extra a Eduardo que lo empleó en viajar para vender la revista y también en mejorar su conocimiento del inglés. Traducía junto con el pastor Baber y con la ayuda de un diccionario, varios artículos en inglés que aparecían en publicaciones adventistas en ese idioma.

El periódico contenía traducciones de textos que salían en la versión en inglés, pero cada tanto se publicó novedades locales. En el número de julio de 1900, salió el primer artículo en el que figura la autoría de Eduardo. Dio algunas noticias de la difusión del adventismo en la Misión de la Costa Occidental y también otro sobre lo que dice la Biblia sobre la veneración de las imágenes.[1]

En julio de ese año, 1900, Eduardo y Víctor, junto con otros pocos creyentes, empezaron a reunir suficientes fondos como para poder comprar una vieja prensa manual Washington y los tipos necesarios. Eso les permitiría no sufrir atrasos en la publicación.[2]

Eduardo siempre salió a difundir las creencias adventistas auxiliado con el periódico. A principios de

---

[1] E. W. Thomann, "Noticias de la obra" y "La veneración de las imágenes", *Señales de los tiempos* 1/7 (julio 1900): 7-8.

[2] "Aviso", *Señales de los tiempos* 1/8 (agosto 1900): 8.

agosto de 1900 hizo un viaje al sur de Chile. Tenía en mente conseguir reunir dinero para la imprenta y ver si lograba comprar una. Él mismo informó,

> A principios de agosto salí de Valparaíso con rumbo á la Frontera. Yo sabía que la línea férrea estaba transitable hasta Chillán, pero tenía fé en que el viaje era iniciado conforme á la voluntad de Dios.
>
> Por lo tanto creía firmemente que el camino sería preparado en todas partes, para que pueda efectuar mi viaje.
>
> Encomendado á la dirección del Alto y Sublime, por los hermanos de Valparaíso, tomé el tren para Santiago. Pude repartir algunos ejemplares de las "Señales de los Tiempos" y hablar de la fé Salvadora á varios pasajeros. Llegando á casa fue recibido con gozo y al día siguiente ántes de partir para el sur, vino el anciano de la iglesia hermano B y me acompañó hasta la estación, él fue el único hermano que ví, fuera de los de mi casa paternal.
>
> En el trayecto de Santiago á Rengo, he tenido el privilegio de hacer conocidos con el camino de salvación, á varias personas. Hablándoles y repartiéndoles ejemplares de nuestro periódico.
>
> En Rengo estuve varios días, entre ellos un Sábado. Tuvimos interesantes reuniones á las cuales asistieron además de los hermanos algunas otras personas. La obra en este pueblo ha tomado buenos principios. Y sin duda, crecerá para gloria de Dios. Vi allí una imprenta que pudiéramos comprar, para imprimir nuestro periódico. Sé que con el fin de obtener una prensa con tipos, se han espresado hermanos de varias partes, que contribuirían con su continjente. Y estoy seguro que otros viendo ahora la ocasión también ayudarán sin haberlo antes prometido.
>
> En el viaje de Rengo á Talca en ésta y de ahí á Chillán gocé en hablar á algunos de nuestro deber delante de Dios.
>
> En Chillán tuvimos una reunión muy bendecida. Hemos considerado las hermosas promesas que el Señor hace á sus escojidos, señalados y sellados. Gozo

llenaba nuestros corazones y todos expresaron la satisfacción en oír tan preciosas promesas, las cuales nos permiten formar un concepto de lo que nos tiene preparado para los que le aman. Aunque la gloria y hermosura de las obras de Dios, para la vida venidera, sobrepuja nuestros entendimientos (1 Corintios 2: 9).

En el trayecto de Chillán a la frontera tuve ocasión de dar testimonio de la esperanza que tenemos á un buen número de personas. Entre los trasbordos hemos tenido que viajar en carros de bodega. En el carro en que yo me hallaba iban también varios caballeros, entre ellos un señor Gobernador de un Departamento de la frontera. Este me interrogó referente á nuestra fé y me dio así ocasión de explicar á muchos, la firme esperanza que en Cristo tenemos.

El carro sirvió de salón de audiencia cristiana. Iban en él ricos y pobres, de primera y tercera todos juntos.

Al llegar á San Rosendo se me acercó un doctor de Concepción y me dio su tarjeta con dirección; espresando el placer que con otros había tenido al oir hablar de la verdad que Dios nos ha encargado manifestar. Creo que la palabra no volverá vacía (Isaías 55: 11).

Llegando á Victoria, hallé reunidos á los hermanos, y tuvimos mucho gozo esa noche, considerando las preciosísimas promesas que el Eterno hace á sus 144 mil señalados de la generación última.

Desde allí fui a Perquenco, donde se reunión con los hermanos un buen número de interesados, mayormente romanos, bautistas, y metodistas. El día siguiente, uno de los hermanos me condujo, en su cochecito, algunos kilómetros al campo á casa de otro hermano. Este me facilitó caballo para el viaje a Galvarino. Se me quería persuadir que la creciente del río Quino se había llevado los medios de trasbordo.

Pero yo tenía fé en Dios que me había guiado hasta aquí, y confiaba en que él no me dejaría sin llevarme á donde debía llegar. Llegando al río encontré la lancha sin novedad y pasé. Pronto llegué al río Chauco y hallé bien á los hermanos que allí viven. Pasé con ellos la tarde con todo gozo en el Señor. El día siguiente, acompañado del hermano C. K. partí para Galvarino. El río Chuquen lo pasamos en una canoa de árbol hueco, tirando los caballos al travez de la corriente, el agua pasaba por encima del anca de los animales.

Llegando á Galvarino fuimos de casa en casa y de colonia en colonia, invitando á las gentes al servicio que íbamos á tener. El camino era bastante malo. Pero con el favor de Dios hemos vencido toda dificultad. Y aun para pasar el río que allí separa la colonia, hallamos canoa y quien nos trasborde. Haciéndose esto con balance bastante temible. Pero pasamos sin voltear. También para atravesar una laguna que está cerca del río fuimos favorecidos por un hombre que tenía bote disponible.

A la predicación en alemán asistieron como cuarenta personas. Y al culto en castellano, un número más ó menos igual. Todos fueron proveídos de impresos que también hablan de la palabra de Dios.

Los franceses de esa región espresaron el anhelo de oír el evangelio también en su idioma. A lo cual el hermano K, resolvió llevar en adelante consigo á uno qué posea esa lengua, hasta que él mismo se halle apto para predicar en los tres idiomas. Porque todos se interesan.

Regresando hemos podido pasar el chuquen á vado, porque la providencia divino nos había favorecido con buen tiempo, durante el viaje. A pesar de haber bajado medio metro, el río, siempre fue arriesgada la pasada. Nosotros pasamos bien, pero otro que diez minutos antes había pasado, fue volcado, tropezando el caballo. Pero merced al auxilio que le prestaron no se ahogó.

Después de llegar á Chanco, reunidos algunos hermanos, pasamos la tarde con gozo. Y el día siguiente volví á Perquenco, donde me esperaban almas que tienen hambre y sed de justicia. Tuvimos allí una reunión muy bendecida. Asistieron como veinte personas, mayormente bautistas, pero que reconocen y quieren también guardar el cuarto mandamiento como todos los demás del decálogo.

Quiera el Señor bendecirlos á todos, el Espíritu santo y

el gozo que es en Cristo, así sea. Amén.[1]

En el mes de septiembre informó que ya se había logrado el sueño de la compra de la prensa. El costo fue de cuatrocientos veintiún pesos chilenos.[2]

Como no tenían espacio para colocar el equipo, lo pusieron en la casa del pastor Baber, en Valparaíso. Fue así por el lapso de dos años. Su hogar pasó a ser imprenta y depósito de los números que se publicaban.[3]

Esta fue la primera prensa que perteneció a la Iglesia Adventista del Séptimo Día en Sudamérica. ¡Cuán memorable fue para Eduardo el día en que lo consiguieron! Eduardo tenía entonces veintiséis años. Fue un gran acontecimiento para todos los creyentes en Chile. El número de septiembre ya salió impreso con la nueva prensa, por eso se demoraron en su impresión y tenía serias dificultades con los tipos. Algunos no eran bien legibles.[4] Pero mejoraron con los siguientes números. Consiguieron diferentes tamaños de tipografía. La habían denominado "La imprenta del Pacífico".[5] Pero todavía faltaba recibir ayuda para costear los gastos.[6]

Eduardo nunca imaginó que durante los siguientes veintiún años (once en Chile y diez en Argentina), su vida estaría ligada a la tarea de escribir y redactar para diferentes revistas que tocaron los corazones de miles de personas.

Para el 30 de noviembre, Eduardo participó de la Con-

---

[1] La transcripción se hizo conforme el original. Las abreviaturas de nombres de personas quizás puedan ser "hermano B" referencia al pastor Balada, y "hermano C. K.", a Carlos Krieghoff. "Noticias sobre la obra", *Señales de los tiempos* 1/9 (septiembre 1900): 6-7.

[2] "Aviso", *Señales de los tiempos* 1/9 (septiembre 1900): 7.

[3] Floyd Greenleaf, *A Land of Hope* (Tatuí, San Pablo: Casa Publicadora Brasileira, 2011), 63

[4] Ibid.

[5] Véanse los pies de prensa al final de la última página de los periódicos.

[6] "De una carta", *Señales de los tiempos* 1/11 (noviembre 1900): 8.

ferencia Anual de los Adventistas del Séptimo Día en la ciudad de Perquenco.[1]

Cuando terminaba el año 1900, recibió noticias de Bolivia de que la revista ayudaba a difundir la palabra de vida. Y, un hombre de la ciudad más austral del mundo, la lejana Punta Arenas, le escribió una carta a Eduardo dándole las gracias porque había recibido dos copias de *Las Señales*, y agregando que fueron de gran ayuda. Eduardo apeló a la generosidad de los lectores para que colaboren enviando varios números a ese lugar.[2]

Con el correr de los años muchas cartas fueron una fuente de gozo y de ánimo en el trabajo de Eduardo. Eran tiempos duros, con escasos misioneros y fondos escasos para emplear a más. Prueba de esto fue la incansable comunicación que sostenía el pastor G. H. Baber con la Junta de las Misiones para solicitar fondos y más misioneros, hasta que en julio de 1900 decidieron enviar a A. R. Ogden.[3] Fue durante ese año que el nombre de la Misión de Chile cambió a Misión de la Costa Occidental para representar mejor la extensión que incluía los nuevos países.[4]

Cuando el futuro de la revista misionera estuvo asegurado, Eduardo comenzó a pensar en revista para los creyentes que ya pertenecían a la iglesia. Tenía una gran admiración por la revista *Adventist Review and Sabbath Herald*, que suplía esta necesidad en inglés. Decidió iniciar una revista similar en castellano, pero al presentar el plan a sus superiores le dijeron que era imposible por falta de fondos. Eduardo decidió financiar la revista por cuenta

---

[1] "Aviso", *Señales de los tiempos* 1/11 (noviembre 1900): 3.

[2] "Noticias de la obra", *Señales de los tiempos* 1/11 (noviembre 1900): 7.

[3] Véase por ejemplo: "Chile – Additional Help", "Kansas asked to release A. R. Ogden" y "A. R. Ogden invited to Chile", *Index of Proceedings of the Seventh-day Adventist Foreign Mission Board, March 16, 1897 to January 6, 1899, and of the Board of Trustees of the Foreign Missión Board of Seventh-day Adventists, Februeary 13, 1899 to February 21-1901*, 296, 298. Disponible en http://documents.adventistarchives.org/Minutes/FM BM/FMBM18970316.pdf, Internet (consultada el 8 de septiembre de 2017).

[4] "Chile Mission Field – Change of name", Ibid., 298.

propia. Para este proyecto tradujo muchos artículos de *Adventist Review and Sabbath Herald*, incluyendo en todos los números artículos de su escritora favorita, Ellen de White.

Fue a comienzos de 1901 que salió el primer número de *La Revista Adventista* sin respaldo financiero de la Misión. Tenía en un comienzo cuatro páginas.

En el segundo número de la *Revista Adventista* que salió el 10 de febrero de 1901, escribió:

> Sabiendo que Dios quiere que todos sus hijos conozcan sus manifestaciones; y conociendo la gran importancia que estos tienen para los santos, he resuelto traducir y publicar en la "Revista" importantes escritos de la hermana White, a quien todos nuestros lectores ya conocen por sus artículos espirituales e inspirados. Estoy seguro que estos "primeros escritos" ayudarán grandemente a todos los hermanos, que tengan el privilegio de leerlos, a entrar más de lleno en la santidad y en el conocimiento de Dios.[1]

En esta revista solicita que todos hagan llegar noticias de lo que están haciendo por difundir el evangelio (predicar, vender revistas, asistir a otros, etc.). Debían hacerlo llegar a diferentes hermanos encargados en sus zonas. Cada informe saldría en la revista del siguiente mes. También solicitaba que cada iglesia enviara informes por trimestre sobre cómo estaba compuesta en cantidad de miembros y actividades que realizaban.

En forma interesante destacó que con el inicio del siglo XX, se habían realizado predicaciones en Valparaíso, Chile. Aunque las reuniones tuvieron pocos asistentes la primera noche después del año nuevo, las siguientes fueron más concurridas.[2]

Después de esta información, solicitó a las iglesias

---

[1] E. W. Thomann, *Revista Adventista* 1/2 (1901): 1.
[2] E. W. Thomann, *Revista Adventista* 1/2 (1901): 4.

que tuvieran local fijo que enviaran la dirección para promocionar sus cultos en la revista *Las señales*. Y, por supuesto, en forma infaltable recomendó la compra de libros para prepararse mejor para la misión.

Estas invitaciones a enviar informes continuaron reiterándose. En los siguientes números comenzaron a aparecer noticias de los informes de actividades locales de los creyentes, iglesias y grupos de Chile.

La frugalidad en su forma de llevar el emprendimiento hizo que pudieran planificar y pedir donaciones para comprar una imprenta propia. Fue interesante que en el segundo número de la revista, Eduardo registró los gastos que se habían hecho en la compra de una imprenta propia. Las donaciones habrían cubierto casi el total, pero aún había una deuda que cubrir, y entonces apeló a la buena voluntad de todos para que hicieran llegar sus donativos. Una forma era vender ejemplares de *Las señales* en la ciudad donde se encontraban.

Era permanente su invitación a colaborar con la distribución de las revistas de *Las señales*.[1]

Eduardo continuó redactando, traduciendo, editando y publicando la revista por varios meses. Finalmente, a causa de la entusiasta aceptación de los creyentes y por los beneficios que estaba proveyendo, los dirigentes de la Misión decidieron asumir la responsabilidad de su publicación. Dejaron a Eduardo como editor. La *Revista Adventista* aumento para agosto a 8 páginas. Incluía lecciones de la Escuela Sabática sobre el santuario, como lecturas para cada sábado. Cada mes anticipaba las lecturas del siguiente. A esto le siguió lecciones sobre parábolas de Jesús acerca del juicio, el pacto de Dios, etc. No obstante, se necesitaba espacio en la revista para otros temas, así que en febrero de 1904 se informó a los suscriptores que las lecciones de Escuela Sabática saldrían publicadas aparte.[2]

---

[1] Véase por ejemplo "No como hasta ahora", *Revista Adventista* 1/8 (1901): 3.

[2] Víctor E. Thomann, "La Conferencia de Iquique", *Revista Adventista* 4/2 (1904): 8.

En 1901, Eduardo, con mucho gozo, publicó en su nueva *Revista Adventista* el anuncio de que había cien miembros bautizados y 172 miembros de la Escuela Sabática en la Misión Chilena.

Persecución y Fuego

La estadía del pastor Baber en Chile concluyó a fines de 1901, pero esto no hizo que cambiara la condición de la imprenta. Uno de los dos ministros de la Misión, el pastor A. R. Ogden, había estado en Valparaíso por dos semanas antes de mudarse a Iquique.[1] También llegó H. F. Ketring. Así que, durante 1902, los miembros del Junta de la Misión de la Costa Occidental de Sudamérica, deseando estar más cerca de los países a los cuales servían, Chile, Bolivia, Perú y Ecuador, decidieron mudar la oficina de la Misión y la imprenta más al norte, a Iquique. Con una diferencia de unos dos mil kilómetros, les era fácil visitar, evangelizar, y bautizar. De esa forma necesitaban menos tiempo para viajar a sus destinos en el norte.

Antes de hacer el cambio, A. R. Ogden logró motivar a la Iglesia de Santiago para que vendieran mil copias del periódico Las Señales cada mes. Les dejó los ejemplares a la mitad de su precio y podían remarcarlos para venderlos al doble. Y cuando Ogden se mudó a Iquique, Eduardo Thomann fue también como el editor a cargo del periódico

[1] Floyd Greenleaf, *A Land of Hope* (Tatuí, San Pablo: Casa Publicadora Brasileira, 2011), 63-64.

de la Misión. Sus responsabilidades hicieron que recibiera una licencia ministerial.[1]

Durante los varios meses que siguieron, Eduardo reunía en sus actividades los trabajos completos de una Casa Publicadora. Sus días incluían traducir artículos, escribir otros. Además era el imprentero y el distribuidor. Estaba como redactor de Las Señales y de la Revista Adventista. No era poca cosa, porque ya en ese año de 1902 empezaron a imprimir 8.000 copias por mes, la revista tenía diseños más atractivos, más ilustraciones con grabados y mejor papel.[2] Mucho de ello se debía al esfuerzo de Eduardo.

La rutina de sus días durante ese año fue interrumpida por noticias muy amenas. Años después los recordó como momentos muy felices. ¡Su hermano mayor Walter por fin se había bautizado! "Muchas gracias, muchas gracias Señor," era el canto de alabanza en su corazón. Por mucho tiempo, había estado orando junto con su hermano Víctor por Walter. ¡Qué alegría le habían traído estas noticias! Al cabo de un año, Walter ingresó a trabajar en la misión.

En 1902, el presidente de la Misión Conferencia Sudamericana, el pastor José W. Westphal fue a visitar Chile junto con el nuevo presidente de la Misión de la Costa Occidental, A. R. Ogden, y Eduardo los acompañó como intérprete para las personas de habla hispana. Partieron de Valparaíso el 28 de febrero hacia el sur de Chile. Durante esa visita recibieron la donación de tierra de parte de un creyente. Deseaba que se construyera un colegio en ese lugar. El 15 de marzo estaban de regreso en Valparaíso, momento en que se estaba teniendo el último día de la semana de oración. Al día siguiente partieron hacia el norte de Chile.

[1] Ibid. En 1902, Eduardo aparecía en el Boletín de la Asociación General como uno de los editores de *Señales de los Tiempos* junto con A. R. Ogden y H. F. Ketring. Ese año su domicilio fue Casilla 240, Iquique, Chile (*The General Conference Bulletin* IV, n.º 6 y 7 (1902): 628, 636, 646. Disponible en http://documents.adventistarchives.org/Periodicals/GCSessionBulletins/GCB1902-02,03.pdf, Internet (consultada el 12 de septiembre de 2017).

[2] Compárense las revistas de 1901 con las de 1902 de *Señales de los tiempos*.

Cuando llegaron a Caldera, después de algunas visitas, su barco estaba demorado y tuvieron que esperar cuatro días. Eduardo pasó esos días vendiendo 160 ejemplares de Las Señales y 40 suscripciones. Siempre tenía su tiempo ocupado en las cosas de Dios. De allí regresaron a Iquique. A fines de abril ya estaban de regreso. Fue en ese momento que los pastores Ogden y José Westphal decidieron que la imprenta se trasladara a Iquique, en Chile. La nueva dirección fue Casilla 240, Iquique.[1] El número de junio de 1902 de Señales ya se imprimió con la nueva dirección. Incluso el nombre de la imprenta cambió de Imprenta El Pacífico a Imprenta Adventista.

El 15 de junio, Eduardo salió a visitar las pampas, zona central de Chile.[2] Informó de este viaje entre agosto y septiembre, en una carta que le escribió en alemán a José Westphal. Le contó de sus experiencias por la zona de la pampa chilena. El pastor Westphal publicó estos detalles en la Review and Herald.

Estimado hermano Westphal:

Espero que el pastor Ogden le haya escrito recientemente sobre mi viaje por las Pampas, y a Tacna y Arica. Si no ha podido, esta carta tiene la intención de informarlo. Llegué a Tacna a las 10 de la tarde, cuando el sábado pasó. A la mañana siguiente, comencé a vender periódicos Las Señales de los Tiempos en la zona comercial de la ciudad. Ese día vendí 16 copias. Durante la semana, el Señor me permitió vender 83 suscripciones anuales, además de las copias sueltas. Aunque no pude conseguir tantas suscripciones en la parte residencial de la ciudad, después fue una buena semana. Tacna tiene unos siete mil habitantes, y tuve éxito en conseguir al menos 110 suscripciones. El hermano Escobar logró 26 suscripciones.

---

1 "Nuestro cambio a Iquique", *Revista Adventista* 2, n.º 5 (1902): 5.

2 *Revista Adventista* 2, n.º 6 (1902): 8; J. W. Westphal, "Our recent trip through Chile", *Review and Herald* 79, n.º 37 (September 16, 1902): 13. Disponible en http://documents.adventistarchives.org/Periodicals/RH/RH19020916-V79-37. pdf, Internet (consultada el 12 de septiembre de 2017.

En Arica, el hermano Escobar y yo trabajamos juntos. La ciudad tiene unos tres mil habitantes, y logramos unas 58 suscripciones. El Señor también nos bendijo en otros lugares. Le agradezco por su bondad. Como usted sabe, aquí en Iquique, al principio estuve ocupado ubicando a la imprenta y arreglando asuntos en la oficina; pero tan pronto pude, salí. La primera tarde conseguí 21 suscripciones, y así continué con buen éxito. Lo que menos logré fueron cuatro suscripciones un viernes de tarde. En promedio obtuve ocho. Un día tuve 17, otro dos 14, etc. Estuve trabajando por diez días, tres horas y media cada día, y pude conseguir 114 suscripciones, y también vendí la misma cantidad en copias sueltas. Y así en 35 horas pude reunir $124.40. Tengo esperanzas de mayor éxito. Con la ayuda del Señor, espero conseguir que la lista de suscriptores en Iquique aumente a cuatrocientos. Aconsejaría a todos lo que quieran colaborar en esta obra que nunca descuiden la oración. También que inicien su tarea en la zona comercial de la ciudad. Cuando la gente dice "No", es necesario ser persistente. Muchas veces tomarán el periódico si se les presenta la importancia del periódico y se logra interesarlos. Si hay ramas en la viña, llevarán frutos, si no es por un medio, será por otro. El Señor ha mostrado que esto es lo que le agrada, y si hacemos nuestra parte, continuará bendiciéndonos. E. W. Thomann.[1]

Esta carta permite introducirnos en la mente de Eduardo. Además de algunos detalles matemáticos y estadísticos, también empleaba diferentes estrategias procurando aumentar la difusión del mensaje que llevaba mediante los periódicos. Se nota su ímpetu, su espíritu dispuesto a ir más allá. Su entrega e ingenio para hacer más de lo que se le pedía.

El 31 de agosto ya estaba partiendo desde Iquique

---

[1] J. W. Westphal, "South America", *Review and Herald* 79, n.º 41 (October 14, 1902): 22. Disponible en http://documents.adventistarchives.org/Periodicals/ RH/RH19021014-V79-41.pdf, Internet (consultada el 12 de septiembre de 2017).

para Mollendo. De allí planeaba internarse desde el Perú a Bolivia.[1]

El barco de Eduardo llegó el 1 de septiembre, a Pisagua. Bajó a tierra para saludar al hermano Solsal a quien encontró animado en el Señor. También encontró más simpatizantes de las creencias adventistas. Continuó su viaje en barco hasta Arica. Allí lo esperaba José Luis Escobar, como informó en su carta. José fue uno de los primeros colportores que había introducido el adventismo en ese país. Juntos salieron a difundir las creencias adventistas.[2]

Antes que ellos, en 1898, había estado Juan Sebastián Pereira. Por dieciocho meses vendió literatura en medio de gran oposición. Allí fue donde, cuatro años después, Eduardo y José Luis Escobar llegaron y se quedaron casi cuatro meses vendiendo libros y revistas.[3] Aunque hay que recordar que antes también estuvo el hermano de Eduardo, Víctor junto con José colportando también en Perú.

El día 2 de septiembre, bien de mañana, el barco llegó a Ilo, y allí se detuvo unas horas y las aprovecharon para visitar a una familia de creyentes adventistas. Siguieron navegado y a la tarde llegaron a Mollendo y permanecieron por cuatro días. José Escobar vendió con éxito varias Biblias y libros. Eduardo consiguió 26 suscripciones a Las señales de los tiempos y una para la revista La salud. Además, vendió números sueltos.[4]

El día 7 de septiembre llegaron a Arequipa, Perú. Allí sufrieron amenazas de persecución, cárcel y maltratos. Se quedaron seis días y lograron vender varios libros y suscripciones a las revistas.[5] A veces debían trabajar por la

---

[1] Ed. W. Thomann, "Viaje misionero", *Revista Adventista* 2, n.º 11 (1902): 7-8.

[2] Ibid.

[3] Floyd Greenleaf, *A Land of Hope* (Tatuí, San Pablo: Casa Publicadora Brasileira, 2011), 81.

[4] Ibid.

[5] Ibid.

noche. Tenían como estrategia colocar una copia en cada puerta, y salían del lugar antes de que los habitantes se despertaran. Luego viajaron a Quillacollo, Cochabamba, Bolivia. En ese lugar, Escobar tuvo que refugiarse en la oficina de telégrafos porque una multitud enojada lo persiguió. Tuvieron que dejar el lugar inmediatamente.[1]

El pastor José Westphal comentó más tarde sobre este viaje que tal osadía en el reino del enemigo era considerado un gran crimen. Eduardo fue detenido y sentenciado a ser fusilado. Un abogado se interesó en el caso y consiguió que se cambiase la sentencia por deportación.[2]

Pero a pesar de la persecución que hallaron, el viaje tuvo éxito. Vendieron casi mil ejemplares de Las Señales en la ciudad capital, La Paz. En Cochabamba tomaron ochenta suscripciones además de vender mil quinientos números sueltos de Las Señales.[3]

Esta intensa difusión de Las señales, hizo que su tirada aumentara a 8.000. Pues desde Bolivia, Eduardo y José Luis Escobar solicitaban 3.000 ejemplares.[4]

El día 13 de septiembre partieron desde Bolivia, en tren hacia Puno. Allí también colportaron y vendieron varios libros y suscripciones.[5] Uno de los suscriptores interesado en conocer más, permitió que Eduardo tuviera reuniones en su casa. Fue en esa ocasión que Manuel Camacho, líder local y maestro, supo de las creencias adventistas. Y enseñó estas creencias a sus alumnos en una escuela que

---

[1] J. W. Westphal, "Sabbath, October 21, Items from the History of the Work in the Inca Union – No. 1", *Missions Quarterly* 11, n.º 4 (Fourth Quarter, 1922): 8.

[2] J. W. Westphal, "Beginning of our work in South America", *Review and Herald* 101, n.º 38 (September 18, 1924), 21. Disponible en http://documents.adventistarchives.org/Periodicals/ARAI/ARAI19240918-V101-38.pdf, Internet (consultada el 7 de septiembre de 2017).

[3] F. H. Westphal, "The Opening of Our Work in Western South America", *Review and Herald* 84, n.º 20 (May 16, 1907), 13; disponible en http://documents.adventistarchives.org/Periodicals/RH/RH19070516-V84-20.pdf, Internet (consultada el 7 de septiembre de 2017).

[4] Alfredo R. Ogden, *Revista Adventista* 2, n.º 10 (1902): 8.

[5] Ibid.

conducía en ese momento en su casa, a unos 25 km de Puno. Y muchos conocieron el evangelio y lo aceptaron. Su lucha hizo que con el tiempo hubiera libertad religiosa en el Perú.[1]

Años después, el misionero Fernando Stahl relató que el pastor A. N. Allen, encargado de la región de Perú, lo había invitado a reunirse con él del otro lado del lago Titicaca para visitar juntos a un grupo de personas que se encontraban a unos 25 km de Puno, en la zona de Platería. Y comenta,

> El cacique de ellos, llamado Camacho, había estado allí durante tres o cuatro meses tratando de interesar a su pueblo en las cosas más elevadas de la vida. Era un hombre muy inteligente, y de los pocos indígenas que sabían leer. Habían llegado a su poder algunas publicaciones en castellano que el pastor Thomann había distribuido en aquella región, y por ellas se había interesado en el evangelio.

> Tan pronto como leyó nuestra literatura, empezó a enseñar a su pueblo lo que había aprendido. De este modo despertó un interés activo entre los indígenas del vecindario inmediato. Después de pocos meses, como aquel interés fuera en aumento, solicitó de nuestra oficina de Lima, el envío de un maestro. Esto fue lo que indujo al pastor Allen a visitarlos y a invitarme para que le acompañara.[2]

Después de haber estado en Puno, Eduardo Thomann y José Luis Escobar se embarcaron en uno de los vaporcitos que surcaban las aguas del elevado lago Titicaca. Navegaron un día entero y llegaron a las siete de la noche cerca de

---

[1] "Lesson 12- A Survey of the Rise and Progress of the Last Gospel Message. June 21, 1924", véase "South America", en *Sabbath School Lesson Quarterly*, n.º 116 (April, 1924): 35. Disponible en http://documents.adventistarchives.org/SSQ/ SS19240401-02.pdf, Internet (consultada el 8 de septiembre de 2017); J. W. Westphal, "Beginning of our work in South America", *Review and Herald* 101, n.º 38 (September 18, 1924), 21. Disponible en http://documents.adventistarchives. org/Periodicals/ARAI/ARAI19240918-V101-38.pdf, Internet (consultada el 7 de septiembre de 2017).

[2] Fernando Stahl, *En el país de los Incas*, 2º ed. (Perú: Editorial Imprenta Unión, 2006), 73.

En esta foto de 1933, se observa de izquierda a derecha
a Fernando Stahl, el señor Condorí y seguidamente al cacique
Camacho

Chililaya, conocida también como Puerto Pérez. Pasaron
la noche a bordo y desembarcaron por la mañana. A bordo
del vapor pudieron vender colecciones de libros y varias
revistas. Pasaron en ese lugar el día 20 de septiembre de
1902 y el día 21 partieron hacia La Paz, Bolivia. Parte del
trayecto lo hicieron en carreta y llegaron el día 23. Allí
permanecieron 22 días. De allí partieron a Oruro. Pero
por problemas en el correo, se habían remitido las cajas
de periódicos a Cochabamba. Así que resolvieron ir a ese
lugar. Llegaron un miércoles a la noche, y para el domingo
viajaron a Quillacollo, ciudad distante a pocos kilómetros
de Cochabamba. En esa ciudad vivía el hermano Pereira que
hacía varios años que conocía las creencias adventistas.[1]

En una visita posterior de Eduardo en 1904, estimó que

---

[1] E. W. Thomann, "Apuntes de Viage", *Señales de los tiempos* 3, n.º 12 (diciembre
1902): 1-2.

había unos 30 creyentes adventistas en Bolivia.[1] Camacho envió constantemente pedidos sobre la necesidad de un misionero en esa zona.[2]

Fue la tarea de estos colportores la que abrió interés en Bolivia, y también en el sur de Perú.[3]

Aunque la persecución fue un problema para nuestros pioneros en esa época, Bolivia concedió libertad constitucional a los protestantes para 1906. Eso no impidió que todavía tuvieran dificultades, pero la semilla sembrada no fue en vano.[4]

A principios de 1904, vino nuevamente de visita a Chile el presidente de toda la zona de Sudamérica, o como se la denominaba, la Misión Conferencia Sudamericana, el pastor José Westphal. Eduardo lo acompañó en su recorrido para visitar a los creyentes de Chile. El pastor José Westphal tuvo otra vez la oportunidad de conocer el entusiasmo de Eduardo. Poco después comentó que una forma u otra la levadura estaba haciendo su trabajo en ese país.[5]

Ese año, 1904, todas las instalaciones de la imprenta regresaron a Valparaíso porque las conexiones del ferrocarril eran mucho mejores allí, y más económicas. Eduardo continuó como editor de los periódicos de La Revista Adventista y de Las Señales de los Tiempos junto

[1] Floyd Greenleaf, *A Land of Hope* (Tatuí, San Pablo: Casa Publicadora Brasileira, 2011), 83.

[2] Arthur Whitefield Spalding, *Christ's Last Legion* (Washington, D. C.: Review and Herald Publishing Association, 1949), 421; idem, *Origin and History of Seventh-day Adventists* (Washington, D. C.: Review and Herald Publishing Association, 1962), 60.

[3] J. W. Westphal, "Sabbath, October 28, Items from the History of the Work in the Inca Union – No. 2", *Missions Quarterly* 11, n.º 4 (Fourth Quarter, 1922): 10.

[4] Matilda Erickson Andross, *The Story of the Advent Message* (Takoma Park, Washington: Review and Herald Publishing Association, 1926), 294.

[5] J. W. Westphal, "Chile", *Review and Herald* 81, n.º 18 (May 5, 1904): 17. Disponible en http://documents.adventistarchives.org/Periodicals/RH/RH190 40505-V81-18.pdf, Internet (consultada el 8 de septiembre de 2017).

con H. F. Ketring.[1] El ferrocarril debía cumplir con la función social de servir a las ciudades. En efecto, el Estado nacional, a través de la Dirección General de Ferrocarriles, exigía a las empresa que determinados trenes de pasajeros se detuvieran en todas las estaciones, no solo para la circulación de personas, sino también para el correo.[2]

Hallar un lugar en Valparaíso para la Misión y la imprenta resultó un problema. El único edificio disponible estaba en el Pasaje Williams en una ubicación indeseable. Era una zona donde los incendios eran frecuentes. Dado que el edificio disponía de un buen escape, lo ocuparon y acordaron conseguir un seguro contra incendios. Salieron a buscar una compañía de Seguros para asegurar las oficinas de la Misión y la imprenta. Tenían los nombres de once empresas. Visitaron una por una las compañías, pero rehusaron proveerles de seguros. Finalmente, al llegar a la última compañía, una petición convincente impulsada por la desesperación quebró la resistencia. De mala gana aseguraron la Misión, la imprenta, todos los libros listos para vender y todos los accesorios por cinco mil pesos.

Y fue también durante 1904, que Eduardo viajó por primera vez a la Argentina. Allí fue ordenado al ministerio evangélico en el momento en que la junta de la Misión Sudamericana se reunió en San Gerónimo, provincia de Santa Fe, Argentina. Su dedicación incansable a Las Señales, su fiel atención a las necesidades de los colportores y de los que interesaban en el Adventismo, y por su servicio, fueron motivos para recomendarlo a la Junta de la Misión para recibir este honor. En esa misma ocasión fue nombrado miembro de la junta de la Misión de la Costa Occidental.

---

[1] *Seventh-day Adventist Year Book 1904* (Washington: The General Conference of Seventh-Day Adventist, 1904?), 78, 90, 133. Disponible en http://documents. adventistarchives.org/Yearbooks/YB1904.pdf, Internet (consultada el 12 de septiembre de 2017).

[2] Pablo Lacoste, *El Ferrocarril Trasandino* (Santiago, Chile: Editorial IDEA, 2013), 181, disponible en https://dlc.dlib.indiana.edu/dlc/bitstream/handle/10535/9703/El%20FFRR%20Trasandino.pdf?sequence=1&isAllowed=y; Internet (consultada el 11 de noviembre de 2017).

Tenía como asignación especial trabajar en la costa de Chile entre Valparaíso e Iquique, haciendo propaganda para el periódico de Las Señales de los Tiempos y encargándose de su distribución. Se encargaría de visitar a los grupos de creyentes reunidos en Copiapó, Chañaral, Taltal, Pisagua y las pampas.[1]

No mucho después de su ordenación hizo un viaje para visitar la zona que tenía asignada. Visitó a los creyentes de Copiapó y consiguió unas 200 suscripciones para el periódico, número que aumentó al seguir recorriendo distintas ciudades.[2] Lo impulsaba el deseo de que las personas pudieran comprobar por sí mismas el mensaje de la Biblia. Hacía su trabajo puerta a puerta en Copiapó, Antofagasta, Chañaral, Caldera e Iquique, incluso en algunas oficinas salitreras y establecimientos industriales.[3]

Continuó viaje al pueblo costero de Ilo, Perú, donde vivían unos pocos guardadores del sábado. Llevaba consigo, por supuesto, un buen número de copias de Las Señales. Mientras estaba en Ilo se hospedó con una familia adventista de apellido Soto.

La primera noche, mientras los hombres hablaban, Eduardo sugirió:

—¿Por qué no tenemos una serie de reuniones mientras que llegue un barco que me pueda llevar a Valparaíso?—.

—Oh pastor Thomann, en Ilo hay demasiada oposición al mensaje—. Así el señor de la casa mostró su preocupación y temor. —Mis vecinos son hostiles—, añadió.

—Señor Soto, si Dios está con nosotros, ¿quién podrá oponerse?—, dijo Eduardo.

---

[1] H. F. Ketring, "Informe de la reunión del comité de la Misión Sud-Americana", *La Revista Adventista* II[sic IV?], n.º 6 (Junio 1904): 2-3; H. F. Ketring, "Planes para la obra", *La Revista Adventista* II[sic IV?], n.º 6 (Junio 1904): 3-4.

[2] H. F. Ketring, "La obra en la Costa Occidental", *La Revista Adventista* IV, n.º 9 (Septiembre 1904): 7-8.

[3] "Noticias de la obra", *La Revista Adventista* IV, n.º 11 (Noviembre 1904): 8.

Después de unos momentos, el señor de la casa dijo: —Nadie, pastor Thomann, nadie. ¿Dónde vamos a tener la reunión?—.

—Aquí mismo—, respondió Eduardo sin vacilación, mientras señalaba la amplia sala de la casa. —Aquí está un lugar perfecto para ello. Vamos a comenzar mañana de noche. Mientras venda Las Señales mañana, voy a invitar a la gente—, añadió con una sonrisa.

Esa determinación y optimismo desarmó al señor Soto. ¿Qué podría decir? No podía negar el uso de su casa. No podía pensar en ninguna otra alternativa. Además una voz interior le dijo que era correcto.

El señor Soto sintió que era el centro de atención ante la mirada expectante de Eduardo. Finalmente respondió: —Muy bien. Mañana. Lo haremos mañana—.

Al anochecer del día siguiente, lentamente empezaron a llegar personas porque un hombre venido de Chile les había prometido darles las mejores noticias que jamás habían oído. Cuando alrededor de quince personas habían llegado, Eduardo cerró la puerta. Él y la familia Soto se pusieron a cantar y luego de repetir el canto una o dos veces, algunos valientes se les unieron en el canto.

De repente hubo fuertes golpes en la puerta. Eduardo abrió la puerta y antes de que pudiera decir "Buenas noches", el policía que estaba allí parado, dijo con una voz áspera y fuerte: —Los vecinos se están quejando por el ruido. Tienen que dejar de cantar. Tienen que terminar la reunión. Si no cesan inmediatamente, voy a aplicarles la ley—.

Eduardo sabía más sobre leyes de lo que el policía se imaginaba. Cortésmente le respondió: —Señor, en el Perú no hay ley que prohíba reuniones religiosas en las casas si la puertas están cerradas—.

—Ajá—, comentó el policía, —pero los que pasan enfrente y los vecinos pueden oír—.

Eduardo lo miró por un momento. —Señor—, comenzó lentamente mientras una leve sonrisa se asomaba en su rostro, —envíe a un agente para que los oídos de los vecinos no se acerquen a las paredes o a las cerraduras, así dejan de escuchar—.

El policía quedó mudo. Se miró los zapatos bien pulidos por un largo rato y en posición de atención. Sin mirar a Eduardo refunfuñó: —Usted debería terminar la reunión—. Y se fue. No hace falta decir que Eduardo no terminó la reunión en ese momento.

Cuando por fin llegó el barco que iba a Valparaíso, se despidió de un pequeño grupo de creyentes. Cinco personas se habían bautizado y pudo organizar una Escuela Sabática.

Fue en ese año que el papá de Eduardo cerró su taller de ebanistería en Santiago y se mudó a Valparaíso para vivir con Eduardo. Los otros hijos, por sus responsabilidades del colportaje y ministeriales se mudaban seguido por lo que él no podía vivir con ellos. Eduardo amaba y apreciaba mucho a su padre y su compañía fue de mucha bendición para él en ese tiempo.

Sentados de izquierda a derecha: Juan Thomann (padre), Olga Thomann. De pie de izquierda a derecha: Walter, Eduardo y Víctor Thomann.

Silvia C. Scholtus - Mario E. Roscher

Hacia fines de ese año de 1904 llegaron los nuevos misioneros responsables de la Misión de la Costa Occidental, Frank H. Westphal y William Steele,[1] Frank Westphal comentó que Eduardo y el pastor Steele lo estaban esperando el viernes 4 de noviembre a su arribo en Valparaíso. A la tarde tuvieron una reunión con varias personas interesadas en el adventismo que atendía el pastor Balada. El sábado Frank H. Westphal tuvo a su cargo la predicación a la mañana y, por la tarde, salió con Eduardo y el pastor Balada a visitar a algunos miembros de iglesia. Había varios interesados en el bautismo pero debían primero terminar sus estudios. También salieron el domingo a visitar algunas familias. Mientras oraban la tierra tembló y expresó que se acordó de la experiencia de los discípulos de Jesús en Hechos 2. Había sido la primera experiencia de Westphal con un terremoto.[2]

A las pocas semanas, ya entrado el año 1905, se celebró la reunión anual de la Misión de Chile en Valparaíso. Entre el 18 y el 26 de febrero, varios creyentes de diferentes lugares disfrutaron de la mutua compañía para conocer a los nuevos misioneros que habían llegado y también a otros que vinieron de visita, como el pastor José Westphal. Fue una ocasión interesante. Todos estaban contentos por el avance de la obra en diferentes lugares y que estaban teniendo recursos para iniciar diferentes proyectos. Una recomendación interesante fue crear bibliotecas en las iglesias.[3]

Cada tanto Eduardo solía escribir algunos artículos para La Revista Adventista. Le gustaba desafiar la fidelidad

[1] M. Ellsworth Olsen, *A History of the Origin and Progress of Seventh-Day Adventists*, 2.ª ed. (Takoma Park, Washington, D. C.: Review and Herald Publishing Association, 1926), 572.

[2] F. H. Westphal, "The Journey to the West Coast of South America", *Review and Herald* 82, n.º 12 (March 23, 1905): 15. Disponible en http://documents.adventistarchives.org/Periodicals/RH/RH19050323-V82-12.pdf, Internet (consultada el 12 de septiembre de 2017).

[3] Víctor Thomann, "Recomendaciones de la reunión anual", *La Revista Adventista* V, n.º 2 (Febrero, 1905): 5-6.

de los creyentes y también su reflexión sobre la relación que tenían con Dios. Por ejemplo, así comienza un artículo en 1905, donde hablaba de la fidelidad en entregar a Dios los diezmos y las ofrendas.

> A veces me imajino[sic] la siguiente conversación entre Jesús y un miembro de iglesia. Jesús al hermano: ¿Por qué dejas tú perecer tantas almas sin darles la luz del Evangelio que yo te dí?[1]

Eduardo decidió visitar a los creyentes de la ciudad Los Andes durante la semana de oración en el mes de abril y como siempre, durante el trayecto de ida y vuelta en el tren, aprovechó a vender periódicos. Después fue a visitar la ciudad de Santiago y logró que varios creyentes lo acompañaran a vender varios periódicos.[2]

En 1905, José Westphal informó en la Review and Herald que había solo dos pastores en todo el territorio que abarcaba Chile, Bolivia, Perú y Ecuador, eran su hermano Frank Westphal y Eduardo Thomann. Aclaró además que Eduardo tenía a su cargo también la responsabilidad de ser el editor de los periódicos. Hizo invitaciones para que más pastores se sumaran a trabajar en estos campos.[3]

Ese año hubo muchas actividades para hacer avanzar la obra del evangelio en Chile.

Después de la reunión anual de la misión, Frank Westphal se puso a recorrer el territorio y cuando llegó a la ciudad de Santiago, Chile, vino a ayudarlo Eduardo en unas reuniones que estaba haciendo en el lugar.[4] El 13 de junio, Eduardo partió junto con el pastor Frank Westphal rumbo a Valparaíso. Tenían la intención de continuar viaje rumbo

---

[1] E. W. Thomann, s/título, *La Revista Adventista* V, n.º 8 (Agosto, 1905): 9-10.

[2] *La Revista Adventista* V, n.º 6 (Junio, 1905): 8.

[3] J. W. Westphal, "South America", *Review and Herald* 82, n.º 24 (June 15, 1905): 15. Disponible en http://documents.adventistarchives.org/Periodicals/GCSessionBulletins/GCB1905-06.pdf, Internet (consultada el 12 de septiembre de 2017).

[4] F. H. Westphal, "Los Andes, Santiago, Valparaíso, Rengo y Púa", *La Revista Adventista* V, n.º 3 (Marzo, 1905): 5-6.

al norte para visitar a los creyentes de Taltal, Antofagasta e Iquique, y desde allí extenderse por las pampas hasta Pisagua, intentando ir por la zona central del país en lugar de la costa. A su regreso de nuevo al sur, tomarían otra ruta para llegar hasta Chañaral, Copiapó y La Serena, es decir, más cerca de la costa y el mar.[1] Frank Westphal cuenta que Eduardo vendió en una hora y 45 minutos, 15 suscripciones de Las Señales de los Tiempos y 16 números sueltos.[2] En ese viaje también los acompañó Walter, el hermano de Eduardo y el hermano G. Gordillo. Al llegar a la zona de Alto San Antonio, cerca de Valparaíso, tuvieron reuniones, dieron estudios bíblicos. Eduardo predicó durante la segunda noche. Luego de dejar a varios interesados, continuaron visitando Colonia Pintados (ubicado en la hermosa reserva Pampa del Tamarugal), Huara, y otros lugares.[3]

En Negreiros, Eduardo dio temas sobre salud e higiene. En Zapiga, de tanto interés, Eduardo pudo bautizar a tres personas.[4]

En Chañaral, volviendo por la zona de la costa, Eduardo iba de un barco a vapor a otro tomando suscripciones. Fue lamentable que no pudiera hacer mucho porque las inundaciones del lugar estuvieron afectando mucho la zona desde principios del mes de julio.[5]

Cuando llegaron a Pisagua, se encontraron con varios interesados. Tuvieron reuniones. La gente estaba muy sensible. Hacía poco que la peste bubónica había hecho estragos en la ciudad. Muchos habían muerto y otros huyeron. Habían quedado solo 400 habitantes.

El 7 de septiembre, Eduardo viajó acompañando

---

[1] Ibid.

[2] F. H. Westphal, "Nuestro viage al norte", *La Revista Adventista* 5, n.º 7 (julio 1905): 7-8.

[3] F. H. Westphal, "Iquique y las Pampas, Antofagasta y Copiapó", *La Revista Adventista* 5, n.º 8 (agosto 1905): 10-11.

[4] Ibid.

[5] s/título, *La Revista Adventista* 5, n.º 8 (agosto 1905): 11. Se informa que de esta forma consiguió 70 suscripciones a *Las Señales de los tiempos*.

nuevamente al pastor Frank Westphal hasta Iquique, al norte de Chile, por unas pocas semanas.[1] Allí se encontraron con la familia Céspedes que se ofrecieron para trabajar en Bolivia. Esa seguía siendo una inquietud en el corazón de Eduardo y de los administradores de la zona.

De la zona de Antofagasta, Eduardo y el pastor Frank partieron para ir a Iquique. Mientras esperaban el barco, organizaron reuniones y vendieron libros y periódicos.[2]

Es interesante cómo describió Eduardo este viaje en el periódico en inglés Review and Herald,

> Copiapó. Hace unos cuatro meses y medio que dejé Valparaíso para acompañar al pastor [Frank] Westphal en una visita a nuestro pueblo en las provincias del norte de Chile. Tuvimos hermosas experiencias. Varios obreros nuevos empezaron a trabajar por la causa del Maestro, y en diferentes lugares pudimos sepultar preciosas almas con Jesús en el bautismo. En Antofagasta organizamos un pequeño grupo en una iglesia, y un hermano, que anteriormente trabajaba más al norte, vino a vivir allí y fue ordenado como anciano. El otro hermano que estaba trabajando principalmente por este grupo, se ofreció como misionero de sostén propio para ir a Bolivia. Aceptamos su ofrecimiento, y esperamos que el Señor lo utilice para su gloria en los fervientes esfuerzos de este joven hermano y su esposa. Además de mi tarea editorial, conseguí cuatrocientas suscripciones para nuestro periódico misionero, Las Señales de los Tiempos, y también vendí más de mil números sueltos. En un solo día vendí 99 copias sueltas además de renovar varias suscripciones. En otro momento tomé 81 suscripciones y vendí 93 copias sueltas y dos Biblias en cuatro días. En otra ciudad tome 40 suscripciones en dos días y medio en los negocios

---

[1] F. H. Westphal, "Chile", *Review and Herald* 82, n.º 36 (September 7, 1905): 16. Disponible en http://documents.adventistarchives.org/Periodicals/RH/RH19050907-V82-36.pdf, Internet (consultada el 12 de septiembre de 2017).

[2] F. H. Westphal, "West Coast Mission Field", *Review and Herald* 82, n.º 37 (September 14, 1905): 17-18. Disponible en http://documents.adventistarchives.org/Periodicals/RH/RH19050907-V82-36.pdf, Internet (consultada el 12 de septiembre de 2017). Ver también F. H. Westphal, s/título, *La Revista Adventista* 5, n.º 9 (1905): 8.

del ferrocarril. Las puertas están ampliamente abiertas para nuestra literatura ahora. Deberíamos tener cien colportores y vendedores de libros donde ahora hay uno. No estoy cansado de la trabajar, pero necesito ayuda porque no puedo cuidar apropiadamente de todas las ramas de la obra.[1]

Esta carta muestra el pedido angustioso de Eduardo por más ayuda. Quería ver avanzar la obra con más rapidez y se daba cuenta que no crecía al ritmo que deseaba por haber tan pocos misioneros trabajando.

En otro artículo escrito desde Copiapó y después de relatar algunas dificultades y éxitos del trabajo en diferentes lugares, concluyó,

No puedo menos que alegrarme, y en lugar de ponerme celoso de que otros tienen éxito, quiero advertir a los hermanos en todas partes que la prosperidad de una iglesia no depende de la presencia tanto de un pastor, como de la fidelidad y actividad de los miembros. Aprendamos pues todos ayudar a llevar la carga, y cuando un pastor visite una iglesia, no pensar que ahora llegó el tiempo para que los miembros descansen y dejen la obra toda al predicador. Al contrario, todos debían trabajar con más actividad cuando los visita un obrero, y deberían tratar de prepararle gente que visitar, y también deberían esforzarse para traer a muchos al culto. Pues a cada uno ha dado Dios su deber y una obra que hacer que ninguna otra puede atender tan bien como aquel a quien fue dado.[2]

En ese viaje, Eduardo llegó a Chañaral en la costa norte de Chile, al borde del desierto de Atacama, que es la zona más seca del mundo. Allí fue para vender Las Señales. Después de haber regateado por un cuarto en el hotel, llenó su maletín con Las Señales, agregó su Biblia por si acaso y salió a la calle. A pocos pasos del hotel vio a un cura que

---

[1] E. W. Thomann, "Chile", *Review and Herald* 82, n.º 51 (December 21, 1905): 15. http://documents.adventistarchives.org/Periodicals/RH/RH19051221-V82-51. pdf, Internet (consultada el 12 de septiembre de 2017).

[2] E. W. Thomann, "Copiapó", *La Revista Adventista* 5, n.º 9 (1905): 8.

venía hacia él. Al llegar frente a frente el cura le preguntó un tanto ásperamente:

—¿Por qué ha venido usted aquí?—.

A Eduardo le gustaban los desafíos como este. Le contestó buscando desequilibrar al interrogador:

—Para que usted no tenga excusas en el día del juicio, señor—.

Por una hora o más los dos se quedaron allí en la calle hablando. Eduardo tenía respuestas claras para cada pregunta que le hacía el sacerdote. Partieron como amigos y Eduardo continuó vendiendo *Las Señales*.

Al mediodía volvió al hotel y fue al comedor. Al entrar colocó su maletín sobre una mesa debajo del perchero para los sombreros y abrigos. Después del almuerzo fue a recoger su maletín pero este había desaparecido. Eso le resultó extraño. ¿Por qué alguien querría sus revistas y su Biblia?

Luego de varios días de vender las revistas que le quedaban, volvió a Valparaíso.

Como un año después era tiempo de volver a Chañaral con más revistas. Caminaba allí con la vista y lo oídos atentos para notar si había surgido algún interés luego de su primera visita.

Se registró en el mismo hotel. Esa noche alguien llamó a la puerta de su cuarto. Era un golpe débil y temeroso que alguien menos atento que Eduardo tal vez no lo habría oído.

Abrió la puerta. Frente a él estaba una mujer, vestida con la ropa de las empleadas domésticas, y que miraba tímidamente al piso.

—Señor, usted estuvo aquí hace un año—, comenzó.

—Sí, lo estuve—, respondió Eduardo. —Pero ¿quién es

usted? No recuerdo haberla visto antes—. En ese momento alcanzó a ver un maletín que le era familiar.

—Señor, yo robé su maletín porque pensé que podía tener alhajas o cosas de valor—. Su voz temblaba mientras hablaba con vacilación. —Pero—, dijo alzando la mirada para ver los ojos de Eduardo, —quiero que sepa que hallé algo de más valor que las joyas en su Biblia subrayada. Quiero darle las gracias…. Quiero que sepa que ahora pertenezco al grupo adventista aquí. Le pido perdón…—, dijo mientras extendía el maletín hacia Eduardo.

Los ojos de Eduardo se llenaron de lágrimas al entender todo el incidente.

—Que Dios la bendiga, hermana. Puede quedarse con la Biblia del maletín. Ya tengo otra también bien subrayada. No tengo nada que perdonarle—, añadió.

Luego de una corta conversación ella se retiró. Eduardo pensó: "Estaría dispuesto a perder muchas Biblias si estas traen muchas personas a Cristo".

Eduardo estuvo de regreso de su viaje al norte el 29 de octubre de 1905.[1]

El 10 de noviembre de 1905, el fuego surgió en la calle y alcanzó el viejo edificio de tres pisos, convirtiendo en cenizas el edificio y todo lo que contenía. En lugar de apenarse, los hermanos tuvieron una reunión de agradecimiento. Ninguno había salido lesionado por el incendio.[2] El mayor problema era la pérdida de libros y folletos para los colportores. Uno de los folletos que recién se había terminado de imprimir, era sobre la ley de Dios. De las 13.000 copias impresas 10.000 ya se habían despachado para ser distribuidas.

Varios días antes del incendio, en las oficinas estaban ansiosos porque no había llegado un envío de libros de

---

[1] "Noticias especiales", *La Revista Adventista* 5, n.º 10 (1905): 8.
[2] "El incendio", *La Revista Adventista* 5, n.º 11 (1905): 6-7.

la Pacific Press. Llevaba un mes de retraso. Por esto las existencias en la bodega estaban muy reducidas. Tres días después del incendio los libros llegaron. Lo que había parecido ser un contratiempo problemático, resultó ser la clara intervención de la mano de Dios. Los libros llegaron a tiempo para que los colportores pudieran continuar su obra. Nadie sabe cuántas oraciones de gratitud ascendieron aquel día al sabio y amante Dios.

Los pagos de la Compañía de Seguros cubrieron la mayoría de las pérdidas. Se comenzó una campaña para juntar fondos para poder tener una mejor imprenta. No pasó mucho tiempo antes que hallaran una nueva ubicación en un edificio separado de otros edificios, y pronto pudieron reanudar sus actividades normales y recuperar su lista de suscriptores que se había quemado con el incendio. No lo sabían entonces, pero el incendio y la mudanza también fueron providenciales.[1]

A lo largo de los años, Eduardo, a veces, usaba la estrategia de llegar cerca del fin de semana a un nuevo pueblo. El viernes se entrevistaba con el cura del lugar y le comentaba sobre sus planes de vender la revista a la población. Por lo general, toda la población formaba parte de la feligresía del cura. Le proponía al clérigo que si tenía objeciones de que la gente comprara la revista, sería conveniente que las comunicara ese domingo porque él comenzaría a ofrecerlas el lunes. Por supuesto, el cura daba su advertencia. Y esto funcionaba como propaganda para la venta de la revista. El día lunes todos tenían curiosidad por saber lo que esta revista prohibida decía. Entonces a

---

[1] E. W. Thomann, "La Providencia Divina", *La Revista Adventista* 5, n.º 11 (1905): 7; F. H. Westphal, "Nota especial", *La Revista Adventista* 5, n.º 11 (1905): 7; "Aviso Importante" y "Contribuciones para comprar imprenta" en Ed. W. Thomann, "La Providencia Divina", *La Revista Adventista* 5, n.º 11 (1905): 7; F. H. Westphal, "Nota especial", *La Revista Adventista* 5, n.º 11 (1905): 8; Francisco H. Westphal, "Otro año vencido", E. W. Thomann, "La Providencia Divina", *La Revista Adventista* 5, n.º 11 (1905): 7; F. H. Westphal, "Nota especial", *La Revista Adventista* 5, n.º 12 (1905): 4-6.

Eduardo le resultaba más fácil vender todas las copias que traía.

La obra de Eduardo y otros de dispersar revistas y libros por todas partes no quedaron sin fruto. Alguien le escribió desde Lima, Perú, donde había estado hacia un tiempo que había varios interesados por su obra y la de otros colportores y pastores, y que el interés seguía creciendo.[1]

---

[1] R. B. S., "Lima, Perú", *La Revista Adventista* 5, n.º 5 (1905): 7-8.

De Valparaíso a Camarero

Durante el 9 al 19 de febrero de 1906, Eduardo estuvo asistiendo a la reunión general que se realizó en Santiago, Chile. Le tocó ser el secretario de la reunión de Santiago y presentó un informe de algunas resoluciones y avances en la Misión de la Costa Occidental en relación con la imprenta y las instituciones de educación.[1]

Como redactor del nuevo órgano oficial de la Iglesia, *La Revista Adventista*, Eduardo fue invitado a la reunión de los dirigentes de la Misión Unión Sudamericana que se celebró en Paraná, Argentina, del 15 a 25 de marzo de 1906.[2] Le tocó viajar con el pastor Frank Westphal, un hombre de gran barba, feliz y sosegado, que se mencionó que

---

[1] E. W. Thomann, "Resoluciones de la Reunión de Santiago", *La Revista Adventista* 6/3 (1906): 6-7.

[2] José Westphal informó de la reunión que tuvieron en Paraná, Entre Ríos. Allí se reorganizó el territorio de la Unión Conferencia Sudamericana. Fue la primera reunión de esta nueva etapa. Como delegados de Chile estuvieron Frank Westphal y Eduardo. José Westphal fue elegido presidente. l(J. W. Westphal, "The South American Union Conference", *Review and Herald* 83/21 [May 24, 1906]: 14. Disponible en http://documents.adventistarchives.org/Periodicals/RH/RH19060524-V83-21.pdf, Internet [consultada el 12 de septiembre de 2017]).

era presidente de la Misión Chilena. A ambos les tocaría presentar los informes de la Misión de la Costa Occidental.[1] Es fácil entender que Eduardo estuviera entusiasmado con el viaje. Conocería nuevos lugares, nuevos rostros y trabajaría con ellos para Cristo. No hace falta decir que, al empacar, incluyó tantas revistas *Las Señales* como pudo llevar. Esperaba venderlas a todas y conseguir, además, muchas suscripciones al periódico. Antes de partir, se encargó de que estuvieran en orden todos los detalles para la publicación de los siguientes números de *Las Señales* y de *La Revista Adventista*. Esto le permitió viajar tranquilo.

El pastor José Westphal, hermano del pastor Frank, estaba al servicio de la iglesia en la Argentina. Tenía un motivo adicional por el que deseaba que Eduardo viniera a las reuniones, además tenía un proyecto para Eduardo. Se esperaba que alguien que se desempeñaba en el área ministerial fuera casado. Pero Eduardo, ya de treinta y un años, aún estaba soltero. El pastor José Westphal sabía exactamente con quién deseaba que se casara. Pensó en una joven inmigrante alemana que vivía en Paraguay. Ella era un verdadero pilar en su iglesia. Consideró que sería la ayuda apropiada para Eduardo. Hizo planes para que Eduardo fuera al Paraguay a celebrar reuniones por un mes. Pensó que esos días serían suficientes como para ayudar a un acercamiento y promover un casamiento.

Valparaíso estaba con mucha neblina la mañana en que el pastor Frank Westphal y Eduardo tomaron el tren. Mientras viajaban iban comentando que para cuando llegaran a Quillota, ya estarían sin neblina. Esa fue la razón que hizo que se sentarán en el lado que daba al norte en el vagón. El compañero de asiento, frente a ellos, era un hombre de mediana edad, bien vestido, con algo canas en sus sienes.

Mientras el tren comenzó a moverse, Eduardo se

---

[1] N. Z. Town, "La asamblea de la Misión Sudamericana", *La Revista Adventista* 6/4 (1906): 2-5.

Pastor Frank Westphal

Pastor José Westphal y su esposa Jennie Peckover.

presentó ante el hombre como redactor de la revista *Las Señales* e inmediatamente dijo: —Este es el señor Westphal, presidente de la junta que la publica—.

El caballero miró su reloj. Eran las seis de la mañana. —Es un gusto conocerlos. Me llamo Luis Altamirano. Soy agente de la empresa minera de carbón británica—.

—¿Cuál es su destino?—, inquirió Eduardo.

—Buenos Aires, Argentina—.

Eduardo mantuvo el diálogo con otra pregunta, —¿Y el propósito de su viaje?—.

—Es probable que ustedes hayan escuchado del rápido crecimiento del sistema ferroviario en la Argentina y el Uruguay. Ninguno de esos países tiene carbón, combustible indispensable para las locomotoras. Así que las perspectivas de exportarlo desde Chile son muy alentadoras. Mi compañía me está enviando para hacer contactos y explorar las posibilidades—.

—Eso es interesante—, comentó amistosamente el pastor Westphal.

Mientras tanto, el sol disipó la neblina y el vagón recibió su calor.

—Interesante—, repitió Eduardo, —y misterioso. ¿Se ha preguntado usted por qué Chile tiene tanto carbón y Argentina no?—.

—La verdad que no—, contestó Altamirano, —nunca se me ocurrió—.

—Probablemente—, comentó Eduardo, —se necesitó una catástrofe para enterrar todos los árboles que son el material de origen de este carbón chileno—.

—Debe haber tomado un tiempo largo, muy largo para que se depositara allí—, contestó Altamirano y agregó, —¿Se da cuenta usted que hay una existencia casi ilimitada de carbón en Chile?"

—¿Quiere usted decir que los árboles crecieron, murieron y cayeron, y otros crecieron, murieron y cayeron vez tras vez? ¿Es eso lo que usted quiere decir?—, preguntó Westphal tratando de entender lo que quiso decir Altamirano.

—No. Se me da que eso es imposible—, contestó sonriendo Altamirano. —En verdad, no he pensado mucho sobre eso—.

—¿Es usted católico, verdad?—, preguntó cortésmente Eduardo.

Altamirano asintió.

—Estoy seguro que cree lo que dicen las Sagradas Escrituras. Allí se explica que hubo un diluvio universal que destruyó todas las cosas vivientes—.

Y continuaron el diálogo por un buen rato comentando las probabilidades de un diluvio mundial y sus efectos. El pastor Westphal asentía con la cabeza cuando estaba de acuerdo. En otras ocasiones bajaba los ojos y elevaba una plegaria por Eduardo y por Altamirano.

Después de un rato, Altamirano comentó que estaba asombrado.

Hacía rato que el tren había dejado de dirigirse hacia el norte e inició su trayecto hacia el este, hacia San Felipe. En un momento el río Aconcagua captó la atención de Eduardo. Lo estuvo observando, sus riberas estaban cubiertas de zarzamoras. Las ramas de los sauces llorones peinaban con sus ramas la corriente de agua. Entonces vio al río desaparecer por debajo del tren.

—¡El río!—, exclamó Eduardo. —¡El río ha cortado un pedazo de basalto!—.

—Sí—, respondió Altamirano. —Las montañas son volcánicas—.

—Mmm—, observó el pastor Westphal, —¿Tendrá eso

Foto actual: Las dos vías normal a la izquierda y la métrica a la derecha, en la estación de trasbordo en Los Andes. La vía angosta llegaba hasta Mendoza, donde se realizaba el otro trasbordo.

algo que ver con los abundantes depósitos de carbón en Chile?—.

Eso abrió una extensa charla. Eduardo y el pastor Westphal participaron mayormente escuchando. Altamirano les habló lo que sabía sobre las capas de carbón, su relación con los estratos y su concentración en

Foto. Tramo en carreta que pasaba por el Cristo Redentor antes
de la inauguración del tren trasandino en 1910.

áreas con ciertas características geográficas. Todo era muy interesante.

Cuando parecía que la conversación se terminaba, Eduardo agradeció a Altamirano y añadió,

—Creo que nos hemos asombrado. Estas montañas encierran muchos secretos. Lástima que no hemos aprendido, todavía, cómo descifrarlos—.

Luego de una pausa, Eduardo añadió, —Ustedes saben que hay otra mina de carbón. Son las Sagradas Escrituras. Al igual que la minería requiere de estudio y arduo trabajo para encontrar carbón y hacerlo útil. La revista que redacto tiene ese propósito. Ayudar a la gente a entender, ayudarles a descifrar secretos—. Sacando una copia de *Las Señales* de su maletín dijo, —Sería un gusto que la leyera y me diera su opinión—.

Altamirano aceptó gratamente la revista. En ese momento el tren comenzó a reducir su velocidad para poder reabastecerse de combustible en el pequeño pueblo de Los Andes. Aquí los pasajeros cambiarían del tren de trocha ancha a uno de trocha angosta, así que el señor Altamirano metió la revista en su maletín y agradecido dijo, —La leeré más tarde—.

Durante esa parada de una hora en Los Andes casi todos bajaron del tren para poder estirar las piernas y para hallar un poco de fruta y pan para su merienda. Las manzanas abundaban, como también las uvas, las peras, y las ciruelas. El pastor Westphal se levantó para bajar y Eduardo tomó unas copias de *Las Señales* y juntos bajaron a la plataforma. El aire estaba fresco a los 800 metros de altura. Eduardo ofrecía su revista a todos los que pasaban y cruzó la calle para llegar a unos negocios donde esperaba poder tomar unas suscripciones, pues en ese momento el servicio regular demandaba un día y medio para ir de Los Andes a Las Cuevas (26 km en tren hasta Juncal, 23 km en coche de cinco caballos y 24 km a lomo de mula).[1]

Entre la venta de revistas y el comer la merienda, la hora pasó rápidamente. Eduardo y Westphal tuvieron que apresurarse para estar en la estación a tiempo. Mientras esperaban en la plataforma, Eduardo notó cuan pequeña era la locomotora y cuan cortos eran los coches de la línea transandina en construcción.

Los ingleses habían planeado y estaban financiando el proyecto. Leyendo en los periódicos Eduardo había aprendido sobre lo difícil que resultaba la tarea de detonar y perforar el túnel que pasaría la montaña a los 3.200 metros, podía ver al Cristo de los Andes parado airoso en el límite que el rey Eduardo VII de Gran Bretaña había arbitrado

---

[1] Se hace referencia al año 1905 en Lacoste, *El Ferrocarril Trasandino*, 185.

entre Argentina y Chile. El Cristo había sido fundido de cañones de ambos países como símbolo de la esperanza de una paz duradera entre ellos después de resolverse la contienda sobre los límites que compartían. Había sido inaugurado el 13 de marzo de 1904.

Eduardo pensó que probablemente el tramo en carreta y sobre mulas, que arrancaba en El Juncal a 2300 sobre el nivel del mar y llegaba a los 3800 pasando junto al Cristo Redentor, le permitiría lograr un rápido vistazo de la montaña más alta del hemisferio occidental, que se levantaba hasta 6.962 metros de altura, el Aconcagua.

Cuando el reloj dio la una de la tarde, la locomotora de vía angosta cargaba presión para el empinado ascenso que quedaba adelante. Con un par de resoplidos y el sonar del silbato salió de la estación.

Eduardo pensó que el viaje sería oportuno para vender revistas a los pasajeros. Los que se sentaron en el asiento de atrás, estaban ansiosos por tener la revista. Habían oído la conversación con Altamirano y mostraron interés. Había algunos que no quisieron comprarla y otros que ya conocían la revista y se mostraron contentos de tener un número reciente. También encontró a los que estaban con ánimo de conversar. Hubo unos pocos que lo insultaron, pero Eduardo se mantuvo calmado y amable. Les prometió volver más adelante para ver si tenían interés en suscribirse luego de observar el contenido de la revista.

Repentinamente todos oyeron el engrane de la locomotora con la cremallera que estaba en el medio de las vías. No había dudas de que estaban ascendiendo una cuesta empinada. Eduardo notó que los pasajeros estaban cada vez más callados. Algunos se recostaban en el asiento, otros se inclinaban hacia adelante. Se podía ver que no se sentían bien. Era tiempo de que él volviera a su asiento. El pastor Westphal había recostado su cabeza para atrás y tenía los ojos cerrados. —Me duele la cabeza—, le explicó a Eduardo.

Altamirano parecía dormido con la revista cruzada sobre sus piernas. Eduardo sintió un pequeño malestar en su estómago, pero no le impidió observar los zigzags de las vías y a majestuosidad de los picos que se hacían cada vez más visibles y cercanos con el ascenso. Podía oír el trabajo de la locomotora y en su pecho la locomotora de su corazón trabajando más intensamente.

Con pocas fuerzas, los pasajeros se bajaron de los vagones y subieron a los carruajes tirados por mulas que los trasladaron en el último ascenso para franquear Los Andes, pasando junto a la imponente escultura del Cristo de Los Andes. Luego de unos 400 metros de descenso tomaron el tren de trocha angosta argentino.

Suspiró cuando la imponente majestad del Aconcagua apareció al fondo de valle Horcones. Lo había visto desde lejos en el lado chileno. Aquí apreciaba su altura a pocos kilómetros.

En línea recta, Mendoza estaba a poco más de 150 kilómetros. Pero descender de los Andes paulatinamente requería muchos kilómetros más. Además para aprovechar un paso natural entre los valles, las vías se extendían en un arco hacia el norte antes de volver hacia el sur y luego al este, para llegar a su destino.

El sol avanzaba hacia el oeste y Eduardo calculó que antes que se pusiera en el mar, más allá de Valparaíso, los picos Andinos extenderían sus sombras sobre el costado donde ellos estaban sentados.

A medida que el tren fue perdiendo altura, las conversaciones y las risas volvieron otra vez.

—Pastor Westphal, ¿se le ha ido el dolor de cabeza?—, preguntó solícitamente Eduardo.

—No, pero se siente mejor. Con el tiempo se va a ir. Siempre se ha ido antes—.

—¡Qué magnífico es el Aconcagua! ¡Qué majestuoso

es verlo de tan cerca!—. Después de un rato, Eduardo preguntó: —¿A qué hora llegamos a Mendoza?—.

El pastor Westphal miró su reloj y dijo, —Son las cinco. Otras cinco o seis horas más. Estaremos llegando a eso de las diez o a las once. ¿Por qué preguntas Eduardo? ¿Te siente cansado?—.

—Oh, no, pastor Westphal. Solo estaba procurando decidir cuándo sería el mejor momento para que pasar de nuevo por los coches para conseguir suscripciones—.

—Tal vez ahora sería un buen momento. Mientras vas, voy a revisar mis notas para la presentación que voy a hacer en la reunión con los obreros. Quiero añadir algunas reflexiones y hacer unos cambios—.

Cuando el tren entró en la estación de Mendoza, Eduardo guardó en su bolsillo los nombres y direcciones de varios nuevos suscriptores, incluyendo a Altamirano, y había vendido muchos ejemplares de *Las Señales*. ¿Qué otra cosa podría haber que le brindara tanta satisfacción y una maravillosa noche de descanso?

El tren de trocha ancha a Buenos Aires salía a las siete en punto de la mañana. Para las seis, el pastor Westphal y Eduardo ya estaban en la estación descansados y listos para su viaje de 24 horas. Mientras se acomodaban en sus asientos, el pastor Westphal comentó, —Hoy correremos como el ñandú. En el viaje vamos a encontrar una vía recta de más de ciento sesenta kilómetros sin siquiera una curva—. Este tiempo de viaje era todo un progreso pues inicialmente era de 32 y 33 horas que se mantuvo vigente hasta el 1 de mayo de 1900, cuando en el Ferrocarril Pacífico comenzaron a correr trenes expresos que completaban el viaje en 27 horas, lo cual disminuía la anterior marca en varias horas. El servicio siguió mejorando y en 1906 se había reducido a 21 horas.[1]

---

[1] Lacoste, *El Ferrocarril Trasandino,* 147, se cita como fuente Argentine & Chilian Transandine Railways, Joint administration.

—¡Qué contraste con el viaje de ayer!—, comentó Eduardo. Estaba viendo las pampas por primera vez, y en ellas veía nuevas plantas de variados colores, típicos de las hierbas pampeanas, así como la hierba gigante que parece un árbol, el ombú. En lo alto volaban caranchos, un ñandú corría carrera con el tren y espantaba bandadas de mirlos. Pero lo que más le sorprendió fueron los montículos de tierra que interrumpían el suelo plano. El pastor Westphal le dijo que eran las viviendas que construían las vizcachas, un roedor que, según algunos, en noches de luna usan sus techos como pista de baile, y que mientras bailan cantan. Eduardo sonrió al pensar en ello y esperaba que alguna noche lo pudiese verificar.

Pero no todo el día fue utilizado en ver cosas nuevas e interesantes. Eduardo todavía tenía revistas para vender, y sabía que había muchos pasajeros en el tren que no habían cruzado los Andes con ellos. Así que tomando un buen mazo de revistas se levantó para irse.

El pastor Westphal lo detuvo. —Espera un momento. Este es un largo tren con mucha gente. Dame un manojo de revistas y te ayudo—.

El Señor despertó el interés en varias personas ese día. Se encontraron con algunos que estaban ansiosos de discutir los problemas del mundo. Otros dijeron: —El mundo siempre ha sido así—, y había también otros que no querían que los molestaran. Pero con todo, sembraron la semilla del evangelio. La cosecha sería del Señor. Solo la eternidad revelaría quienes de aquellos que tomaron *Las Señales* ese día continuarían buscando al Señor.

Esa noche durmieron incómodamente en los asientos duros de madera. A la mañana siguiente, muy temprano, llegaron a Buenos Aires.

Cuando bajaron del tren, la actividad de la ciudad sorprendió a Eduardo. Estaba agradecido de viajar con el pastor Westphal. Westphal sabía todo lo que había que hacer. Después de negociar el precio con un hombre que tenía un coche tirado por un caballo, viajaron hasta el puerto. Su viaje no había terminado aún. Debían continuar en barco por el Río de la Plata. Aunque era muy temprano en la mañana, la ciudad estaba bien despierta. Al llegar al muelle el pastor Westphal compró los boletos para el pasaje en el barco que saldría a las diez de la mañana, el Ilse, y entregaron su equipaje, todo menos el maletín de Eduardo.

Mientras tanto Eduardo había estado mirando el río. Miró aguas arriba y aguas abajo, y el horizonte. —Pastor Westphal, ¿es esto el océano? Yo pensaba que Buenos Aires estaba sobre un río—.

—Esto es el río—, explicó el pastor Westphal, —y Uruguay está justamente frente a nosotros, a unos cien kilómetros—, añadió con una sonrisa.

—¡Cien kilómetros! ¿Ud. quiere decir que esto es un río?—, preguntó Eduardo incrédulo.

—No, en realidad son dos ríos, el Uruguay y el Paraná—.

—Pero cien kilómetros, aún para dos ríos ... ¡Es increíble!—.

—Barcos oceánicos pueden navegar río arriba desde aquí y por el río Paraná por unos dos mil kilómetros hasta la confluencia con el río Paraguay y desde allí barcos más pequeños navegan por otros mil kilómetros. Nosotros vamos a ir unos quinientos kilómetros. Pero vamos a necesitar algo para comer. Tenemos unas dos horas. Ven conmigo al río Riachuelo y veremos qué es lo que podemos hallar. Una cosa es segura: todo estará fresco—.

Después de caminata de unas pocas cuadras, Eduardo se sorprendió al ver, anclados en el pequeño río, una hilera de botes de remo llenos de fruta fresca y de verduras, que venían de las granjas ubicadas río arriba.

La fruta fresca se veía tan sabrosa que decidieron

comprar de todo un poco. Allí había higos, manzanas, duraznos, melones y ciruelas. El pastor Westphal recordó que a su hermano, que verían en unas horas le gustaban mucho las ciruelas, así que compró algunas extras para él.

En el camino de regreso a los muelles el barco Ilse los esperaba, se detuvieron en una tienda donde el pastor Westphal había visto unas bananas. Todas las bananas eran importadas del Paraguay y no era fácil conseguirlas, así que compró algunas para sus sobrinos.

Llegaron al muelle y a los pocos minutos pusieron la rampa de acceso al barco. Había unas cincuenta o sesenta personas esperando subir a bordo del Ilse, así que tomó un rato hasta que el encargado terminó de controlar los pasajes y los pasajeros pudieran subir.

Cuando todos los pasajeros estuvieron a bordo, se quitó la rampa, soltaron las amarras, y el barco con ruedas de paletas en sus costados retrocedió hacia el río. Mientras sonaba su silbato, inició su travesía contra la corriente en

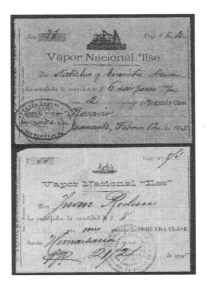

Boletos que se emitían para abordar el barco Ilse en 1905, y similares a los recibidos por Thomann y Westphal.

su trayecto hacia el norte. Al poco tiempo las caras y las manos que se agitaban desde el muelle dejaron de verse.

Momentos después, Eduardo y el pastor Westphal sacaron revistas y comenzaron a ponerlas en las manos de las personas. Ambos hallaron a quienes estaban interesados en conversar de asuntos actuales, y también a los que estaban dispuestos a compartir sus conocimientos sobre el río. Cuando Eduardo mencionó la hermosa fruta que habían comprado en el Riachuelo, uno de ellos le contó de las fincas y los huertos en las islas del delta del río. Había duraznos, damascos y ciruelas en abundancia. Otro caballero oyendo la conversación, le mencionó a Eduardo de una sandía de unos veinte kilos que él y sus amigos habían conseguido de una plantación en una de las islas más arriba en el río.

—¿Era sabrosa?—, preguntó Eduardo.

—Dulce, muy dulce—.

Mientras el sol se ponía en el horizonte el barco estaba entrando en el delta del Río Paraná. El pastor Westphal y Eduardo miraban el río cuando Eduardo vio un barquito que se amarraba a una boya.

—¿Qué está haciendo allí?—, preguntó Eduardo perplejo.

—Observa y verás—, respondió el pastor Westphal.

En ese momento se vio brillar una luz. El pastor Westphal comentó, —A esta hora los guardianes por todo el río llenan los faroles de aceite en las boyas y las encienden. Son la única guía y seguridad que los barcos tienen al viajar de noche en este río sinuoso—.

—Pastor Westphal, eso me hace acordar de un himno, "Alumbrad con vuestras luces" (En la noche oscura vaga). ¡Qué ilustración más hermosa!—.

Eduardo quedó pensativo. Cuánto deseaba que su vida fuera como una boya alertando a los hombres de los bancos de arena, alertando de los peligros. Esta ilustración la utilizó después en muchos sermones.

Mientras veían palidecer la luz en el horizonte, disfrutaron comiendo la fruta que habían comprado. Las nubes venían cubriendo el cielo desde el sur.

—Parece que va a llover—, observó el pastor Westphal. —Tal vez no continúe el buen tiempo que hemos tenido—.

Había un salón solamente para los pasajeros de segunda clase, así que, con la oscuridad traída por la tormenta, el salón se colmó con gente. Algunos encontraron asiento, otros se acostaron en el piso, donde encontraron lugar para dormir. Los niñitos estaban apretujados bajo los bancos donde el resto de la familia trataba de acomodarse. Frank Westphal y Eduardo buscaron un banco lo más lejos posible de la cantina. Dormir era difícil y sumamente incómodo.

Al rayar el alba, los dos estaban despiertos y acordaron salir a la cubierta, para estirar las piernas y llenar los pulmones con aire fresco. El barco y el mundo habían sido lavados por las lluvias durante la noche y el aire estaba renovado, fresco. Por un rato estuvieron parados en silencio mientras la brisa fresca los revivificaba. Eduardo miró hacia arriba.

—El sol ya está brillando detrás de las últimas nubes—, dijo Eduardo en voz baja.

El pastor Westphal miró su reloj. —Las seis y media—, parecía como si sus pensamientos estuvieran lejos.

—Está tan calmo y apacible, ¿Por qué no cantamos "Por la mañana, oh Señor" y oramos?— sugirió el pastor Westphal. Eduardo le comentó cuánto le gustaba ese himno. El golpe de las paletas contra el agua les hacía compañía. Sus oraciones expresaron alabanza, agradecimiento y gozo. Estaban cerca del fin de su viaje. ¡Dios era tan bueno!

Poco después, el barco se llenó de bullicio. El sol apareció y se proyectaban largas sombras sobre el agua.

Las madres llamaban y sujetaban a los niños inquietos durante el desayuno.

A eso de las siete, el barco atracó en Rosario para descargar carga y pasajeros. Ya para las nueve el Ilse otra vez estaba en camino. Ahora iba hacia el destino que esperaban el pastor Westphal y Eduardo, el puerto de Diamante. Durante las horas restantes, lo pasaron charlando cosas de interés con los pasajeros: la familia, política, gobierno, el mundo. Tomaron ventaja de cada oportunidad para hablar de Dios y mencionar la Biblia como respuesta a los problemas de la vida.

Después del mediodía el silbato del barco anunció su llegada a Diamante. Hacía un rato que el pastor Westphal estaba examinado las caras de las personas en el muelle buscando una conocida. Le había dicho a Eduardo que su sobrino, Arturo, estaría allí esperándolos. Cuando el barco se acercó lo suficiente, se hicieron señas con los brazos.

Una vez que colocaron la rampa de acceso, los pasajeros desembarcaron rápidamente.

Frank abrió los brazos y con una amplia sonrisa abrazó a su sobrino mientras Arturo decía, —¡Qué bueno es verte! ¿Cómo están la tía María y Carlos?, y ... Oh, bueno hay tiempo suficiente para eso. Quiero saludar a tu acompañante, tío, el pastor Thomann. Papá lo menciona a menudo. Bienvenido a Diamante—.

—¡Gracias, joven!—, exclamó Eduardo con entusiasmo. —He oído de usted también. Su tío los aprecia mucho—.

—Permítanme ayudarles con las maletas—, dijo Arturo mientras tomaba algunos bultos y señaló, —El carro está en esa dirección. Tío Frank, papá me confió a Maude y a Frank—. Miró al tío con ojos pícaros porque sabía que los hermanos bromeaban ya que uno de los caballos compartía el nombre de su tío.

Frank reía al oír mencionar a su tocayo equino.

También sabía de la alegría de su hermano por tener esos dos caballos blancos.

—¿Cómo fue el viaje? ¿Largo y cansador, verdad?— preguntó Arturo como si ya supiera la respuesta.

—En verdad no—. Pero no pudo dar más explicaciones. Ya estaban junto al "carro ruso". Estos carros de fondo plano habían sido traídos a la Argentina por los inmigrantes colonizadores ruso alemanes que habían llegado de la zona del río Volga, en el sur de Rusia. Se les podía colocar hasta tres asientos paralelamente. O podían ser quitados para cargar bolsas y heno.

Arturo puso las maletas en el piso del carro y los tres subieron y se sentaron. Con el —¡Vamos!—, los caballos subieron por el empinado camino que trepaba la alta barranca del río. Cuando llegaron a la cima, Arturo anunció, —Este es el punto más alto de la provincia—. Todos se rieron. Habían subido solo unos 70 metros.

La casa estaba a unos diecisiete kilómetros. Les llevaría dos horas de viaje. Ahora era el momento para que Frank y Arturo hablaran de la familia. De tía María, esposa de Frank, y de sus hijos Carlos, Rut y Grace. Hacía ya dos años que las dos familias estaban distanciadas. Arturo estaba feliz al saber que sus primos estaban bien y contentos en el vecino país de Chile.

Mientras su tío Frank y Eduardo contaban detalles del viaje, Arturo escuchaba atentamente porque nunca había visto o experimentado todas esas cosas. Su rostro y sus ojos castaños reaccionaban expresivamente con los relatos.

A lo largo del camino, varias veces Eduardo comentó admirado sobre las onduleantes colinas entrerrianas y cuán lejos podía llegar con la vista cuando estaban en la cima de una de ellas. Por su parte Arturo se deleitaba en contar detalles sobre cosas de interés que iban apareciendo en el camino. Una cosa que Eduardo nunca olvidó fue el nido del hornero. El nido en verdad se parecía a un horno con forma de una cúpula, hecho de barro. —La sabiduría de Dios—, murmuró.

—Y su buen humor—, añadió el pastor Westphal.

Un poco después Eduardo vio algo que en verdad lo sorprendió. Era una amplia curva del arroyo formando una gran ensenada blanca.

—¿Qué es lo que hace tan blanca a esa barranca?—, preguntó.

—Por lo que he oído, pastor, ese es un lugar famoso en la historia de la Argentina, porque en 1852 el General Urquiza acampó aquí en camino a Buenos Aires para derrocar al dictador Rosas—.

A eso de las cuatro Frank le preguntó a Arturo, —¿No es ese el colegio, allí en la distancia?—.

—Sí, tío, ese es el colegio. Pastor Thomann, nosotros vivimos un kilómetro más allá del colegio, en Camarero. Usted y el tío Frank se hospedarán con nosotros. Yo tengo dos hermanos y dos hermanas. Me imagino que el tío Frank ya le ha contado de ellos. Pronto los conocerá—, decía contento Arturo.

A las cinco de la tarde, el carro se detuvo frente a una casa y los hombres se apearon. Eduardo contemplaba cómo se saludaban los familiares entre sí con abrazos y besos. Cuando lo presentaron, cada uno le dio la mano atentamente y cordialmente. La hija mayor, Florence (Flora) Lilian[1] quiso saber sobre su primo Carlos. Dijo que

---

[1] Florence (Flora) Lillian Westphal, hija mayor del pastor Joseph W. Westphal, había nacido en New London, Wisconsin, Estados Unidos el 9 de octubre de 1886 y acompañó a su padre en su traslado a la Argentina en 1901 como administrador de la Unión Misión Sudamericana. A. E. Thomann en su discurso "Eduardo Thomann and the SDA Publishing Work" (manuscrito no publicado. Copia en archivo del Centro de Investigación White, Universidad Adventista del Plata, Libertador San Martín, Entre Ríos, Argentina) dice que su madre tenía quince años (otras fuentes dicen catorce) cuando acompañó a su padre a la Argentina. Flora Westphal y su hermano Arturo eran hijos del primer matrimonio de Joseph W. Westphal.

lo echaba mucho de menos ya que ellos habían sido muy buenos amigos. El tío Frank traía en su espalda un saco.

—¡Adivinen lo que tengo!—, les dijo a los más pequeños.

—Un libro—, indicó el pequeño Enrique. Para un niño de tres años cuyos ojos brillaban vivázmente, resultaba una respuesta un tanto sobria.

—No, no—, Olivia sacudió sus trenzas, —Yo sé—. Acercándose a la oreja de su tío Frank, susurró, —Un gatito—.

—Nadie acertó—, dijo con una sonrisa Frank. —Tomen, abran ustedes el saco—.

Al abrirlo y ver las bananas, estaban deleitados.

Uno de ellos dijo, —Yo sabían que eran bananas—.

—No, no lo sabías, ¿por qué no lo dijiste?—.

Frank recibió abrazos de agradecimiento de todos, —¡Qué rico, gracias tío!

En la mente de Eduardo se grabaron estas escenas familiares. Podía notar la timidez de Olivia y lo travieso que era Enrique. El pastor José con su larga barba roja se veía sombrío, pero su rostro lucía una sonrisa y había un brillo en sus ojos. Jane, su esposa, se veía cansada y no era de sorprenderse. El bebé Heriberto estaba irritable y lloraba continuamente. Pero ella lo atendía con bondad. Y también estaba Flora, la hermana mayor de Arturo. Bueno, fue interesante para Eduardo conocerla. Era encantadora y atractiva. Eduardo se sentía como en su casa. Después de ese largo viaje, se sentía feliz de ser parte de la familia de Dios.

Uno a uno los miembros de la familia se despidieron, y Frank, José y Eduardo quedaron solos.

—Por favor, siéntense—, dijo José. —Tengo muchas preguntas que quiero hacer en cuanto a Chile y esta es nuestra oportunidad de hablar. Mañana tenemos que ir a Paraná. Francisco, dime algo en cuanto a la escuela. ¿Llegaron las 450 copias de *Lecciones Prácticas de Cristo* que se enviaron? ¿Ya se vendieron?—.

—Sí, ya se vendieron todos los libros. La escuela va a abrirse el quince del mes que viene. Tendrá un maestro, una "madre" escolar y ocho alumnos de primaria—.

—Pastor Westphal—, intervino Eduardo, —el maestro y la madre a cargo de la escuela son una pareja que vino desde Europa en el mismo barco en que llegó mi familia. Después, siguiendo mi iniciativa se unieron a la iglesia Presbiteriana. Cuando comencé a guardar el sábado, pensaron que yo había apostatado del cristianismo. Pero hice un viaje para visitarlos en su finca. Después de la cena hablamos y estudiamos la Biblia hasta tarde. Esa misma noche el señor Krieghoff admitió que el séptimo día de la semana era el día que debía ser guardado para el Señor—.

—Este es el hombre que obsequió 18 hectáreas para la escuela—. Frank continuó, —Ya tiene los planos hechos para un edificio de cuatro pisos que contendrá lugar para la administración, las aulas y los dormitorios. Estará comenzando la construcción este año. El dinero de los libros también lo emplearemos en el proyecto—.

—¿Cómo dudaremos de que Dios dirige su obra en Chile?—, comentó reverentemente el pastor José. —Ahora díganme de los nuevos grupos y bautismos. Pastor Thomann, quisiera un informe completo sobre la obra de publicaciones, cosa que sí está progresando bien—.

El reloj marcó las seis y los hombres todavía estaban compartiendo sus experiencias e informes. Parecía que iban a continuar sin descansar.

Pero a las seis y treinta los hombres vieron a Flora en la puerta de la sala. Ella llevaba un bonito delantal, su largo pelo castaño atado con un delicado moño rosado.

—Caballeros—, los interrumpió, —Deberían lavarse y prepararse para la cena. No van a querer perderse lo que hay. Tengo algo especial para ustedes, Käsnudels[1]—, anunció. Eduardo notó el brillo en sus ojos pardos. Parecía que el brillo del sol y la alegría habían llegado con ella. Ese era uno de los platos favoritos de la familia Westphal.

Al servirse por segunda vez, Eduardo comentó que los Käsnudel estaban deliciosos. Notó también que Flora se excusó de la mesa. Al rato regresó con tajadas de sandía bien roja y las puso entre el tío Frank y Eduardo. Eduardo disfrutó de saborear la fruta. Era refrescante. Eduardo sintió que había disfrutado de un festín. Estaba acostumbrado a comer solo, y siempre preparando comida a las apuradas. La cena había tenido éxito.

Después de comer, se reunieron en la sala para tener junto un momento de reflexión y de culto. El pastor José contó un relato bíblico para los niños y leyó un salmo de alabanza para los adultos. Entonces Flora tocó el órgano mientras todos cantaban. Cuando ella se levantó de su taburete, los ojos de Eduardo se cruzaron con los de ella por un instante. Él notó, mientras se arrodillaban para la oración, que Flora se sonrojaba.

---

[1] Los Käsnudels se hacen con una pasta de fideos. La masa se corta en cuadrados pequeños y se rellenan con requesón o ricota sazonado con especias. La masa se cierra y se los hierve en agua. Se sirven con leche, acompañados con migas de pan tostados con manteca y perejil picado.

PLANES PARA EL FUTURO

L as reuniones se iban a celebrar en la ciudad de Paraná, que distaba a cinco horas de viaje en carro desde la casa de los Westphal en Camarero. Iba a ser la concentración más numerosa de los adventistas en Argentina. La mayoría hablaba alemán. Venían de las provincias de Entre Ríos y Santa Fe. Paraná estaba más o menos en el centro de los lugares de procedencia de los miembros. El pastor José había alquilado y pedido prestadas varias carpas. Las había acondicionado con una familia adventista de la zona.

Temprano, el viernes de mañana, el carro ya estaba cargado con todo lo que necesitaba llevarse. El pastor José se encargó de los libros y materiales que iban a utilizar. Su esposa se encargó de la ropa y elementos para que los adultos y los niños tuvieran para dormir. Flora y Eduardo se ocuparon de sus propios enseres. Además Flora tuvo cuidado de ver que estuviera todo lo que hacía falta para cocinar. Flora estaba contenta porque una de las muchachas con quién trabajaría era su mejor amiga, María Lust. María iba con ellos en el mismo carro. Las jóvenes habían compartido muchas veces sus secretos y disfrutado de alguna travesura. Estaban seguras de que lo pasarían bien en el viaje.

Otro carro viajaba por esas llanuras y colinas ese día. El Dr. Roberto Habenicht había llegado a Argentina para participar en la obra ministerial y médica. Había construido su casa cerca del colegio, junto al cual esperaban poder edificar un sanatorio. El pastor José había sugerido que el Dr. Habenicht hiciera un examen físico a todos los obreros presentes. La buena salud era importante. Además el Dr. Habenicht haría algunas presentaciones sobre la buena salud.

Para viajes largos como este, usaban tres caballos para tirar de los carros. Así que Arturo trajo no solo a Frank y Maude, sino también a Prince, un rosillo que tiraba junto a uno de los caballos que estaba tirando de la lanza del carro. Cuando estuvieron bien uncidos los caballos y toda la familia sentada, el pastor José exclamó, —¡Vamos!—, y el viaje comenzó.

A un kilómetro los estaban esperando los Habenicht. El pastor José detuvo su carro al lado del de ellos. Luego de un apropiado intercambio de saludos y presentaciones, los carros estaban otra vez en viaje.

El sol hacía sentir su calor, pero como era el final del verano y el otoño venía de camino, el día se notaba espléndido. Los carros presentaban un cuadro idílico mientras atravesaban los campos. Las damas se lucían con sus vestidos largos y sus sombreros de ala ancha o con una sombrilla de mano. Los varones se destacaban con sus sacos negros y sombreros altos.

Durante el viaje, los varones hablaban de sus reuniones y planes que iban a discutir en conjunto. Sin embargo, su conversación no les impedía oír los comentarios que surgían a sus espaldas. Jane, la esposa de Frank, junto con Arturo, Flora, María y los niños se divertían hablando y riendo. Eduardo los oyó hablar del año que Flora había pasado enseñando, al otro lado del río Paraná, en la comuna de Lehmann, provincia de Santa Fe.[1] Él tomaba nota en su mente de los detalles.

Al mediodía llegaron al lugar designado. Hallaron que también habían llegado algunos delegados. Unos habían venido en barco el día anterior. Después de los saludos, la primera prioridad fue alimentar y dar de beber a los caballos. Después sacaron lo que habían traído para merendar.

Recién entonces, los varones se quitaron los sacos y comenzaron a medir el terreno para ubicar las carpas. En primer lugar, estaría la de la cocina, luego la carpa de reuniones y por último las carpas de las familias. El golpe rítmico para clavar las estacas de las carpas continuó anunciando que se acercaban momentos interesantes para todos.

Uno a uno los carros y los coches de los distintos grupos y congregaciones continuaban llegando. Allí estaban los Fulton, el director de la escuela de Camarero. El pastor Graff de Brasil y el pastor William Spicer que venía de parte de la Asociación General en Estados Unidos. También estaban Lydia Greene y Ole Oppegard de Buenos Aires. En poco tiempo había cerca de sesenta personas. Era la primera vez que tantos evangelistas y pioneros adventistas de Sudamérica se encontraban juntos. La expectativa creció cuando se supo que estaba presente el pastor Spicer. Había sido misionero en la India y ahora era Secretario de la Asociación General. Fue enviado con el propósito de ver cómo progresaba la obra en Sudamérica. Sería un buen consejero para estimular a quienes trabajaban en Sudamérica. Ellos tenían mucho que contarle y mucho que consultarle. Escucharían sus sermones inspiradores y sus anécdotas interesantes.

Mientras tanto Flora y sus ayudantes habían acomodado su equipo, algo primitivo, en la carpa de la cocina y habían

---

[1] "Necrología", *La Revista Adventista* 21/19 (26 septiembre 1921): 13.

empezado con la tarea de cocinar para todos los delegados. Era una gran responsabilidad, pero cuando de cocinar se trataba, Flora de diecinueve años, siempre afrontaba el desafío. Durante los diez días, cada comida estuvo a tiempo y traía algo especial para hacerla atractiva y sabrosa. Más de una vez Eduardo, se acercaba a la cocina para decirle a Flora cuán buena cocinera era. Ella le daba las gracias con una amplia sonrisa y se sonrojaba.

Las reuniones se realizaron según lo planeado y sin interrupciones, excepto dos veces en que unas lloviznas hicieron que la gente corriera a sus carpas para proteger sus pertenencias.

El primer sábado, el pastor Spicer habló de la obra misionera y relató incidentes relacionados con sus años de trabajo en la India. Elogió y ponderó el trabajo que los delegados presentes estaban realizando. El segundo sábado habló de los eventos de los días finales.

En cada reunión Eduardo estaba sentado con papel y lápiz tomando apuntes con su caligrafía alemana que había aprendido de niño. Pero en el último sermón de Spicer escribió sin parar. Tenía el plan de imprimir el sermón del pastor Spicer en *Las Señales.*

El fin de semana creció el número de participantes, porque los creyentes de las áreas circundantes venían para disfrutar de las reuniones. Traían su propia comida y sus hermosas voces. Tan pronto como terminaba el almuerzo, estos adventistas ruso-alemanes se juntaban para cantar himnos inspiradores. Cantaban hasta que era la hora de la reunión de la tarde. Sus sentidas alabanzas traían el cielo un poco más cerca. Así se iba llenando la carpa grande con aquellos que se unían a sus cantos y los que solo querían escuchar.

En los servicios devocionales matutinos y vespertinos participaban los dirigentes de la obra y cada delegado tenía la oportunidad de dar su informe.

Cuando llegó el turno para que hablara el pastor Frank Westphal, con alegría contó que —en diez años en Chile hemos crecido de casi nada a siete iglesias con 273 miembros. Tenemos nuestra propia obra de publicaciones con la revista *Las Señales de los Tiempos*, la que tiene una larga lista de suscriptores y tenemos cuatro colportores activos que trabajan diligentemente para vender copias y tomar suscripciones y hacer contactos. Nos acompañan cuatro ministros ordenados, uno de ellos está aquí, Eduardo Thomann. Ya lo van oír después cuando hable de nuestra obra de publicaciones—. Después continuó hablando de los planes para la escuela de Púa.

En su momento, Eduardo relató la historia de la obra de publicaciones, cómo comenzó, cómo Dios transformó un incendio en posibilidades de crecimiento, cómo Dios había bendecido la venta de copias de *Las Señales* desde Punta Arenas, el puerto más al sur de Chile, hasta Lima, Perú, a una distancia de unos 5.000 kilómetros.

La reacción a cada informe fue el mismo,

—¡Amén!, ¡Alabado sea Dios!, ¡Qué alentador!—

También hubo reuniones administrativas. En una de ellas, el campo sudamericano fue designado como Unión Conferencia Sudamericana y el pastor José Westphal fue elegido como presidente. En otra reunión el territorio fue dividido en misiones locales por países. Las misiones de Chile, Bolivia, Perú, Ecuador, Brasil, Argentina, Uruguay y Paraguay. Las misiones más extensas se subdividieron en campos menores y luego se eligieron a las personas para ocupar los puestos que administraran las misiones creadas. Se designó al Dr. Habenicht como director de la escuela de Camarero, dejando que el pastor Fulton pudiera servir exclusivamente en las labores ministeriales. El Dr. Habenicht también fue agregado al proyecto del Sanatorio que pronto esperaban establecer cerca de la escuela.

Frank Westphal y Eduardo quedaron como responsables de Chile y Bolivia.[1] Es durante 1905 y 1906 que Eduardo llega a ser miembro de la junta de la Unión Misión Sudamericana y también de la Misión de la Costa Occidental, pues colaboraba como uno de sus ministros. Se lo conocía también como editor de las revistas en Chile, *Las Señales de los Tiempos* y *La Revista Adventista*.[2]

Durante todas las reuniones, Eduardo colaboró intensamente con las charlas y las traducciones en tres idiomas, español, alemán e inglés.[3] También formó parte de la comisión encargada de preparar los estatutos de la nueva organización.[4]

Aunque la Unión Sudamericana nació en ese momento, los adventistas consideraban a Bolivia todavía un territorio no alcanzado.[5]

Cierto día el pastor José Westphal llamó a Eduardo para que saliera de una de las reuniones.

—He deseado hablar con usted sobre una necesidad que creo que puede realizar. Tenemos un pequeño grupo de creyentes entusiastas en el Paraguay, parece haber un buen interés en el mensaje adventista allí. Pero no hay allí nadie capaz de dar las reuniones. He visto su buen desempeño y me gustaría sugerir su nombre para que vaya allí por un

---

[1] N. Z. Town, "Los obreros de la Conferencia Unión Sudamericana", *La Revista Adventista* 6/4 (1906): 6; F. H. Westphal, "Misión Chileno-boliviana", *La Revista Adventista* 6/4 (1906): 4.

[2] *1905 Year Book of the Seventh-day Adventist Denomination* (Takoma Park, Washington: Review and Herald Publishing Association, 1905?), 82, 83, 102; disponible en http://documents.adventistarchives.org/Yearbooks/YB1905.pdf, Internet (consultada el 8 de septiembre de 2017); *1906 Year Book of the Seventh-day Adventist Denomination* (Takoma Park, Washington: Review and Herald Publishing Association, 1906?), 84, 85, 109; disponible en http://documents.adventistarchives.org/Yearbooks/YB1906.pdf, Internet (consultada el 8 de septiembre de 2017). Eduardo tenia dirección en Casilla 787, Valparaíso, Chile.

[3] W. A. S[picer?], "New Union Conference in the Field", *Review and Herald* 83/22 (May 31, 1906): 5. http://documents.adventistarchives.org/Periodicals/RH/RH19060531-V83-22.pdf, Internet (consultada el 12 de septiembre de 2017).

[4] N. Z. Town, "La Asamblea de la Misión Sudamericana", *La Revista Adventista* 6/4 (1906): 3.

[5] Floyd Greenleaf, *A Land of Hope* (Tatuí, San Pablo: Casa Publicadora Brasileira, 2011), 82.

Foto: Interesante fotografía de los comienzos de la obra en Sudamérica. Se ven los delegados que asistieron, en 1906, al congreso celebrado en Paraná, en el cual el campo sudamericano fue organizado en una Unión. Los nombres, de izquierda a derecha son como sigue:

Primero hilera: M. E. de Heyde, F. H. Westphal, W. A. Spicer, Joseph W. Westphal, Jane P. de Westphal, Juan McCarthy, F. W. Spies.

Segunda Hilera: Otto Heyde, Santiago Mangold, C. de Mangold, R. Diriwaechter, Luis Ernst, Roberto H. Habenicht, Adela Allen de Habenicht, Eduardo W. Thomann, Flora Westphal (posteriomente de Thomann), María de Riffel, C. Emmenegger (posteriormente de Bonjour).

Tercera hilera: J. Maas, C. M. de Maas, M. de Schimpf, J. Schimpf, Sra. de Fulton, Arthur Fulton, Juan Bonjour, Nelson Z. Town, Jorge Riffel, Ole Oppegard, Godofredo Block.

Cuarta hilera: H. F. Graf, Julio Ernst, M. K. de Ernst, Elena Ernst (posteriormente esposa de Luis Rojas), Olga T. de Fernández (posteriormente de Dessignet), Cecilia Deggeller (posteriormente esposa de Ignacio Kalbermatter), Sadie de Town, Sra. de Guitet, Lydia Greene de Oppegard.[1]

mes después de estas reuniones y los ayude. ¿Puede pasar ese tiempo fuera de Chile?—.

Eduardo contestó titubeante, —Creo que sí, pastor Westphal. Primero déjeme pensarlo y orar sobre el asunto.

---

[1] Foto "Interesante fotografía de los comienzos de la obra en Sudamérica", *La Revista Adventista* 28/7 (2 abril 1928): 1.

No tengo en este momento una respuesta. No es necesario que le dé ahora mismo una respuesta, ¿verdad?—.

—No, pastor. No necesita responder ahora, pero espero que no demore en considerarlo—.

—No, pastor. Estaré pensando y orando en ello constantemente. Que se haga la voluntad de Dios—.

En los días que siguieron el pastor José Westphal varias veces le preguntó, —¿Alguna decisión ya, pastor Thomann?—.

—No, no hay definición todavía, tal vez mañana—.

El pastor Spicer pasó largas horas instruyendo a los nuevos dirigentes sobre las responsabilidades a las que fueron llamados y comunicándoles el plan de acción de la denominación para esos años. Este plan todavía no estaba escrito. Como el alemán era el idioma que la mayoría de los presentes usaba, Eduardo, a menudo, servía como traductor para los hermanos de habla hispana.

Fueron diez días muy ocupados, pero de renovación y refrigerio espiritual. Uno se pregunta cómo, con toda esa actividad, el Dr. Habenicht hallaba tiempo para hacer exámenes físicos a los delegados, pero lo hizo. Cuando llegó el turno de Eduardo, el Dr. declaró que estaba en excelente condición física; sin embargo, había un pequeño problema que debía ser atendido porque podría algún día complicarse: una hernia. Después de hablar sobre el tema con el pastor José Westphal, decidieron que la cirugía debía hacerse el jueves, el día 27 de marzo, dos días después de que las reuniones terminaran.

—Después de todo, creo que el pastor Eduardo está ansioso de llegar al Paraguay, tan pronto como sea posible, para dar una serie de reuniones y así volver a sus responsabilidades en Chile, ¿verdad?—. El pastor José procuró sonar tan entusiasta como podía.

—Eso es lo que usted dice, pastor—, fue la respuesta que recibió.

A Eduardo le pareció que tal vez el pastor José se estaba preocupando demasiado por él. Le llamó la atención la insistencia con el plan de Paraguay. Él mismo pensó seriamente por qué no estaba tan entusiasmado como el pastor José en cuanto a ir al Paraguay.

Para el desayuno del último día, Flora los sorprendió a todos con un *Ribbelkuchen*[1] fresco. Durante la comida el pastor José les dijo que la noche anterior las jóvenes se habían quedado levantadas hasta tarde preparándolo y horneándolo en un horno exterior, que pertenecía a la familia en cuyo terreno habían tenido las reuniones. El *Ribbelkuchen* no duró mucho. Afortunadamente había más, pero, al saborearlo, los recuerdos de Eduardo le trajeron remembranzas e imágenes especiales de los mejores días en la Suiza de su niñez, cuando su pequeño chalet se llenaba del fragante olor del *Ribbelkuchen* que hacía su madre.

Las carpas se desarmaron más rápido que lo que llevó levantarlas. Se cargaron los carros y todos se despidieron. Caballos, coches y carros tomaron cada uno su rumbo. Algunos por el campo, otros para tomar el barco que los llevaría de regreso. El pastor Spicer le dijo al pastor José, —Lo veré en diez días—.

—Muy bien—, contestó el pastor José, —Lo estaremos esperando. Tenga un viaje placentero visitando a los hermanos—.

---

[1] El Ribbelkuchen es el nombre de una torta alemana.

UNA CONFESIÓN ANTES DEL CUCHILLO

Y terminaron las reuniones y llegó el jueves 27 de marzo. ¡Qué conmoción en la casa de los Westphal! Eduardo miraba cómo Flora fregaba con todas sus fuerzas la mesa de la cocina y cómo Jane de Westphal trajo sábanas limpias, le puso una funda limpia a la almohada y en la estufa a leña colocó una olla grande con agua a hervir. El pastor José Westphal colgó una lámpara a kerosene sobre la mesa para tener luz extra. Cuando Eduardo preguntó qué podía hacer, Flora le dijo:

—Puede llevar todas las sillas al otro cuarto—.

"Qué mujer tan eficiente", pensó Eduardo. Cuando la mesa alcanzó la aprobación de Flora en cuanto a limpieza, ella continuó con el lugar de fregadero para platos. Fregar y fregar con ímpetu. Todo tenía que estar limpio, quirúrgicamente limpio. Sobre una frazada doblada en la mesa pusieron una sábana, también una almohada en una punta.

Eduardo no tuvo dudas de que esa era la sala de cirugía para su operación. Estaba algo ansioso e inquieto, pero el pastor José le dijo:

—No se preocupe, el Dr. Habenicht es un buen médico. Él operó a nuestra vaca, que luego vivió por tres años más—. Todos se rieron por la broma y Eduardo se sintió un poco mejor.

Cuando el Dr. Habenicht llegó con su maletín de instrumentos, el cloroformo y la máscara, ocupó un largo tiempo para explicarle a Jane de Westphal cuál era el nombre de cada instrumento. Instruyó al pastor José sobre esponjas y gasas, y le mostró a Flora cómo tener la botella con cloroformo para que goteara lentamente, y que las gotas entraran en la máscara.

Finalmente, cuando todos se habían puesto sus batas blancas, sus barbijos y sus guantes, y el paciente había sido cubierto, era tiempo de comenzar. El Dr. Habenicht ofreció una oración y puso la máscara para la anestesia sobre la cara de Eduardo. Flora cuidadosamente dejó que el cloroformo comenzara a gotear lentamente.

—Cuente, pastor Thomann—, le pidió el Dr. Habenicht.

—Uno, dos, tres, t-resee, cof –cof. Flora, ich liebe dich—, en su estado inconsciente había expresado, "Flora, te amo". Y quedó dormido.

A Flora no le tembló la mano ni se le escapó un chorro de cloroformo, pero su corazón dio un salto y latió profundamente por unos instantes. El pastor José miró por un momento hacia el espacio y sonrió.

—Ahora entiendo por qué no quería ir al Paraguay—. Su esposa Jane de Westphal dijo, —Continuemos con la cirugía—.

Cuando Eduardo despertó estaba en una cama suave y confortable. Tenía un dolor soportable en su lado derecho. El doctor estaba allí parado y también el pastor Whestphal.

—Ya hemos terminado, y todo salió perfectamente. Se recuperará muy rápido—, le aseguró el médico.

Eduardo forzó una pequeña sonrisa y le dijo, —Se lo

voy a agradecer más adelante, pero igual aprecio mucho lo que hizo—. Y cerró nuevamente los ojos.

Unos minutos después, el Dr. Habenicht lo despertó y le preguntó,

—¿Recuerda hasta qué número contó?—.

—No. Me parece que era eso de diez—.

—¡Ud. contó hasta "dich"!—

—¿Hasta qué?—

—Hasta "dich"—.

—Eso no es un número—, dijo Eduardo.

—¿No? Era un número muy revelador—.

—¿Revelador?—, preguntó Eduardo.

—Sí, tomando en cuenta los números que dijo antes de ese—, respondió el pastor José.

—¿Cuáles fueron esos números?—.

—Flora, ich liebe dich—. Al doctor le era difícil mantenerse serio. Los ojos de Eduardo se abrieron bien grandes.

—¿Yo dije eso?—, preguntó sonrojándose Eduardo.

—¿Es esa la razón por la que no estaba ansioso de ir al Paraguay? ¿Fue una declaración verdadera? ¿Ama a Flora en verdad?—.

Eduardo estaba muy avergonzado y cansado. Le hubiera gustado decir que la amaba desde la primera vez que la vio. Pero él guardaría eso para decirlo personalmente. Todo lo que pudo decir fue,

—Sí—.

Hasta el domingo de mañana Eduardo durmió casi todo el tiempo, de a ratos e incómodo. Jane de Westphal mantenía a los niños callados y junto con Flora tomaban turnos para observarlo y preguntarle si quería agua o algún

175

caldo. El doctor venía dos veces al día y le plegaba las piernas, le hacía masajes y lo examinaba para ver si todo estaba bien. Los pastores José y Frank venían a menudo a acompañarlo.

Temprano ese domingo el pastor Frank vino y le dijo a Eduardo que lo estaría viendo en Chile. Se iría en el barco en unas horas. El pastor le dijo,

—Mi familia y la obra de Dios me llaman. Le echaremos de menos hasta que llegue—.

Ofreció una plegaria rogando por su viaje y por la recuperación de Eduardo. A Eduardo le pesó mucho verlo irse. Con esfuerzo contuvo sus lágrimas.

El lunes por la mañana Eduardo se sentía mucho mejor y cuando Jane de Westphal apareció en su cuarto, lo miró y le preguntó si le gustaría comer algo para desayunar, él contestó,

—Sí, me gustaría—.

Al ratito Flora llamó a la puerta y entró con una bandeja.

—Buenos días, pastor. Se lo ve mucho mejor hoy—.

Con cuidado puso la bandeja sobre una mesita al lado de la cama. Eduardo la miró extasiado. Junto al plato con puré de avena había un pimpollo de rosa. Qué delicadeza. ¡Eso era ella!

Flora movió la mesita para ponerla junto a la cama.

—¿Necesita que lo ayude para comer el puré?—, le preguntó.

—Sí—, contestó él. —Pero antes que se vaya me gustaría decirle algo—.

Una sonrisa se dibujó en el rostro de ella. —Por supuesto—, respondió.

—Flora, lo que dije, lo dije en serio. Yo la amo. La amé

desde la primera vez que la vi sonreír y vi esos ojos vivaces que tiene. Dígame, ¿estaría dispuesta a compartir su vida con un pobre misionero?—.

Flora cayó de rodillas al lado de su cama. Pastor, yo también lo amo. Siempre, desde que murió mi madre, cuando tenía seis años, he deseado ser una misionera. La iglesia nos había llamado para ser misioneros, pero su muerte truncó esos planes. Estuve muy contenta cuando papá volvió a casarse y finamente vinimos a Sudamérica. Y desde que lo conocí yo intuí sus sentimientos... pero no me atrevía a creer. Mi respuesta es un sí. Yo quiero ser una misionera junto a usted—.

Por un largo rato se contemplaron mutuamente tratando de descifrar y asimilar el significado para sus vidas de lo que acababan de confesarse. La alegría y el optimismo eran mucho más grandes que los interrogantes sobre el futuro. Entonces con una alegre sonrisa Flora dijo,

—Tengo que irme y dejarlo comer antes que se le enfríe todo—.

Más tarde, esa mañana José Westphal fue al cuarto de Eduardo para hablar con él. Al rato se le unieron su esposa Jane y Flora. Cuando todos estaban sentados, el pastor José comenzó,

—Entendemos que ustedes dos quieren pasar el resto de sus vidas juntos—. A eso siguió un discurso de pastor-papá sobre lo que los votos nupciales significaban. Le recordó a Flora que esa vida no sería fácil, y a Eduardo de que estaría asumiendo una pesada responsabilidad. Cuando estuvo satisfecho de que ellos comprendían la solemnidad del paso estaban por dar, les dio su bendición.

Era el turno para que la madre hablara.

—Eduardo, ya que usted vive tan lejos y que es tan costoso el ir y volver, estamos pensando que lo mejor sería que se casaran mientras usted está aquí—.

La sonrisa de Eduardo y su asentimiento con la cabeza dejaron en claro de que no había objeción de su parte.

La madre continuó, —Así que nos pondremos a hacer algunos preparativos—.

El pastor José habló otra vez,

—El pastor Spicer debe llegar el viernes y va a pasar el fin de semana con nosotros. El lunes piensa tomar el barco en Diamante. Esperamos que se sienta mejor para entonces. Arturo los puede llevar a todos en el carro a Diamante. Como padres, nosotros no podemos ser testigos en su boda por civil, pero el pastor Spicer sí puede. Antes de que él parta en el barco, ustedes pueden estar casados por las autoridades civiles apropiadas y obtener su credencial matrimonial. Van a necesitar otro testigo. Tal vez el papá de María, el señor Lust, podría ser el otro testigo. ¿Qué les parece eso?—.

—Perfecto, pastor Jo...—.

—No—, interrumpió el pastor José, —ya no más pastor José. Ahora soy papá—.

—Gracias, papá—, sonaba nuevo para Eduardo, —Su plan es perfecto—.

La mamá sonrió. —A mí me puede decir mamá. Y durante los siguientes días tendrá que llamarnos a los gritos, porque Flora y yo estaremos bien ocupadas haciéndole un vestido y preparando su ropa—.

—Y ya que estamos estrenando nuevos nombres, ¿cómo te voy a llamar, Flora?—, preguntó Eduardo con una sonrisa. Titubeó por un momento. —¿Podré llamarte Blumeli (florcita)?—.

—Me gusta ese nombre—, respondió Flora y agregó, —yo te llamaré "Schatsi" (amado)—.

Para el martes Eduardo se sentía lo suficientemente bien como para escribir algo del artículo para *Las Señales* y para *La Revista Adventista.*[1] Le era un poco difícil escribir acostado, pero el doctor le había dicho que tenía que quedarse acostado en la cama hasta el miércoles de tarde.

Cuando el doctor vino el miércoles, declaró que nunca había visto a alguien sanarse y recuperarse tan rápidamente y tan bien, física y psicológicamente. Esa noche Eduardo estuvo sentado participando con la familia en el culto.

Eduardo pasó la mayor parte del jueves escribiendo y haciendo ejercicios. Editó algunas de las notas que había escrito en las reuniones administrativas. Tenía el plan de publicarlas en *La Revista.*

En el culto del miércoles de noche, Olivia y Enrique habían observado a Eduardo con admiración. El motivo por el cual les habían hecho estar callados y sin correr por la casa por fin había acabado. El jueves querían que les contara cuentos y poder sentarse en sus piernas, a lo cual él tuvo que decir varias veces:

—No, todavía no—. El viernes Olivia tímidamente preguntó,

—¿Usted va ser mi hermano, verdad?—.

—¿Y mío también?—, preguntó Enrique.

—Sí—, respondió emocionado Eduardo. —Van a ser mis nuevos hermanos—.

Entre el lunes 2 y el viernes 6 de abril, la madre y Flora habían hecho milagros. El hermoso vestido blanco, decorado con brocado, estaba terminado y toda la ropa de Eduardo estaba remendada, lavada, almidonada y lista para viajar. Y mientras hacían esto también se ocuparon de la preparación de las comidas para los días siguientes.

El pastor Spicer llegó el viernes de tarde. Esa noche cuando estaban juntos rodeando la mesa del comedor, Eduardo y Flora le dijeron de sus planes de casarse. Le

---

[1] E. W. Thomann, "La Cena del Señor", *La Revista Adventista* 6/7 (1906): 5.

preguntaron si estaría dispuesto de ser uno de los testigos del casamiento.

—Por supuesto—, les aseguró. —Será un placer—.

El sábado fue un hermoso día. Otra vez Eduardo tuvo el placer de tomar notas de uno de los sermones del pastor Spicer. Pero esta vez, su Blumeli estaba sentada junto a él. Por un instante él volvió su cabeza para mirarla otra vez. Ella lo estaba contemplando hacía rato. Ambos sonrieron.

Esa tarde la familia y el pastor Spicer salieron a caminar hacia el Salto El Paraíso. Eduardo no podía recordar algún momento del pasado en que había estado tan contento como en ese día. Flora jugaba, junto a las aguas con los niños. En un momento levantó la vista y buscó los ojos de Eduardo. Se dio cuenta que ahora cuando su mirada se cruzaba con la de Eduardo no se perturbaba ni se agitaba con fuerza su corazón. Estaba supremamente alegre. Entre risas tomó agua en sus manos, corrió hasta él y mojó sus cabellos castaños.

—¡Blumeli!—, protestó él.

—No te ofendas, estoy jugando. Ven, pasemos sobre las rocas hacia el otro lado y sigamos el canal hasta donde estaba el viejo molino—.

En poco tiempo él se acostumbraría a sus bromas y cargadas. Solo era que había pasado mucho tiempo desde que alguien hubiera jugado con él. Flora era lo que él necesitaba, era lo mejor para él. Al pensar que estarían juntos para siempre, se dio cuenta cuánto la amaba.

El lunes 9 de abril, Arturo unció los caballos en los corrales y preparó el carro. Eduardo estaba con otros preparativos. Arturo le dijo:

—Y pensar que hace menos de un mes que lo vi descender del barco y me era un desconocido, un extraño. Y ahora nos llamamos hermanos. ¡Qué bueno! Flora me es muy querida. Juntos tenemos recuerdos de nuestro primer hogar en los Estados Unidos cuando vivía nuestra madre y juntos hemos vivido intensamente las experiencias y novedades de venir a Argentina—.

Arturo giró para mirar directamente a Eduardo, aunque casi no lo podía ver porque unas lágrimas le nublaban la vista. Con cierta dificultad le dijo:

—Usted será bueno con ella. Ella lo ama muchísimo—.

—Esta es mi promesa: Ella será mi tesoro mientras yo viva. Ella tendrá lo mejor que yo pueda dar—. Se dieron la mano y subieron al carro. En el frente de la casa recogieron a Flora, María, a su papá, y al pastor Spicer. Enviando saludos y besos se alejaron por el camino.

En Diamante, Arturo los llevó al Registro Civil. Allí Eduardo y Flora llenaron los formularios y firmaron el libro. El pastor Spicer y Jorge Lust firmaron como testigos. Legalmente eran esposo y esposa. Cuando Eduardo preguntó cuánto eran los honorarios y sacó su billetera para pagar, el pastor Spicer puso el dinero en el escritorio y volviéndose hacia Eduardo le dijo, —Este es mi humilde regalo de boda para ustedes, mis amigos tan queridos—.

Más tarde. Cuando el pastor Spicer se disponía para subir la rampa del barco en el puerto, Eduardo le tomó la mano y le dijo,

—Solo quiero agradecerle otra vez, pastor Spicer. Que Dios le bendiga en su viaje. Ha sido una verdadera bendición para todos nosotros—.

Él respondió, —Mi oración es que Dios los bendiga y dirija al hacer su obra, y al comenzar juntos vuestras vidas—.

Así, con bendiciones y despedidas se separaron.

Un cambio memorable

El día martes 10 de abril de 1906 fue el gran día para Flora y Eduardo. Temprano en la mañana María y Arturo, con varios amigos estaban en la pequeña capilla de la escuela de Camarero. Este salón servía como capilla durante la semana y también para los servicios de la iglesia los sábados. Fue allí donde Flora y Eduardo se casarían en unas horas. Se dispusieron arreglos sencillos. Una rosa roja atada con una cinta blanca indicaba el banco reservado para la familia. Un florero con rosas quedó indicando el lugar donde José Westphal, el papá y la alegre pareja habían de estar. Unas pequeñas "X" escritas con tiza en el piso marcaban el lugar donde Arturo, como el padrino, y María, como la dama de honor, debían pararse. Cuando todo estuvo listo, el grupo de la boda ensayó sus roles mientras la Sra. Adela de Habenicht tocaba su acordeón.

Mamá Jane había ocupado el día anterior haciendo una torta para la boda. Era una torta grande de dos pisos que ella decoró con una cobertura blanca. Puso encima tres pimpollos de rosas, uno rojo y dos rosados. Amigos que tenían vacas trajeron leche fresca para acompañar a la torta. Todo esto fue llevado al cuarto junto a la capilla que servía de comedor para los alumnos.

A las dos y media de la tarde todo estaba listo y a las tres la Sra. Habenicht comenzó a tocar. Al rato el grupo de la boda estaba en su lugar. Allí estaban los simpáticos jóvenes en sus trajes recién planchados; María de ojos oscuros en su bello vestido sabático de color rosado, y Flora radiante y hermosa en su nuevo vestido blanco bordado. En su mano tenía una rosa roja y dos rosas blancas. Eduardo recordó la rosa roja que ella había puesto en su bandeja hacía apenas poco más de una semana. Papá José Westphal, como pastor, con cariño les aconsejó y los bendijo.

Era casi tiempo de cenar cuando se terminó toda la celebración. El servicio religioso, la recepción, los regalos, las expresiones de buenos deseos y las bendiciones de los amigos y amados se sumaron e hicieron un día perfecto para Flora y Eduardo.

Del miércoles al viernes fueron días muy ocupados. Toda la familia hizo un viaje a Paraná para tomar fotografías. Mientras estaban allí compraron un baúl grande para poner los regalos de bodas y las cosas que Flora había acumulado en su ajuar. También compraron una valija del tamaño adecuado para la ropa y efectos personales de Flora.

En uno de esos días Flora le confesó a Eduardo que cuando pensaba sobre el significado de esas compras su corazón le daba una punzadita. No iba ser fácil decirle adiós a los que amaba tanto. En verdad ella sabía que iba a ser muy difícil. No daría este paso por nadie, a no ser por Eduardo.

—Pero por ti, Eduardo, está bien, y haría casi cualquier cosa—, concluyó.

El sábado fue un día de alegría, un descanso entre los agitados días que habían pasado y la separación que pronto llegaría.

En una caminata el sábado de tarde, Olivia se mantuvo

muy cerca de su hermana mayor. Eduardo bien entendió la melancolía que pronto habrían de compartir. Al estar sentados sobre el pasto el pequeño Enrique increpó a Eduardo por haberle robado a su hermana mayor. Papá José se tomó tiempo para conocer mejor a su nuevo hijo y para aconsejarle, mientras Mamá Jane, Arturo y Flora arrancaban pasto y trébol pausadamente mientras recordaban despedidas y comentaban sobre el tiempo feliz cuando no habría más separaciones ni despedidas.

Foto de Eduardo Thomann y Flora Westphal.

El domingo fue el día de empacar, y un día para visitar amigos y decir adiós, aunque todos usaban también el *auf wiedersehen* (hasta la vista) que era la frase mejor, aunque no sabían cuánto pasaría hasta que volvieran a verse. Las distancias eran muy grandes y los costos de viaje prohibitivos.

A las siete de la mañana del lunes 16 de abril de 1906, Flora dio su última mirada a la casa paterna y entonces resueltamente giró su cabeza hacia el futuro, hacia una nueva vida. El barco partiría a las once. Para las diez la "yunta blanca" dejaba a la pequeña familia en el lugar de partida.

Mamá Jane pronunció sus últimas palabras llenas de sabiduría. Olivia tenía lágrimas en sus ojos. A Enrique se le hizo difícil besar a Eduardo. Los ojos de Arturo mostraban su pesar por el mañana sin Flora cerca. Papá tomó en sus manos las de Flora y Eduardo por largo tiempo. Los adioses no venían con facilidad, pero llegaron y cuando Flora y Eduardo caminaron por la rampa de embarque y subieron al barco, las fibras de sus corazones casi se rompieron. La memoria y las cuerdas de afecto irían con la joven pareja donde quiera que fueran en los años futuros, siendo siempre recordados en las oraciones de sus amados, quienes tenían mucho interés en su alegría y seguridad y se gozaban en la esperanza de que los habrían de ver otra vez.

Cuando ya no se podía ver el ondear de los pañuelos, Flora enterró su cabeza en el hombro de Eduardo y sus lágrimas corrieron copiosamente. Eduardo le apretó la cabeza y dijo cariñosamente, —Te quiero, Blumeli—, mientras repasaban los momentos de despedida. — Ven, vamos a mirar la espumosa estela del barco. Tu no vas a querer perderte ni un instante de este hermoso viaje—. Flora se secó los ojos. Papá y mamá y los demás posiblemente ya estarían a mitad de camino a casa. Tal vez sus lágrimas también ya estarían secas y estarían mirando, y disfrutando del paisaje entrerriano.

—Sí, vamos a ver la estela—, respondió Flora alegremente, —Bien has dicho, no quiero pasar por alto cosa alguna—.

A las siete de la mañana del siguiente día el barco amarró en el puerto de Buenos Aires. Para ese entonces Flora ya sabía todo lo que Eduardo conocía del río Paraná, de sus islas, de su confluencia con el río Uruguay y que desde allí se llamaba Río de la Plata, y que al llegar al océano su anchura alcanzaba los doscientos kilómetros.

Después de depositar su equipaje en la estación del ferrocarril, Eduardo pasó a mostrarle a Flora lo que conocía de Buenos Aires. Caminaron al Riachuelo donde compraron algo de fruta fresca. Un cochero los llevó al parque Retiro. Allí en un lugar con césped comieron su merienda y descansaron entre flores, árboles altos y una vista privilegiada del amplio estuario del Río de la Plata.

A las siete de la noche, un poco cansados, subieron al tren que iba a Mendoza. Pronto oscureció. Sería un viaje de veinte horas. Durmieron intermitentemente como lo habían hecho la noche anterior en los bancos de madera del barco. Poder dormir en una verdadera cama cuando llegaran a Mendoza era un lujo que no podrían darse pues perderían las combinaciones de los trenes a Chile.

La siguiente mañana, Flora mirando por la ventana del tren, fue atraída por un desgarbado ñandú. Con Eduardo comentaron por largo rato sobre una residencia campesina junto a un gigantesco ombú, asentada en la inmensa soledad de las pampas. En las largas horas de viaje, Flora encontró oportunidad de jugarle una broma, cuando animosamente exclamó señalando el cielo:

—¡Mira, mira!—.

Eduardo se inclinó hacia la ventana para ver lo que a ella le interesaba. Al poner su cabeza sobre su hombro para ver, ella lo agarró con un fuerte abrazo y le dijo:

—Me gusta tenerte cerca de mío—.

Eduardo había vendido todas *Las Señales* que tenía. Sin embargo, su deseo de compartir la bendita esperanza lo impulsaba a hablar con los otros viajeros sobre los eventos del momento y su significado a la luz de las profecías. Ella con una sonrisa compartía estos encuentros, fiel a su determinación de apoyarle siempre que pudiera.

En la última etapa del viaje ella estuvo muy atenta a lo que Eduardo le anticipaba que pasaría en el viaje. Le había hablado del majestuoso Aconcagua, el cambio al pequeño tren que recorría su camino entre los picos de las montañas, el primer vistazo a Chile, su nuevo hogar; el empinado descenso del lado occidental de los Andes hacia el Pacífico.

El jueves a las 5:30 de la mañana abordaron el tren transandino y lo que había escuchado comenzó a hacerse realidad. En todo el trayecto Eduardo le indicaba los puntos de interés con entusiasmo. Flora dijo que su mente y su corazón estaban muy acelerados. A la puesta de sol el tren del lado chileno entró resoplando en la estación de Los Andes, donde volverían a hacer trasbordo al tren de vía ancha que los llevaría a Valparaíso, adonde llegaron a la media noche. Luego de reclamar su equipaje les tocó el último y breve viaje hasta la humilde casa de Eduardo. Flora dijo que era un palacio y ella se sentía una reina. En un estante ella vio una pequeña bota tallada en madera. Había sido hecha para verse como un calzado muy usado, ya que tenía el tacón bien gastado y en la punta el tallador había labrado una lechuza. En la pared había un águila hermosamente tallada y en una repisa un par de cabezas de cabras labradas a la perfección hacían de sujeta libros. También había un hermoso aparador con flores y hojas delicadamente talladas que adornaban las puertas y marcos. A la pregunta:

—¿Quién lo hizo?—, Eduardo respondía, —Mi papá— o —mi abuelo—. ¡Había tanto que ver, tanto que conocer de la familia de Eduardo! Pero ya era tarde y ambos estaban muy cansados del largo viaje.

—¡Por fin estoy en casa!—, exclamó Flora con un suspiro.

—¡Bienvenida a casa, Blumeli!—, dijo Eduardo con un abrazo. —Esta casa ha estado necesitando un toque femenino—.

Había sido un viaje que produjo profundos y duraderos cambios en sus vidas. Un mes atrás de esta casa salía Eduardo solo. Pudo conocer nuevas tierras, muchas personas agradables y volvió a su casa y a sus amigos con una esposa. Para Flora los cambios fueron más drásticos, dejó a su familia, su casa en el campo, sus amistades, las costumbres rurales alemanas para llegar a vivir a un país nuevo donde solo conocía a su esposo y a la familia de su tío, para ubicarse ahora en el ritmo y costumbres de una ciudad.

Los siguientes cuatro meses estuvieron llenos de regocijo, sorpresas y mucho aprendizaje. Había miembros de la iglesia a quienes Flora necesitaba conocer; estudios bíblicos que dar; reuniones en las que ella podía tocar el órgano; mercados y tiendas con que familiarizarse; un océano que admirar y muchos nuevos árboles, flores y frutas cuyos nombres debía aprender.

Flora tuvo que acostumbrarse a muchas cosas. Una de ellas fue la de acompañar a Eduardo en algunos de sus viajes. En julio de ese año, a pocos meses de su llegada, visitó junto con él y Octavio Navarrete la zona de Coquimbo.[1] El pastor Steele informó que

> Eduardo (Thomann) está en Coquimbo trabajando con "Las Señales" y celebrando cultos. Un hermano joven, chileno, está trabajando con él con un éxito maravilloso. En lo pasado el hermano Eduardo ha sido el delantero entre nuestros hermanos en tomar suscripciones para "Las Señales", más ahora él admite que tendrá que entregar la bandera a ese joven, el cual toma suscripciones por valor de $ 20.00 más o menos, por día, trabajando de siete a siete y media horas. El hermano Eduardo le sigue muy de cerca. Verdaderamente el Señor les bendice maravillosamente.[2]

También tuvo que acostumbrarse a las largas jornadas

---

1 "Notas editoriales", *La Revista Adventista* 6/8 (1906): 12.

2 s/t, *La Revista Adventista* 6/9 (1906): 5.

de Eduardo cuando estaba dedicado a un nuevo número de *Las Señales* o *La Revista*.[1] En el invierno él regresaba cuando ya era de noche. Ella siempre esperaba a su Schatzi junto a la puerta, lista para compartir con él un poco de buenas noticias o algún nuevo descubrimiento. Una noche muy entusiasmada le dijo de un nuevo pan que había encontrado. Aunque costaba unos centavos más, era especial porque estaba hecho con manteca. Eduardo la sorprendió aún más cuando tuvo que decirle que manteca en Chile no era lo mismo que la manteca de Argentina, pues aquí se la consigue de la grasa del cerdo.

Y también estaban los largos viajes que Eduardo debía hacer para vender *Las Señales*. Flora nunca dejó que eso la hiciera sentirse desanimada. En los momentos de soledad ella comenzaba con un nuevo proyecto como blanquear una pared, una nueva planta en el jardín, una nueva funda para una silla. Siempre había amigos y miembros de iglesia que visitar y escribir esa fiel carta a su casa paterna diciéndoles todo lo que le interesaba. A Flora le gustaba leer y afortunadamente Eduardo tenía una biblioteca grande. En ocasiones se concentraba tanto en la lectura que no se daba cuenta del paso de las horas.

Cuando era el tiempo en que Eduardo regresara a casa, ella preparaba algún plato especial. Siempre lo recibió con una sonrisa, un beso y un oído listo para oír todo lo relacionado a sus aventuras.

Cuando pudo Eduardo la llevó a la ciudad capital, Santiago, para conocer a su hermana Olga y a su esposo. Más adelante la llevó consigo en un viaje misionero de 600 kilómetros al sur, hasta Pitrufquen, donde vivía no solo su hermano Walter, sino también el tío de Flora, Francisco Westphal, su esposa María y los primos Carlos, Rut y Graciela.

[1] En julio apareció un artículo escrito por Eduardo donde hace un llamado a los jóvenes a dedicarse a la misión: "Más obreros", *La Revista Adventista* 6/7 (1906): 8.

Esos fueron meses muy ocupados, además Flora había cumplido veinte años. Al llegar agosto, el invierno estaba menguando y Flora le dijo a Eduardo que ella sentía como si siempre hubiera vivido en Valparaíso. Y por el amor que habían compartido, no lamentaba el cambio en lo más mínimo.

16 DE AGOSTO DE 1906

E sta fecha fue una que Eduardo y Flora nunca habrían de olvidar. Flora y Eduardo no estaban en ese momento en Valparaíso, se encontraban más al norte, en La Serena. En ese día un terremoto devastador sacudió la ciudad de Valparaíso, pero igual, Eduardo y Flora lo sintieron en el lugar donde estaban.

Flora escribió en *La Revista Adventista* que tuvieron suerte no de estar en Valparaíso. Sintieron fuerte la sacudida, pero no sufrieron daño. Y agregó,

> Ninguna casa se desplomó en este pueblo. Ya había yo sentido tantos de estos temblores que no pensaba que esto iba a ser cosa más seria, pero puedo asegurar que era suficiente para descorazonar al más valiente. Cuando seguía temblando por tanto tiempo la tierra no tardamos en salir fuera de las casas. Una hermana dijo que es cosa extraña a ver cuán pronto todo el mundo olvida de "Mariquita" y sus devocionarios en tales circunstancias y claman a Dios. El primer temblor aquí duraba un minuto y 20 segundos, y el segundo 1,30. Cada día hay uno o dos sacudimientos, más no son

muy fuertes. En 24 horas en Valparaíso se contaron 300 sacudimientos y todos fuertes.[1]

Después comentó que después del terremoto, Eduardo tomó el vapor para Valparaíso. Enseguida se puso a buscar a los hermanos.

La mayor parte de los edificios de la ciudad de Valparaíso quedaron destruidos.[2] Frank Westphal contó en su biografía que,

> Tan pronto como sintieron el temblor, todas las personas que podían hacerlo corrieron descontroladamente a las calles y lugares abiertos, golpeando sus pechos y clamando:—¡Ha llegado el fin!—.

> De miles de labios surgieron ruegos a la Virgen. La mayor parte de los edificios de la ciudad temblaron y cayeron al suelo. Ni siquiera las grandes iglesias, con sus paredes macizas, fueron capaces de soportar esa tremenda sacudida. Miles de personas fueron sepultadas debajo de las ruinas o quemada en el fuego que siguió al terremoto.[3]

La ciudad estuvo en cuarentena por una semana. Había peligro de enfermedades y de hambre. El pastor Francisco Westphal llegó una semana después del terremoto. Su descripción de lo que vio fue:

> Era una escena espantosa: montones de basura en todas direcciones donde una vez hubo calles con casas... Miles quedaron sin hogar, y muchos que habían sido ricos ahora habían quedado sin hogar, sin amigos y sin un centavo.[4]

La llegada de Eduardo a Valparaíso fue unos días antes

---

[1] "Chile", *La Revista Adventista* 6/11 (1906): 2-3.

[2] "El terremoto en Chile", *La Revista Adventista* 6/9 (1906): 8; "Vivimos", *La Revista Adventista* 6/10 (1906): 3; Floyd Greenleaf, *A Land of Hope* (Tatuí, San Pablo: Casa Publicadora Brasileira, 2011), 63-64.

[3] Francisco Westphal, *Hasta el fin del mundo* (Libertador San Martín, Entre Ríos: Universidad Adventista del Plata, 2017), 92.

[4] Ibid., 93.

que el pastor Frank Westphal, ahora el "tío Francisco". Eduardo había estado saliendo y hablando con la gente, evaluando la magnitud de los daños y recogiendo testimonios. Él creía que esta catástrofe podría abrir las mentes para reflexionar sobre Dios y que Dios seguramente aprovecharía bien esos momentos. Su plan era captar toda oportunidad para explicar el significado de tales eventos a la luz de las profecías bíblicas y de las promesas de la pronta venida de Jesús. Su lámpara a kerosene ardió por largas horas mientras escribía y preparaba un número especial de *Las Señales*. Mientras escribía estaba agradecido por muchas razones. El tío Frank escribió:

> Congregamos a nuestra gente para una reunión, y nos regocijamos al descubrir que no faltaba ninguno y que nadie había sido herido. Nuestros equipos de imprenta y las oficinas también habían sido preservados de daños. Pero cuando fuimos a ver el lugar donde habían estado ubicados solo un poco de tiempo antes, en el Pasaje Williams, encontramos que todos los edificios de ese barrio estaban en ruinas. Muchas personas habían sido sepultadas vivas allí. En ese momento, entendimos por qué el Señor había permitido el fuego que nos sacó de allí antes de que viniera el terrible desastre. Si nuestros obreros hubieran estado allí cuando ocurrió el terremoto, algunos de ellos sin duda habrían muerto.[1]

Y Eduardo estaba agradecido por otra razón. Su preciosa Flora, que esperaba su primer niño para febrero, estaba indemne, aunque algo sacudida. Dios los había protegido a ellos y a su pequeño hogar en Valparaíso.

La imprenta de Eduardo era la única en Valparaíso que podía funcionar porque era manual, no impelida por electricidad.

Para los primeros días de septiembre la edición de *Las Señales* estaba lista para la venta. La página exterior tenía encabezamientos y tres ilustraciones. Con fe y oración

---

[1] Ibid., 93.

imprimieron 30.000 copias. Los hermanos agradecidos se comprometieron en vender 500 o 750 copias. Algunos vendieron esas cantidades en un día. El pastor Westphal tomó 10.000 copias para vender. En su libro cuenta:

> Inmediatamente nos pusimos a trabajar para publicar una edición especial de *Las señales de los tiempos*. Hicimos un relato completo del terremoto y destacamos su importancia como una señal de la venida de Cristo. Fue la primera revista que salió en Valparaíso después de la gran calamidad. A mí me tocó llevar un suministro de esta edición al norte del país. Dondequiera que paraba el barco, yo bajaba a tierra y vendía la revista en la calle. Todos estaban ansiosos de recibir una copia, y las revistas se vendían tan rápido como podía entregarlas.
>
> En un lugar, cierto hombre, cuando vio cuán rápidamente se vendía la revista, trató de oponerse a su circulación. Tenía una voz muy poderosa y le dijo a la gente que yo vendía una revista adventista que apoyaba la observancia del sábado como día de descanso semanal. EL sonido de su voz poderosa trajo a la gente corrie3ndo desde sus casas, y cuando escucharon que se vendía una revista que hacía un relato del terremoto, se aseguraban una copia tan rápidamente como podían a pesar de las advertencias del hombre. Pronto nuestra provisión de revistas se acabó, y cuando vimos el interés de la gente, lamentamos no haber traído más.[1]

Eduardo también relató el incidente en el periódico *Review and Herald*:

> Tenemos actualmente una buena prensa de cilindro. Podemos imprimir cuatro páginas de *Las Señales* a una velocidad aproximada de mil por hora. Conseguimos variedad de tipos. Nuestra guillotina es una máquina buena, grande y fuerte, que compramos a la mitad de su precio. Comenzamos la tarea y estoy contento de que tenemos estos equipos. Estoy determinado a ser fiel al Señor y conseguir el mejor rendimiento de la planta impresora. El daño mínimo ocasionado por el

---

[1] Ibid., 94.

terremoto es de 600 dólares. Pero tenemos una buena oportunidad de hacer una obra agresiva. Preparamos números especiales sobre el terremoto e imprimimos unas 30.000 copias de *Las Señales* en Septiembre, 26.000 en octubre, 10.000 en noviembre y 6.000 en diciembre. Muchos de nuestros hermanos se interesaron en la circulación del periódico. El Señor nos bendijo mucho. Un día vendió 740 copias, y por lo general vendo más de cien. El hermano Steele también apoya este trabajo y casi cada domingo sale a vender cien o más. Estamos contentos de que la Asociación General decidió recolectar dos mil dólares para nuestra prensa y evitar así los alquileres y trasladar la imprenta de una casa a otra. También podremos comprar algunas cosas que se necesitan en nuestra imprenta. Nuestra obra prospera aquí. El Señor está añadiendo personas a su iglesia en muchos lugares. Mucho queda por hacer, y necesitamos ayuda para lograrlo. Personalmente perdí muy poco en el terremoto, y todos nuestros hermanos están contentos, agradecidos al Señor por su protección. Nadie sufrió problemas en su salud. Mi esposa y yo estábamos en ese momento un poco más al norte, en Serena, así que no padecimos la sacudida que se sintió en Valparaíso.[1]

Como esta era la primera, y por un tiempo, la única publicación sobre el terremoto en el área, dondequiera la gente estaba ansiosa por obtener una copia. Eduardo iba al puerto cada vez que llegaba un barco y la ofrecía a los pasajeros que llegaban en pequeños botes al puerto. Todavía no había logrado pronunciar la doble R, y cuando gritaba —Noticias del terremoto—, todos escuchaban "tegemoto" en vez de "terremoto". Su éxito en la venta de la revista fue espectacular.

Cierta vez, tres años más tarde, volviendo de un viaje misionero, subió al bote que lo había traído del barco hasta el muelle y se sorprendió al oír que uno de los cargadores le preguntaba a otro: —¿No es ese el tegemooto?—.

---

[1] E. W. Thomann, "Chile", *Review and Herald* 84/16 (April 18, 1907): 17; disponible en http://documents.adventistarchives.org/Periodicals/RH/RH19070418-V84-16.pdf, Internet (consultada el 12 de septiembre de 2017).

Todos los números de *Las Señales* hasta enero de 1907 tenían fotos del gran desastre y hacían aplicaciones bíblicas. Nadie sabe cuántas personas, ansiosas por leer sobre el terremoto, fueron influenciadas por las aplicaciones espirituales que se redactaron a partir de la noticia.

Cuando el editor de *El Mercurio*, el principal periódico de Valparaíso, oyó de las publicaciones de *Las Señales,* preguntó dónde había sido publicado. Cuando lo supo le hizo una visita a Eduardo.

—Señor Thomann, ¿Sería posible que nosotros usemos su prensa para publicar nuestro diario?—.

—Con mucho gusto—, respondió Eduardo, —con la condición que yo pueda usar la suya si yo llegara a necesitarla—.

Como parte de pago se le dio a Eduardo fotos de las ruinas del que fuera una vez el bello puerto de Valparaíso. Estas fotos fueron usadas en los números siguientes de *Las Señales.*

Hay un corolario a la historia del terremoto del 16 de agosto de 1906 que tiene que ser contado. En 1910 se había decidido unificar las imprentas de Chile y Argentina. Las edición de las publicaciones se harían en Argentina. Años después, aproximadamente en abril 1946, cuando Chile cerró sus fronteras a las importaciones de publicaciones extranjeras por cuestiones económicas, el gerente Frank Baer viajó a Chile para ver qué podía hacerse para proveer de libros y revistas para los colportores de la zona. Buscó por toda la ciudad una planta que contara con facilidades fotográficas, para que las publicaciones se pudieran duplicar allí.[1] Había dos imprentas, una en Valparaíso y otra en Santiago, una de ellas pertenecía al diario *El Mercurio*. Baer fue al dueño y publicador con una oración a Dios en

---

[1] "Notas editoriales", *La Revista Adventista* X (Julio 1910): 15-15; John Walton Brown, "A Historical Study of the Seventh-day Adventist Church in South America", 4 vols. (Tesis de Doctorado en Filosofía, University of Southern California, 1953), 2:291-292.

su corazón. Al presentar el problema, la cara del dueño se iluminó dado que estaba contento de permitir a los adventistas usar su prensa fotolitográfica para imprimir sus publicaciones. Cuando el pastor Baer terminó su pedido, el editor respondió,

—Mi papá me contó antes de morir, que si yo alguna vez podía hacer algo para ayudar a los Adventistas del Séptimo Día, que lo hiciera, pues ellos fueron bondadosos cuando tuvimos necesidad después del terremoto—.

Semanas después del terremoto, un día de septiembre de 1906, Eduardo volvió de un viaje por el norte de Chile y encontró a su padre muy enfermo. Durante dos días antes de morir, padre e hijo tuvieron muchas oportunidades de hablar. Entre otras cosas, le dijo a Eduardo:

—No te preocupes por mí, hijo. Mis pecados están perdonados. Estoy en paz para con el Señor—.

El pastor Frank Westphal, el primer pastor adventista en Sudamérica, estuvo con él hasta su último aliento. El pastor le dijo a Eduardo: —Bien podríamos envidiar la paz con que partió—.

Dorita y Cochabamba

En febrero de 1907, Flora y Eduardo tuvieron su primer bebé, Dorita. Una encantadora niña de pelo dorado-rojizo. Ella vino a llenar el hogar con risas y alegría.

Las ventas de los periódicos iban bien, incluso Eduardo cuenta en una carta a Frank Westphal que su hermana Olga vendió varios ejemplares de los números de enero y febrero en pocos días.[1] Había sido su primera experiencia vendiendo periódicos en Valparaíso.

> La hermana Olga T.[homann], en un viaje que hizo a Santiago, vendió en cuatro días y medio más de 240 "Señales"; y también recogió 45 suscripciones, todas anuales excepto dos.[2]

En marzo, otra vez llegó la sugerencia de que la imprenta fuera trasladada a uno de los suburbios de Santiago, a Lo Espejo. Eduardo seguía como editor de las revistas *Las*

---

[1] F. H. Westphal, "The Chile-Bolivian Mission Field", *Review and Herald* 84/25 (June 20, 1907), 17; disponible en http://documents.adventistarchives.org/Periodicals/RH/RH19070620-V84-25.pdf, Internet (consultada el 7 de septiembre de 2017).
[2] "Notas editoriales", *La Revista Adventista* 7/3 (1907): 8.

Señales de los Tiempos y *La Revista Adventista*, pero aún tenía otro sueño que acariciaba en su corazón.

Eduardo siempre había querido volver a Bolivia y al Perú para hacer obra de pionero.

En una carta anterior, Eduardo había sugerido:

En Bolivia deberíamos tener un obrero joven, fuerte y dispuesto, que pueda vender libros como dar estudios bíblicos y predicar. Que además pueda hacerlo con poco presupuesto. Alguien que hable alemán o francés, además de inglés, sería mejor, porque hay muchas nacionalidades en Bolivia. El viaje se realiza allí mayormente a lomo de mula. Y, como el país es tan alto, es frío, y llueve o nieva con frecuencia. Así que alguien que se acostumbre al clima extremo podría realizar mejor la tarea que una persona más delicada.[1]

Por lo tanto, Eduardo pensó que ese era el momento adecuado y presentó su petición en una reunión realizada entre el 29 de marzo y el 7 de abril de 1907.[2] Los dirigentes honraron el pedido y a principios de junio, cuando Dorita tenía solo cuatro meses, la familia comenzó su largo y agotador viaje a Cochabamba, Bolivia.

Su suegro, José Westphal comentó:

Cómo él ha estado antes en ese campo antes, sabe lo que tiene que arrostrar. Él no lo ha elegido porque quiera un campo fácil.[3]

---

[1] E. W. Thomann, "Chile", *Review and Herald* 84/16 (April 18, 1907): 17; disponible en http://documents.adventistarchives.org/Periodicals/RH/RH19070418-V84-16.pdf, Internet (consultada el 12 de septiembre de 2017).

[2] J. W. Westphal, "Apertura de una nueva Misión en el campo de la Conferencia Unión Sudamericana", *La Revista Adventista* VII/6 (Junio, 1907), 5-6; ("The Pioneer Story of South America", *Review and Herald* 103/27 (June 6, 1926), 17, disponible en http://documents.adventistarchives.org/Periodicals/RH/RH1926 0606-V103-27.pdf, Internet (consultada el 7 de septiembre de 2017); Matilda Erickson Andross, *The Story of the Advent Message* (Takoma Park, Washington: Review and Herald Publishing Association, 1926), 294; Floyd Greenleaf, *A Land of Hope* (Tatuí, San Pablo: Casa Publicadora Brasileira, 2011), 94.

[3] J. W. Westphal, "Apertura de una nueva Misión en el campo de la Conferencia Unión Sudamericana", *La Revista Adventista* 7/6 (1907): 5.

Allí los esperaría el misionero Juan Pereira, que estaba allí en ocasión de su tercera visita a Bolivia, para ayudarlo por un poco de tiempo. Fue uno de los primeros en difundir las creencias adventistas en Bolivia hacía ya nueve años. Había sido muy perseguido por los sacerdotes católicos, encarcelado y casi ejecutado, pero pudo salir librado gracias a la intervención de un abogado que seguía interesado en el adventismo. Tanto Juan como Eduardo conocían de los peligros que enfrentaban en ese lugar. Esto mostraba lo que había en el corazón de estos misioneros. Estaban dispuestos a todo por amor al mensaje que difundían. Pero ya en estos momentos, las leyes del país habían cambiado concediendo libertad religiosa. Aunque todavía había que luchar contra el fanatismo instigado por la iglesia popular. Este podía ser el momento en que el Señor estaba abriendo las puertas para sortear mejor algunos obstáculos para el adventismo. Se lo consideraba un lugar difícil para la difusión del evangelio.[1]

Temprano el domingo 25 de mayo en la tarde, salieron de Valparaíso rumbo a Antofagasta. Los compañeros de trabajo y los amigos vinieron a su casa para ayudarles a llevar su equipaje y ver partir a la pequeña familia en el tren. Los adioses en realidad eran hasta luego cuando la locomotora, echando bocanadas de humo, se llevó su carga detrás de sí.

Durante las primeras horas de viaje, muchas veces Flora miraba al océano que tanto le gustaba. Llegaron a Antofagasta el 28 por la mañana. Allí se quedaron dos días. Eduardo contó que tuvo entrevistas sobre cuestiones teológicas con algunos allí.

Tuvimos una entrevista con algunos que rechazando el primer mensaje angelical de Rev [Apocalipsis] 14:6, 7, especialmente aquella parte que dice "La hora de su juicio es venida," pretenden tener un cuarto mensaje.

---

[1] Ibid.; J. W. Westphal, "The Bolivian Mission", *Review and Herald* 84/ 28 (July 11, 1907), 17; disponible en http://documents.adventistarchives.org/Periodicals/RH/RH19070711-V84-28.pdf, Internet (consultada el 7 de septiembre de 2017).

Al parecer ellos no comprenden que el segundo y tercero tienen que seguir al primero para otros era bastante claro que no se puede poner el techo a un edificio antes de poner el fundamento, y colocar los postes o paredes. Así que aunque puede ser que los que rechazan el primer mensaje no hayan sacado provecho de las enseñanzas que traté de darles, para los demás, empero fue de gran provecho y consolación saber que estamos bien fundados.[1]

Partieron de Antofagasta el día 30 de mayo de mañana y el llegaron a Oruro el primer día de junio.

A Flora le gustaba que Eduardo le avisara sobre lo que había más adelante y como sabía que a unos cuatrocientos kilómetros costa arriba, hacia el norte, después de Coquimbo ya no volverían a ver el océano, trataba de grabar las imágenes del mar. Sería otro adiós, otro cambio. El viaje transcurría por momentos rodeados por neblina, y otras veces el sol brillaba y se veía el océano que estaba verde azulado coronado con las crestas blancas de las olas.

Eduardo también le había dicho que en Coquimbo comenzaría el paisaje del desierto de Atacama. Flora nunca había visto un desierto así que prestaba atención a los comentarios de Eduardo. Sus ojos se abrieron ampliamente cuando le dijo que la única humedad que las plantas del desierto recibían eran unos quince a veinte milímetros al año, la que llegaba con la neblina del invierno, o de agua subterránea en algunos pequeños valles.

El paisaje que pasaba frente a la ventana sorprendía a Flora. Sus ojos se deleitaron con el tinte amarillo de la flor del amancay, o con la altura del cactus llamado cardón de la puna, que extendía sus brazos de tres o más metros hacia el cielo. Una vez fue embaucada en su falta de conocimiento de la zona, al pensar que un montículo verde en la distancia era un lugar con vegetación en medio del desierto. Aprendió que la arena había sido teñida por

---

[1] E. W. Thomann, "La Misión Boliviana", *Revista Adventista* 7/8 (1907): 4.

Foto: Estación de Ferrocarril de Antofagasta, Chile.

la oxidación del cobre presente. Así luego se preguntaba si había formas de aprovechar las inmensas extensiones de salitre, que parecía nieve, o de las montañas teñidas de color ocre, herrumbre o gris por la presencia de otros minerales.

Dorita mayormente dormía o comía mientras Eduardo colportaba en el tren con *Las Señales*. Para él no había nada más importante que hablar a otros sobre Cristo y las profecías de la Biblia. Pero junto a él estaban su amada Flora y Dorita. Volvía a menudo a su lado y se sentaba allí contestando las preguntas de Flora, y hablando del interminable desierto y sus colores, y de la casa que pronto tendrían en Cochabamba.

Después de dos días interesantes y dos largas noches llegaron a la estación y taller ferroviario de Baquedano, una bienvenida parada para la pequeña familia, a unos 1.000 metros sobre el nivel del mar. Tuvieron tiempo para lavar pañales y la ropita de la beba y una noche de descanso reparador.

Muy temprano, el miércoles de mañana, refrescados y listos para seguir su viaje, subieron otra vez al tren, esta vez para ir al interior, alejándose de la costa y hacia el norte ascendiendo por los Andes. Pasaron por Chuquicamata y más adelante por las faldas del cerro Palpana de unos 5.900 metros de altura en la frontera con Bolivia. La locomotora los llevaba jadeando cada vez más alto en el desierto entre cerros nevados. Fueron muy afortunados de no encontrar nieve que bloqueara las vías, que era común en el invierno. Muy temprano el jueves de mañana Flora despertó y vio que el sol, con sus rayos todavía muy inclinados, iluminaba una depresión de la cual salían destellos coloridos como si hubiesen millones de diamantes. Lo codeó a Eduardo que todavía dormía y le dijo:

—Está tan blanco y resplandeciente el suelo afuera, Eduardo. ¿Qué es es? Se ve como si fuese un lago—.

—Una vez lo era—, contestó medio dormido. —Es un lago de cristales de sal que se secó. Debemos estar llegando a Uyuni. A esto se lo llama el *Salar de Uyuni*. Se me da que debiera dejar de dormir. Aquí cambiamos de tren por última vez. Esperemos que nuestro tren no esté retrasado porque el tren de Oruro sale a las ocho—.

El tren llegó a tiempo y el trasbordo fue sin problemas. El viaje a Oruro no presentaba grandes cambios de paisaje hasta que llegaron al lago Poopo. Lago en serio, con una extensión de ochenta kilómetros de largo, es el lago más grande dentro de Bolivia. La oscuridad llegó antes de que pudieran ver el fin del lago. Una vez que lo dejaron atrás, solo quedaba un corto trecho a Oruro, a 3.700 metros sobre el nivel del mar. Allí podrían pasar el sábado con un grupo pequeño de creyentes.

Muy pronto llegó el domingo trayendo consigo una nueva experiencia sorprendente. La vía del ferrocarril todavía no estaba terminada. Tendrían que ir a caballo o mula, pero Eduardo encontró el mejor medio de trasporte disponible. Compró pasajes para el viaje de dos días en diligencia.

Pero les costó conseguir los asientos, así que les

tocó esperar doce días hasta que llegó la fecha en que la diligencia los podía llevar a Cochabamba.

En Oruro había varias personas que escucharon de las creencias adventistas por medio de Juan Pereira. Eduardo relató que había tenido varios estudios con ellos.[1]

La diligencia partió el día 13 de junio a eso de las cinco de la mañana. Se cambiaba las mulas en las postas que estaban cada dos horas y media, ocasión en que el cochero se bebía un vaso de cerveza, probablemente para darse el valor de recorrer el camino angosto en las empinadas laderas de las montañas o por el lecho de un río. Mientras se cambiaban las mulas, los pasajeros podían descansar o comer si querían. El día de viaje terminaba a eso de las seis o siete de la tarde. Los caminos, a veces eran aterradores, con largas subidas y bajadas, y siempre llenos de surcos y pozos. Pero con todo, para la segunda noche, los molidos pasajeros llegaban a Cochabamba. Eso fue el 14 de junio de 1907 a la tarde. Era el lugar que habían seleccionado como el centro de su trabajo.[2]

El pastor Fernando Stahl, que más adelante hizo el mismo viaje a Cochabamba, le preguntó a Eduardo si el pueblo había recibido ese nombre porque para llegar la diligencia iba "bam-bam" durante todo el camino.

En Cochabamba los estaba esperando Juan Pereira. Ya había reunido a varias personas para escuchar del mensaje adventista.

Eduardo y Flora buscaron una casa de hospedaje y antes de dormirse agradecieron a Dios por sus cuidados. Después saldrían a buscar una casa para alquilar. Mañana... Esta noche a descansar,... deseando que la cama deje de dar en baches... y piedras... y de balancearse peligrosamente cerca del borde de...

---

[1] E. W. Thomann, "La Misión Boliviana", *Revista Adventista* 7/8 (1907): 4.

[2] Ibid.; E. W. Thomann, "Bolivia", *Review and Herald* 84/50 (December 12, 1907): 18-19; disponible en http://documents.adventistarchives.org/Periodicals/RH/RH19071212-V84-50.pdf, Internet (consultada el 12 de septiembre de 2017).

BOLIVIA, PERÚ Y ARTURO

El antiguo pueblo colonial de Cochabamba está situado en una depresión de los Andes a unos 2.500 metros de altura. Las montañas a su alrededor son de poca vegetación. Esto se debe en parte a la altura y los fuertes vientos, pero también una época de pocas lluvias desde abril hasta noviembre. La temporada de lluvias viene en lo que es en verdad el verano, de noviembre a marzo. El resto del año casi no hay lluvias. Flora y Eduardo llegaron en invierno, la temporada seca. El cielo era de color azul intenso y el sol muy brillante.

El domingo 16, Eduardo salió a buscar una casa para alquilar. Mientras tanto vivían en una pieza en altos subarrendados de una familia alemana. Los frailes católicos solían impedir que los evangélicos pudieran alquilar casas. Así que Eduardo estaba contento de haber conseguido un lugar.

Acomodarse en una casa nueva no toma mucho tiempo si todo lo que uno tiene puede ser empacado en dos baúles y una o dos maletas. Eduardo contó después que consiguieron una casa de tres cuartos y cocina. Tenía un jardín y era el suburbio más saludable de la ciudad. Hacia el fin del año informó que esa elección era importante porque el Señor los había protegido de la enfermedad. Estaban contentos de estar algo fuera de la ciudad, porque había lugares muy poco saludables. Incluso agregó que el año anterior habían ocurrido más muertes que nacimientos.[1]

Lo que más entristeció a Eduardo fue que Juan Pereira no se había enterado que debía permanecer con él, y había planificado un viaje a la pampa de Tarapacá para arreglar algunos asuntos particulares. Anhelaba que pudiera regresar pronto para acompañarlo en la misión en Bolivia.

Así que no pasaron muchos días hasta que Eduardo estaba otra vez en la calle con copias de *Las Señales*. Pero, aunque intentaba distintos modos de presentación, nadie compraba. La verdad era que nadie quería hablar con él. Una noche, con Flora tuvieron una sesión especial de oración.

A la mañana siguiente salió a la calle y fue caminando al correo para ver si había algo para él. No había nada. Golpeado por la adversidad se sentó en las gradas del viejo correo, con el mentón entre las manos y los ojos cerrados a causa de la brillante luz del sol. "¿Qué más quedaba por hacer?", pensó, "bueno, sí, volver a orar". "Señor", comenzó silenciosamente, "seguro que tú vas a abrir alguna puerta para tu palabra, ¿no es cierto?". "Silba", una voz interna le susurró, "Silva con todas tus fuerzas".

Hacía muchos años que silbar había llegado a ser todo un arte de Eduardo. Había tenido muchas horas de práctica mientras tallaba, cepillaba, lijaba en el taller de ebanistería, perfeccionando la emisión de una nota, luego dos y finalmente tres notas a la vez. El tiempo ocupado en esta disciplina solo su ángel guardián podría dar un informe exacto. Y si se les hubiese preguntado a su padre y

---

[1] E. W. Thomann, "Bolivia", *Review and Herald* 84/50 (December 12, 1907): 18-19; disponible en http://documents.adventistarchives.org/Periodicals/RH/RH19071212-V84-50.pdf, Internet (consultada el 12 de septiembre de 2017).

hermanos sobre la cantidad de tiempo que silbaba, habrían respondido: "¡DEMASIADO!"

"¡Silva con todas tus fuerzas!", oyó otra vez esa voz en su mente.

Eduardo abrió los ojos. Un poco más abajo en la calle había un grupo de muchachos jugando al futbol. La gente subía y bajaba por las escaleras alrededor suyo.

"Silba", la voz insistió.

Eduardo levantó el mentón de las manos y las puso sobre sus rodillas. ¿Silbar, en medio de la gente? Bueno sí, por supuesto que silbaría. Arrugó sus labios y comenzó a silbar suavemente la melodía de "Mi Dios me ama".

"¡Con todas tus fuerzas!", volvió a escuchar.

Eduardo se puso de pie y con todas sus fuerzas comenzó a silbar en tres tonos a la vez, mientras iba bajando deliberadamente despacio un escalón a la vez hacia el lugar donde los muchachos estaban jugando. De pronto uno de ellos lo oyó y miró atónito: ¡tres tonos pero salían de un solo hombre!

—¡Oigan!—, les gritó a sus amigos, —¡Vengan, escuchen!—

Los muchachos se reunieron en un grupo a unos metros de distancia prudencial. Eduardo vio su interés. Se detuvo en el escalón donde estaba. Los muchachos se codeaban y hablaban. Él continuó silbando.

De pronto el grupo se deshizo y los muchachos vinieron hacia él. En un momento todo el grupo estaba en las gradas mirándolo curiosamente y haciendo ademanes entre ellos.

Eduardo terminó el canto y miró a sus jóvenes admiradores. Eran de unos ocho a doce años de edad, calculó.

Sonrió. —¡Hola!, ¿Les gusta cómo silbo?— les preguntó.

—Sí, señor—, contestó uno de los más intrépidos. —¿Puede enseñarnos a silbar de esa forma?—.

Eduardo todavía se preguntaba cómo esto podría despertar interés en Cochabamba por la revista *Las Señales.*
—Por supuesto, será un placer—, contestó.

Acordaron una hora: cada tarde a las tres, y escogieron el lugar: allí mismo, en los escalones frente al correo.

Cada día estuvieron allí junto a Eduardo. Aprendieron a silbar la melodía de "Mi Dios me ama". A algunos de los muchachos les enseñó el contralto y a otros un acompañamiento. Luego con una oración, escogió a algunos y les enseñó la letra:

Mi Dios me ama,
Coro: Y lo repetiré
Él me ha salvado;
Mi Dios me ama
Mi Dios me ama,
Mi Dios me ama
Él me ama a mí.
El me ama a mí

Poco a poco les enseñó a silbar y cantar otros cantos sobre Jesús y su amor.

Cierto día un papá vino con su hijo. El siguiente día hubo varias madres.

—Queríamos saludar al hombre que les enseña estos bellos cantos a nuestros hijos—, le explicaron. La atmósfera en Cochabamba estaba cambiando. El siguiente año, después de varios meses de labor, siete personas habían dado sus corazones a Dios y respondido a su llamado. Durante esos meses Eduardo había tomado ochenta suscripciones a *Las Señales* y había vendido 1.500 copias.

Preciosos frutos por obedecer la orden: "Silba, con todas tus fuerzas".

Lo que más preocupaba a Eduardo era ayudar a la gente a entender y leer por sí mismos:

A medida que haya convertidos que hablan los idiomas

quechua y aimará, me empeñaré en instruirlos cuanto pueda para que les lleven el mensaje a los indígenas. Para facilitar esto me he propuesto dar a luz una hojita en quechua, mediante un aparato ciclográfico, el cual me permite sacar muchas copias de un solo escrito.[1]

Lo más interesante es que Eduardo y Flora estaban de buen ánimo y con buena salud.[2]

Eduardo relata en qué forma ocupaba su tiempo para fines de ese año,

Gran parte de mi tiempo lo dedico a preparar el periódico en español para Valparaíso, pero puedo dedicar un poco más de medio tiempo a la obra agresiva en el campo. He colportado el área comercial de la ciudad con *Las Señales*, y conseguí 80 suscripciones anuales y vendí doscientas copias sueltas. Cómo no he recibido ningún libro, solo pude vender dos Biblias, dos copias de *El camino a Cristo*, y una de *Lecciones prácticas del gran Maestro*, y unos pocos folletos además de los periódicos. Varias personas vienen los domingos a la tarde a estudiar con nosotros la Biblia, y algunos están empezando a guardar el sábado. Pero la gente aquí es muy lenta, les toma mucho tiempo decidirse. El ministro Bautista está haciendo todo lo que puede para impedir que reciban la luz de la verdad presente, pero es evidente que la verdad está ganando terreno. Tres de los que vienen a estudiar se maravillan de que su pastor nunca les explicó nada de las profecías, las que son muy importantes. Están constantemente alimentando las evidencias bíblicas que se les dan en favor del mensaje del tercer ángel. Oro y espero que algunos de ellos se decidan completamente por la verdad. Otros son católicos. Algunos nunca han tenido, o siquiera visto, una Biblia antes, pero dan testimonio de que les gusta nuestra forma de obedecer los mandamientos del Señor. Un abogado que viajó con nosotros desde Ormo, nos dijo: "los sacerdotes católicos dicen y no hacen; pero usted

[1] E. W. Thomann, "La Misión Boliviana", *Revista Adventista* 7/8 (1907): 5.

[2] Ibid. Eduardo informó que su dirección postal era: Misión Boliviana de los Adventistas del Séptimo Día, Casilla n.º 7, Cochabamba, Bolivia (Ibid.).

hace lo que dice". Compró una copia de *El camino a Cristo* y le gusta mucho. En Quillacollo, una ciudad a unos diez kilómetros de Cochabamba, hay dos familias que han estado interesadas en la verdad por ocho años. Después de eso, el padre de la familia me pregunto si podía hablarles sobre el sábado. Lo hice al día siguiente, y posteriormente me dijo que prepararían la comida el viernes para el sábado. Esto muestra que sus corazones son susceptibles a la influencia de la verdad. Pero antes de que puedan bautizarse, deben superar el hábito del tabaco y los hábitos incorrectos en la comida. El padre habló de bautismo, pero prefiero esperar hasta que hayan dejado todas las cosas que un cristiano debiera dejar. Este hermano, con su esposa y su hija mayor, tradujo los borradores para el primer periódico en Quechua que queremos publicar. Compré una máquina de escribir duplicadora [parecida a una copiadora esténcil] y un aparato copiador con los cuales espero producir literatura en los idiomas indígenas de Bolivia. Los indígenas que no comprenden español no pueden leer. Pero casi todas las personas que hablan español conocen el idioma nativo y pueden leerles a ellos. Y si hay algo para leer en esos idiomas, llamará más la atención. Estamos aprendiendo el idioma Quéchua, pero pasará un tiempo hasta que podamos hablarlo lo suficiente como para predicar el evangelio. Así que nuestra tarea se encuentra mayormente entre quienes hablan español.[1]

Eduardo seguía interesado en difundir el mensaje por escrito en el idioma de la gente. Esto es bien evidente en su carta. Español, Quechua, Aimara, grandes desafíos. Estos sueños eran muy caros para él. Dedicaba todo su esfuerzo para lograrlo. Con todo, no hay que olvidar que Eduardo y su esposa eran los únicos misioneros en ese momento en Bolivia.[2] No obstante, después de dejar ese territorio,

---

[1] E. W. Thomann, "Bolivia", *Review and Herald* 84/50 (December 12, 1907): 18-19; disponible en http://documents.adventistarchives.org/Periodicals/RH/RH19071212-V84-50.pdf, Internet (consultada el 12 de septiembre de 2017).

[2] M. Ellsworth Olsen, *A History of the Origin and Progress of Seventh-Day Adventists*, 2.ª ed. (Washington, D. C.: Review and Herald Publishing Association, 1926), 576-577; Floyd Greenleaf, *A Land of Hope* (Tatuí, San Pablo: Casa Publicadora Brasileira, 2011), 118.

se contaba que sus esfuerzos permitieron que algunos indios aimaras aceptaran las creencias adventistas porque un maestro de su pueblo había leído literatura adventista durante un viaje por la costa.[1]

De Cochabamba, los viajes de Eduardo como director de la Misión Boliviana, lo llevaron a otras ciudades. Visitó Oruro, donde se quedó por ocho días. En esos ocho días aseguró 172 suscripciones a *Las Señales* y vendió 607 copias sueltas, folletos y libros pequeños. En los siguientes días las suscripciones aumentaron a 210 y Eduardo se propuso lograr 250 antes de irse. La preocupación de Eduardo era que más de la mitad de la población no sabía leer. Por eso era difícil poder vender más.[2] Cada mañana a las seis y media iba a la estación del ferrocarril y ofrecía a los viajeros libros, tratados y revistas.

Durante diciembre estuvo visitando Quillacollo con su familia. Fueron recibidos por dos familias de creyentes que vivían ahí. Allí conoció a un joven que se interesó en las reuniones adventistas y que estudiaba en la Universidad de Cochabamba. Su interés lo llevó a decidir pedir permiso a su padre para hace un viaje a Oruro como misionero. Eduardo pensaba que si este joven se entregaba al servicio de Dios sería de gran ayuda. Tenía una educación regular y, además del castellano, hablaba quechua y tenía nociones del inglés. Con este conocimiento podía leer libros que no había en castellano y difundir las creencias adventistas en idioma quechua para los que solo hablaban ese idioma.[3]

A fines de 1907, como representante de la Misión Boliviana, Eduardo fue elegido para participar como de-

[1] "Review of Beginnings in South America", *South American Bulletin* IV/2 (March, 1928), 2. Disponible en http://documents.adventistarchives.org/Periodicals/SAB/SAB19280301-V04-03.pdf, Internet (consultada el 13 de septiembre de 2017).

[2] "Mission Notes", *Review and Herald* 85/9 (February 27, 1908), 17; disponible en http://documents.adventistarchives.org/Periodicals/RH/RH19080227-V85-09.pdf, Internet (consultada el 7 de septiembre de 2017).

[3] E. W. Thomann, "Misión Boliviana", *La Revista Adventista* 8/1 (1908): 4.

legado de la Conferencia Unión Sudamericana del año siguiente.[1]

Antes de partir para Argentina, donde se realizaría esa reunión, tuvo que viajar a Chile. Hay que tener en cuenta que Eduardo era uno de los tres ministros que conformaban la Misión Chileno-Boliviana dirigida por Frank Westphal. Eso hacía que formara parte de su junta.

Pero antes de viajar, hizo un último recorrido visitando algunos lugares. La última noche que estuvo en Cochabamba tuvo una reunión con los interesados del lugar. Veamos cómo relata él mismo ese momento:

> La última noche que estuve en Cochabamba, pregunté a los que asistieron al culto: ¿Qué debiera yo contestar si en los lugares a donde iba se me preguntaba, cuándos habían aceptado la verdad presente en Cochabamba?
>
> Uno se puso en pie, y dijo que él con buena gana guardaría los mandamientos de Dios, pero que no se consideraba con las fuerzas necesarias para hacerlo por sí mismo.[2]

Eduardo se dio cuenta de que en ese lugar era importante que la decisión fuera colectiva o grupal.

> Entonces le hice la pregunta de la manera siguiente: ¿Cuántos hay aquí que con la ayuda de Cristo (Fil. 4:13) se proponen guardar fielmente los mandamientos de Dios? Pónganse de pie los que están resueltos.
>
> Como respuesta se pusieron en pie seis. Hay una persona más que también está resuelta, pero estaba ausente aquella noche. Con ella serían siete los que ya se han declarado por la verdad.
>
> Quiera el Señor mantenerlos firmes y fieles hasta el fin (Mat. 24:14) para que ningún viento de falsedades les pueda apartar de la verdad salvadora. Efesios 4:14.[3]

---

[1] N. Z. Town, "Acuerdos tomados por el comité del C.U.S.A. en Gualeguay, Argentina, octubre 25-29 de 1907", *La Revista Adventista* 7/12 (1907): 7.

[2] E. W. Thomann, "Misión Boliviana", *La Revista Adventista* 8/2 (1908): 12.

[3] Ibid.

Después fue a colportar unos ocho días a Oruro. Estaba feliz por el éxito que tuvo vendiendo varios libros y suscripciones a revistas. Sentía que estaba colaborando con el Espíritu de Dios para que pudiera hacer su trabajo en el corazón de muchas personas.[1] Pero lo entristecían los noticias de Chile, que varios que estaban dedicados al colportaje habían abandonado la tarea para dedicarse a otros negocios. Esto hizo que escribiera sus reflexiones en *La Revista Adventista* apelando nuevamente a que muchos se dedicaran a la misión de Dios.[2]

Su informe final desde que comenzó su misión en Bolivia, el 1 de julio hasta fin de año, fue que tuvo empezar de nuevo la obra en ese país. Colportaba medio tiempo, tenía reuniones. Pasó dos meses en Cochabamba, donde había siete interesados, y dos meses en Quillacollo con dos familias de interesados. Después expresó en números su actividad.

Obreros en el campo	1
Miembros de iglesias	2
Sermones predicados durante el semestre	29
Estudios bíblicos tenidos	86
Visitas hechas	77
Páginas de literatura regaladas	11.560
Suscripciones a periódicos tomadas	385
Periódicos vendidos	1.387
Libros y tratados vendidos	$ 41,44
Ofrendas recibidas	$ 2,26
Diezmos recibidos	$ 42,69
Total de dinero recibido en el campo	$oro 296,51[3]

Finalmente, estando en Oruro, Eduardo esperó a que llegara Flora y su pequeña que estaban en Cochabamba. Tuvo que apurarse antes de que los ríos hicieran más peligroso el trayecto. Llegó a tiempo a pesar de sufrir el cansancio y las lluvias del viaje. Mientras estuvieron en

---

[1] Ibid., 12-13.

[2] E. W. Th., "¿Quién desfallece?", *La Revista Adventista* 8/3 (1908): 18.

[3] E. W. Thomann, "Misión Boliviana", *La Revista Adventista* 8/3 (1908): 20.

Oruro, alguien los hospedó gratuitamente, dándoles una pieza y ayudándolos con otras cosas. Juntos como familia emprendieron viaje a Santiago, Chile. Eduardo deseaba llegar antes de las reuniones para dedicarse a dejar todo listo y por adelantado su trabajo editorial. Era previsor. Sabía que estaría ocupado varios días con las reuniones en Chile y Argentina.[1]

La empresa de ferrocarril dio pasaje libre a Eduardo y su familia de Oruro a Antofagasta, Chile. Durante el trayecto, Eduardo aprovechó a colportar en el tren y las estaciones donde paraba el tren. Su deseo por descansar era mucho, pero sus anhelos por difundir el mensaje eran más. "Era una lucha entre el deber y la comodidad". En la parada en Uyuni, salió a colportar hasta las 10 de noche. Y en Calama recién pudo desocuparse para salir a colportar a las 10:30 de la noche. Lo hizo por una hora. Pudo vender varios libros y tomar suscripciones a la revista.[2]

En Antofagasta se encontraron con su hermano Walter y visitaron juntos algunos creyentes interesados. De Antofagasta tomaron el vapor que los llevaría a Santiago. A bordo del vapor también estuvo ocupado colportando con periódicos y libros *El conflicto de los siglos*. El barco hizo escala en Taltal. Allí quisieron visitar al hermano Villagra pero estaba ausente, así que pudo colportar y vendió algunos libros y revistas.

Cuando llegaron a Valparaíso, aprovecharon a visitar a Olga, la hermana de Eduardo. Estaba colportando animada en ese lugar. Eduardo comentó:

> Olga sigue colportando sin desanimarse, probando así que aun las mujeres pueden hacer propaganda y al mismo tiempo autosostenerse.[3]

Durante el trayecto en tren hasta Santiago, le informa-

---

[1] Ibid., 19-20.

[2] Ibid.

[3] Ibid., 20.

ron que no podía vender nada en el tren. Pero Eduardo aprovechó a bajarse en las estaciones y vender algo allí. La gente le compraba ejemplares desde las ventanas de sus carros. Logró recuperar más que lo que le costó el pasaje en tren y el flete por sus bultos.

El viaje desde Oruro, Bolivia, a Santiago, Chile, duró ocho días.[1]

Las reuniones en Chile eran del 21 al 28 de febrero de 1908, en Santiago, Chile.[2] Fue un momento de encuentro familiar. El padre de Flora estuvo también presente como presidente de la Misión Unión Sudamericana. Por supuesto también la familia de su tío Frank, quien era el presidente de la Asociación Chilena. También toda la familia de Eduardo. Allí estaban su hermano Víctor como pastor de la Asociación Chilena, su hermana Olga (Thomann de Fernández), que había enviudado entre 1904 y 1905,[3] recibió credencial misionera por su trabajo en la misión, y su hermano Walter una licencia como colportor. ¡Qué hermoso era estar todos como familia regocijándose en la fe e impulsando activamente su difusión![4]

El viaje a Argentina fue para continuar con las reuniones de las sesiones de la Conferencia Unión Sudamericana en Camarero, Entre Ríos, desde el 7 al 21 de marzo. Salieron el 25 de febrero acompañados del pastor Nelson Z. Town y el padre de Flora, José Westphal, y llegaron el 28 de febrero. Una semana antes del evento. Había que descansar un poco y reponerse después de tanto viaje. Flora estaba feliz.

---

[1] Ibid.

[2] "Notas Editoriales: Aviso", *La Revista Adventista* 7/12 (1907): 8.

[3] Olga enviudó y se trasladó en 1905 con su hijo, A. Fernández, a Entre Ríos. Su propósito era que pudiera estudiar en el colegio adventista que hacía unos años funcionaba allí ("Varias noticias", *Revista Adventista* 5/3 [marzo 1905]: 8). Regresó a Chile para fines de 1906, donde trabaja colportando activamente ("Notas editoriales", *Revista Adventista* 7/3 [marzo 1907]: 8).

[4] N. Z. Town, "Annual Meeting in Chile", *Review and Herald* 85/23 (June 4, 1908): 13; disponible en http://documents.adventistarchives.org/Periodicals/RH/RH19080604-V85-23.pdf, Internet (consultada el 12 de septiembre de 2017); "Conferencia Chilena", *La Revista Adventista* 8/4 (1908): 35-36.

¡Podría participar de otra ocasión feliz de reunión familiar! Sobre todo, con la familia de Flora.

Durante esas sesiones, Eduardo estuvo participando activamente como parte de la comisión de recomendaciones y con sus consejos en las sesiones. Tuvo el privilegio de participar de la ceremonia de dedicación del Colegio Adventista del Plata, Camarero, Entre Ríos, realizada el 17 de marzo de 1908, a las 9 de la mañana con varias actividades y el mismo día a las tres de la tarde dio inicio a la dedicación propiamente dicha. Las autoridades querían dedicar los edificios y todo el predio del colegio a Dios aprovechando la presencia de delegados de ocho países del continente.[1] Fue interesante para Eduardo escuchar cantar en diferentes idiomas a los creyentes reunidos. Los coros cantaban en inglés, alemán y español.

Durante las sesiones de la Conferencia Unión Sudamericana se votaron decisiones que afectaban a Eduardo. Por ejemplo, extender las páginas de *La Revista Adventista* a 16; ser miembro de la Comisión de Publicaciones en español; miembro de la junta de la Misión de la Costa Occidental; se decide juntar una ofrenda de todas las escuelas sabáticas para apoyar la obra entre los indígenas de Bolivia, Perú y Ecuador; y en la última sesión del 20 de marzo, se decidió que Walter, el hermano de Eduardo, se trasladara a Bolivia para trabajar como colportor y asistir a su hermano en ese lugar. Eduardo continuaría siendo el encargado de la misión en el lugar.[2]

Eduardo estaba logrando apoyo. Ya estaba junto con él el colportor J. S. Pereira[3] y se le sumaba su hermano Walter.

---

[1] E. W. Thomann, "La dedicación del Colegio Adventista del Plata", *La Revista Adventista* 8/4 (1908): 27-29.

[2] N. Z. Town, "Conferencia Unión Sud Americana", *La Revista Adventista* 8/4 (1908): 29-35; J. W. Westphal, "The South American Unión Conference", *Review and Herald* 85/24 (June 11, 1908): 13; disponible en http://documents.adventistarchives.org/Periodicals/RH/RH19080611-V85-24.pdf, Internet (consultada el 12 de septiembre de 2017).

[3] *1908 Year Book of the Seventh-day Adventist Denomination* (Takoma Park, Washington: Review and Herald Publishing Association, 1908?), 124, 156, 169,

Todas las noticias que Eduardo y Flora recibieron en el congreso de Chile y otros lugares les hacían mucho bien. Se habían sentido muy lejos y bastante solos en Bolivia. Sobre todo porque en el primer verano que pasaron en ese lugar, los meses de enero a marzo, los jóvenes estudiantes y que asistían a los cultos en Cochabamba, se habían ido a trabajar al campo. Pero los bautistas y otros más solían venir regularmente a las reuniones que tenían. Al respecto, Eduardo describía la situación con las personas de ese lugar,

> Varios han dado testimonio de que están persuadidos de la verdad. Pero aquí la gente es todavía algo despaciosa para decidir. Parece que ninguno se atreve a ser el primero. Mas, una cosa es segura, a saber, que si los primeros que conocen la verdad, no la abrazan del todo, vendrán otros y les ganarán la delantera.[1]

Además había recibido noticias de que Juan Pereira recién volvería a Cochabamba en febrero o marzo. Había estado colportando en Capinota, Bolivia.[2] Realmente su corazón anhelaba tener compañía de otros misioneros. Hasta ahora había tenido que trabajar solo "aunque no muy solo, porque el Señor ha sido conmigo".[3]

Llegó el momento de regresar después de tantas reuniones con amigos y familiares en Chile y Argentina. El 4 de mayo de 1908 empezaron el viaje nuevamente hacia Bolivia. La compañía de ferrocarril les volvió a dar pasaje gratuito. ¡Qué hermoso fue disfrutar de lindos paisajes en el viaje de Buenos Aires a Valparaíso! El sol otoñal les permitió observar la naturaleza y el paisaje. La cordillera ese año estaba con menos nieve que antes. Como era costumbre, Eduardo vendió periódicos durante el trayecto.

202; disponible en http://documents.adventistarchives.org/Yearbooks/YB1907.pdf, Internet (consultada el 8 de septiembre de 2017).

[1] E. W. Thomann, "Misión Boliviana", *La Revista Adventista* 8/1 (1908): 4.

[2] E. W. Thomann, "Misión Boliviana", *La Revista Adventista* 8/2 (1908): 12.

[3] Ibid.

Después tomaron el vapor de Valparaíso a Antofagasta, y aunque no había muchos pasajeros, igual Eduardo pudo dejar algunos periódicos. En particular recuerda que una persona que hablaba alemán le compró periódicos en tres idiomas, alemán, castellano e italiano. El último trayecto de Antofagasta a Bolivia también pudo vender. Llegaron a Oruro y tuvieron que esperar hasta el domingo 10 de mayo para seguir hasta Cochabamba.[1] Llegaron al día siguiente.

Eduardo se lamentaba que no pudo ver a su hermano Walter porque andaba colportando en el interior de Chile, pero estaba feliz de que pronto se uniría con ellos en la misión de Bolivia.[2]

Apenas Eduardo y Flora llegaron a Cochabamba comenzaron a tener reuniones. Organizaron una semana de oración del 16 al 23 de mayo. Aunque no hubo mucha asistencia, igualmente fueron sembrando una semilla en el lugar.[3]

En este año aún Eduardo siguió teniendo responsabilidades como editor. *La Revista Adventista* había comenzado a publicarse en Buenos Aires, Argentina, y Eduardo colaboraba como editor asistente ya que el editor a cargo era Arthur Fulton. También seguía como editor de *Las Señales de los Tiempos* junto con W. Steele. Así que también seguía ocupado como editor de dos casas editoriales. La de Chile y la de Argentina.[4] Esto fue hasta que finalmente se decidió

---

[1] E. W. Thomann, "Misión Boliviana", *La Revista Adventista* 8/7 (1908): 61.

[2] Ibid.

[3] E. W. Thomann, "Misión Boliviana", *La Revista Adventista* 8/8 (1908): 75.

[4] *1907 Year Book of the Seventh-day Adventist Denomination* (Takoma Park, Washington: Review and Herald Publishing Association, 1907?), 96, 119, 132, 164; disponible en http://documents.adventistarchives.org/Yearbooks/YB1907. pdf, Internet (consultada el 8 de septiembre de 2017); *1908 Year Book of the Seventh-day Adventist Denomination* (Takoma Park, Washington: Review and Herald Publishing Association, 1908?), 124, 156, 169, 202; disponible en http:// documents.adventistarchives.org/Yearbooks/YB1907.pdf, Internet (consultada el 8 de septiembre de 2017); *1909 Year Book of the Seventh-day Adventist Denomination* (Takoma Park, Washington: Review and Herald Publishing Association, 1909?), 124, 125, 127, 162, 174; disponible en http://documents. adventistarchives.org/Yearbooks/YB1909.pdf, Internet (consultada el 13 de

que las dos imprentas se unieran y tuvieran su ubicación en Buenos Aires.

En junio de 1908 nació el segundo hijo de Eduardo y Flora, un muchacho a quien llamaron Arturo,[1] recordando al querido hermano de Flora que habían dejado en Camarero. Los niños eran fuente constante de compañía para Flora, quien, a menudo se hallaba sola. El regreso a casa de Eduardo era motivo de un festejo especial en la familia.

A Eduardo y Flora les gustaba tener amistad con sus vecinos. Solían visitarlos personas que eran docentes de la universidad de la ciudad que tenían interés en conocer sobre el adventismo y también un vecino abogado al que le prestó algunos libros y folletos porque deseaba estudiar la Biblia.[2]

Las responsabilidades de Eduardo hacían que tuviera que viajar mucho, no solo dentro de Bolivia, sino a Chile, Argentina, e incluso Perú.

El 19 de agosto de 1908 partió acompañado por dos personas más a Quillacollo. Uno de ellos lo ayudó con la venta de revistas y el otro aprovechó a visitar conocidos. En ese lugar, un fraile quiso debatir en privado con Eduardo, pero no quería que fuera con la Biblia. Eduardo no quiso aceptar en esas condiciones. Quiso que fuera público el debate y que si desconfiaba de su Biblia que le prestara la suya. Fue así que el fraile convino en debatir. A la hora convenida, se juntó un buen número de personas, pero el fraile dijo que el obispo le había prohibido debatir con los

---

septiembre de 2017). Recibía correspondencia en Casilla 7, Cochabamba, Bolivia (Ibid.).

[1] Con el tiempo Arturo iría a estudiar al Colegio Adventista del Plata. Allí terminó sus estudios primarios, secundarios y superiores. Desde su segundo año de la secundaria, formó parte de la comisión que inició el anuario de la institución *La Voz del Colegio*, en 1923 y continuó hasta 1929. En un número que registra eventos históricos se lo llamó el "primer canillita de *La Voz*". La revista tenía dos tiradas mensuales (Juan Carlos Olmedo, "La Voz ya es Historia", *La Voz*, 1972, 11).

[2] E. W. Thomann, "Misión Boliviana", *La Revista Adventista* 8/10 (1908): 99-100.

evangelistas y que no se presentaría. Las dos noches que estuvo en Quillacollo tuvo reuniones interesantes.[1]

Varias veces Eduardo fue a la Paz, la capital de Bolivia. Al igual que Cochabamba, está edificada en una depresión, pero a 3.400 metros de elevación. Allí, por donde iba, Eduardo sembraba la semilla del evangelio esperando que algún día produjese una cosecha abundante. Cuando volvía a casa le contaba a Flora sus experiencias y el poder del evangelio. También les contaba de lo que había visto: el maravilloso cerro Illimani que a unos 30 kilómetros decora el horizonte de La Paz con sus 6.700 metros de altura; también del lago Titicaca, el lago navegable más alto del mundo. El 16 de septiembre de 1908, Eduardo hizo su primer viaje, que cruza la frontera en el lago, hacia Perú navegando hasta Puno.

La primera parte de este viaje lo hizo en tren desde La Paz a Guaqui, en la costa sur del lago. En Guaqui se embarcó en el famoso vapor llamado "El Inca". Este barco había sido fabricado en piezas pequeñas en Gran Bretaña, empaquetado en cajas y transportado por mar hasta el puerto de Mollendo, Perú. Luego por tren hasta Arequipa y luego a lomo de mula hasta Puno y armado allí a orillas del Titicaca. Eduardo recordaba todo esto cuando se embarcó. Era un viaje de unos 260 kilómetros hasta Puno, en el lado occidental del lago. Era un viaje largo, parte hecho de noche, pero durante el día no encontraba nada

notable que admirar. El Inca navegó a través de las aguas azules y en las costas solo se veían cerros monótonamente áridos. Fue un alivio ver aparecer Puno. En las cercanías se veían campos con cultivos verdes, que le dijeron que eran campos de papas; también había parcelas con plantas de color morado, que producen la quinua o amaranto. Había rebaños de llamas y guanacos cuidados por sus dueños.

Al acercarse el barco al muelle, Eduardo vio a gente

---

[1] E. W. Thomann, "Bolivia", *La Revista Adventista* 8/11 (1908): 111-112.

Foto del vapor El Inca.[1]

que esperaba para recibir a sus amados y amigos. Pero sabía que nadie estaría esperándolo a él. No había adventistas en Puno. Mientras esperaba su turno para desembarcar, pensó que él quisiera cambiar eso.

Temprano el día siguiente Eduardo ya estaba en la calle. Tenía copias de *Las Señales* para vender, pero lo que en verdad quería era tomar suscripciones. Trabajó por varios días, logrando uno o dos suscripciones por día. Entre sus suscriptores se contaban el prefecto del departamento (en Argentina es lo mismo que el Gobernador y, en Chile, el Intendente de una provincia), varios de los que trabajaban en los ministerios y militares. Incluso uno se suscribió de parte del presidente de la república. Eduardo no se desanimaba ante la poca venta. Su idea era perseverar pues el Señor haría su obra.[2]

Notó que una nube que tapara el sol podía bajar la temperatura varios grados. También observó que en las veredas que permanecían en la sobra de las casas el hielo nunca se derretía, mientras que si caminaba en la vereda soleada el tener puesto un saco le hacía transpirar. Le tocó aprender a caminar más lentamente porque estaba a una altura de 3.800 metros sobre el nivel del mar.

---

[1] Foto obtenida de Christian Nonis, "Embarcaciones Históricas", *Perú Titicaca,* disponible en http://www.titicaca-peru.com/?c=pagina&m= ver&p=titicaca/ embarcaciones&idioma=es; Internet (consultada el 12 de diciembre de 2017).

[2] E. W. Thomann, "Bolivia", *La Revista Adventista* 8/12 (1908): 121-122.

Un hombre que era suscriptor de *Las Señales* desde la visita anterior de Eduardo unos años atrás, ofreció abrir su casa para tener reuniones. Así Eduardo realizó una serie de reuniones que tuvieron una buena asistencia. El dueño de la casa también habló con un jefe aborigen y maestro llamado Camacho, quien había abrazado el mensaje al leer el periódico y lo compartió a su tribu y sus vecinos.

Cuando llegó el día del regreso de Eduardo a Guaqui, hubo amigos que lo fueron a despedir. Algunos ya habían comenzado a guardar el sábado. Este fue el núcleo que estaría esperando al pastor Stahl, a quien se consideró el apóstol de los Incas, cuando inició sus actividades en la segunda mitad del año 1909.

—*Las Señales* estarán llegando cada mes—, les prometió Eduardo. —Y pronto vendrá un pastor adventista. Sean fieles—, fueron sus palabras de despedida.

Eduardo compartió en la *Review and Herald* algunas ideas sobre las necesidades de Bolivia y apelaba a misioneros para este lugar dando ideas de algunos emprendimientos que se podían realizar para los que pudieran venir como misioneros de sostén propio:

> Considerando las necesidades y las condiciones de la obra evangélica en Bolivia, llegué a la conclusión de que si alguien de nuestros fieles hermanos en los Estados Unidos, que han aprendido a negociar pudieran venir a este campo oscuro y descuidado, podrían lograr que la luz del mensaje de los tres ángeles brillaran mientras al mismo tiempo ganan un moderado ingreso al trabajar en sus negocios. Por ejemplo, si tres jóvenes que supieran cómo hacer escobas vinieran, podrían ubicarse, uno en La Paz, otro en Sucre, y otro en Cochabamba —tres de las ciudades principales— y podrían fabricar y vender tantas escobas como necesiten para mantenerse a sí mismos, y también dar estudios bíblicos, distribuir literatura, etc., y servir como respaldo a los grupos de creyentes que se podrían reunir. Las escobas se importan de Estados Unidos y de Chile. Podrían traer las semillas para hacer el maíz

que sirve para escoba, plantarlo, y hacer la tarea de un fabricante de escobas desde sus inicios. No tendrán un gran capital de esto, pero suficiente para obtener para sí y los nuevos creyentes algo que pueda serles útil, un ingreso modesto. Estaré feliz de brindar toda la información necesaria sobre el país y las condiciones, a personas que desearan venir a trabajar de esa forma en Bolivia. Espero que haya tales. Un mecánico también puede hacer una espléndida tarea aquí, si pudiera ir de pueblo en pueblo reparando máquinas de coser, etc., y al mismo tiempo ofrecer literatura a aquellos que puedan leer, y también libros. Los zapateros, o mejor dicho, reparadores, que sepan cómo usar el cuero y pegarlo como el que se fabrica y usa en los Estados Unidos, podría tener trabajo para las mejores personas de las ciudades y tener muchas oportunidades para diseminar la verdad. Hay muchos zapateros aquí, pero la mayoría de ellos hacen un trabajo común, y tanto como sé, no hay ninguno que sepa usar pegamento y ni siquiera saben cómo remendar zapatos. Como los Testimonios están mostrando que nuestro pueblo en Estados Unidos deben salir por el mundo, yendo a lugares donde no hay adventistas, creo que unos pocos serían sabios en venir a Bolivia. No quiero decir que harán mucho dinero, o tanto como en los Estados Unidos al trabajar en sus emprendimientos de negocios, pero al menos podrán sostenerse a sí mismo y, además, podrían ser testigos del verdadero evangelio, y eso es lo que el Señor requiere de todos nosotros.[1]

Los insistentes ruegos de Eduardo pronto tendrían respuesta.

El 9 de noviembre de 1908 escribió desde Cochabamba, Bolivia, que había recibido una carta de alguien que había leído su artículo en la revista en inglés y que había sentido el llamado para ir a trabajar a Bolivia. Eduardo estaba

---

[1] E. W. Thomann, "Self-Supporting Missionaries for Bolivia", *Review and Herald* 85/32 (August 6, 1908), 16; disponible en http://documents.adventistarchives. org/Periodicals/RH/RH19080806-V85-32.pdf, Internet (consultada el 7 de septiembre de 2017)

contento y esperanzado de que se concretara. Manifestó su deseo de que varios en otros lugares también respondieran.[1]

Uno de los últimos sábados de ese año de 1908, el día 19, mientras el grupo de creyentes en Cochabamba estaba cantando un último himno antes de terminar la reunión, un caballero anciano se acercó y se sentó delante de la ventana. El hombre había quedado impresionado por el canto porque lo había hecho pensar en Dios. Eduardo le dio una revista de *Las Señales* y le prestó *El camino a Cristo.* Eduardo siempre estaba atento al interés suscitado en las personas a su alrededor por conocer más de Cristo.[2]

---

[1] E. W. Thomann, "Bolivia", *La Revista Adventista* 9/1 (1909): 11.
[2] E. W. Thomann, "Bolivia", *La Revista Adventista* 9/3 (1909): 10.

1909, UN AÑO LLENO DE NUEVOS DESAFÍOS

Muchos desafíos aguardaban a Eduardo y su familia este año. Algunas noticias tristes y otras felices.

A principios de año, Eduardo estaba en Cochabamba junto con su familia. Como siempre trabajando como predicador y colportor medio tiempo, ya que el resto lo debía dedicar a la edición de los periódicos de Chile y Argentina.

La familia de Eduardo recibió una noticia triste a mediados de febrero. La familia de su hermano Víctor, que residía en Buenos Aires, había sufrido la pérdida de su pequeña beba de dos semanas.[1]

Cada tanto Eduardo escribía algún artículo dando algunos consejos sobre la tarea de un colportor. Ya había sumado bastante experiencia y le gustaba identificarse como un evangelista de la página impresa.

En febrero registró las dificultades que traía los festejos del carnaval en la ciudad de Cochabamba, y en Bolivia en general. Intentó vender algunas revistas, pero

---

[1] E. W. Thomann, "Bolivia: Cochabamba", *La Revista Adventista* 9/4 (1909): 10.

recibió muchos insultos y amenazas de personas que se habían emborrachado. Se lamentaba que el avance de la misión fuera lento por falta de misioneros. Y así fue que aprovechó a invitar a quienes desearan sumarse a la misión en ese país.[1]

Mientras escribía, se preparaba para viajar. Estaba esperando al padre de Flora, el pastor José Westphal, para emprender juntos el viaje a la Asociación General cuyas sesiones se realizarían del 13 de mayo al 6 de junio. A Eduardo le tocaba ir como delegado de la Costa Occidental. Estaba deseoso de aprender muchas cosas sobre la misión y la iglesia para comunicar a los creyentes en otros lugares.[2] Esta invitación había sido una sugerencia de la misma Asociación General cursada en enero de 1908 a la Misión Unión Sudamericana para que considerara el valor educativo que tendría el que Eduardo asistiera como representante de los obreros de Sudamérica.[3]

Los preparativos para el viaje causaron conmoción en la casa. ¿Cuándo saldría? ¿Por cuánto tiempo estaría ausente? ¿Qué ropa tendría que llevar? ¿Con quiénes se vería en Washington?

Mientras tanto, Eduardo, escribía artículos e informes.

Durante marzo de 1909 salió un artículo suyo en relación con este tema del colportaje. En una sección que la revista de ese mes dedicó al tema, Eduardo escribió:

---

[1] "A los colportores", *La Revista Adventista* 9/3 (1909): 15.

[2] Ibid. El pastor José Westphal por su parte comentaba que se estaba preparando para viajar desde Valparaíso a Bolivia y también relata su viaje hasta la casa donde vivían Eduardo y Flora en Cochabamba (J. W. Westphal, "La Conferencia Chilena", *La Revista Adventista* 9/4 [1909]: 13; ídem, "Los indígenas quechuas y aimaráes", *La Revista Adventista* 9/8 [1909]: 12).

[3] "Two hundred and Twenty-sixth meeting", General Conference Committee, January 6, 1908, 509. Disponible en http://documents.adventistarchives.org/ Minutes/GCC/GCC1908.pdf, Internet (consultada el 13 de septiembre de 2017). En el informe de las sesiones de la Asociación General realizada el 6 de junio de 1909, aparece como delegado por Bolivia. ("Forty-Third Meeting", *Review and Herald* 86/24 [June 17, 1909]: 20; disponible en http://documents. adventistarchives.org/Periodicals/RH/RH19090617-V86-24.pdf; Internet consultada el 13 de septiembre de 2017]).

Como todos saben, también soy colportor gran parte de mi tiempo, y por experiencia quiero decir que para tener buen éxito conviene tener en vista varias cosas.

1. El colportor debiera ser persona consagrada a Dios, y nunca dejar de pedir la bendición divina antes de salir a trabajar.

2. Para que su apariencia no impida su obra, el colportor debería levantarse temprano, para que además de estudiar algún tema bíblico y tomar desayuno, también tenga tiempo para lustrar sus zapatos y limpiar el traje, y no obstante no atrasar su salida.

3. No trabajar menos de ocho horas diarias en obra activa, y no detenerse mucho para charlar con la gente, excepto cuando ve que puede ganar oyentes para estudios bíblicos. Hasta la fecha estoy relacionado con la causa más de diez años, pero no conozco a ningún colportor que habiendo trabajado seis días por semana, y no menos de ocho horas diarias, se haya visto con poco éxito. Los que se desaniman, hasta donde ha alcanzado mi observación, han sido personas que trabajan solo a ratos, y que gastaban las ganancias en más viajes que los necesarios.[1]

Después agregó un consejo que consideró también importante, "los colportores deben conocer sus libros". Eso facilitaba interesar a una persona en el libro, a veces, leyéndole algunos párrafos que puedan ser de su interés. Y, eso ayuda a recomendar a cada persona el libro con el tema que se ha descubierto que le interesaba.[2]

También le gustaba redactar sobre la lectura de libros y qué tipo de libros eran mejores.[3]

Durante la ausencia de Eduardo por su viaje a Estados Unidos, Flora y sus hijos fueron a Chile. Así que la Misión Boliviana quedó sin misioneros que la atendieran en forma

---

[1] E. W. Thomann, "A los colportores", *La Revista Adventista* 9/3 (1909): 15.

[2] E. W. Thomann, "Colportores deben conocer sus libros", *La Revista Adventista* 9/3 (1909): 15.

[3] E. W. Thomann, "¿Qué libros lee Ud.?", *La Revista Adventista* 9/6 (1909): 9.

permanente.[1] Cuando el padre de Flora llegó a verlos para emprender el viaje junto con Eduardo, relata que, a pesar de estar dos años ya allí, su hija tenía todavía dificultades para respirar en las alturas y algunas dificultades cardíacas. Su bebé de ocho meses no estaba bien.[2]

Antes de partir, el pastor Westphal y Eduardo, celebraron algunas reuniones en Cochabamba con los interesados, quienes aunque se identificaban con las creencias adventistas aún no se habían decidido a bautizar. La opinión de Eduardo era,

> Las personas son lentas para tomar decisiones, y se requiere mucho trabajo paciente para atraerlos completamente del lado de la verdad En estos países en oscuridad necesitamos una mayor proporción de obreros que la que existe en los lugares con más luz. Pero aquí hay solo un obrero —yo mismo. Muchos me han escrito para trabajar aquí, pero ninguno ha venido todavía. El campo es extenso y necesitado, y oro al Señor para que ponga en el corazón de algunos el venir para ayudar a dar la luz del precioso evangelio a este pueblo sumido en la ignorancia. Cualquiera que desee contactarse conmigo puede escribirme a Takoma Park, Washington, D. C., en la Asociación General. Planeo asistir a la reunión. Oren por la obra en este lugar, y oren porque el Señor mueva a obreros dispuestos a venir a este lugar.[3]

Después ambos viajaron a Quillacollo para visitar los creyentes de ese lugar. Y regresaron nuevamente a Cochabamba para juntar sus valijas y partir. Era difícil saber quién en la familia estaba más excitado, y también quién más aprehensivo por la larga separación. Eduardo estaría ausente por tres meses. Sería una larga separación.

---

[1] "Notas editoriales", *La Revista Adventista* 9/7 (1909): 16.

[2] J. W. Westphal, "Los indígenas quechuas y aimaráes", *La Revista Adventista* 9/8 (1909): 12.

[3] E. W. Thomann, "Bolivia", *Review and Herald* 86/11 (March 18, 1909): 15; disponible en http://documents.adventistarchives.org/Periodicals/RH/RH19090318-V86-11.pdf, Internet (consultada el 13 de septiembre de 2017).

En la segunda semana de abril las maletas de Eduardo estaban cerradas y junto a la puerta. También había una caja llena de *Las Señales* que Eduardo distribuiría donde quiera que fuera.

—Vuestros ángeles estarán aquí para protegerlos, Blumeli. Yo estaré aquí con mis pensamientos. No te olvides de ir a buscar el correo. Yo te estaré escribiendo—.

Se inclinó para besar a Dorita, que estaba asida a la pollera de su mamá. Ella ya estaba acostumbrada a los adioses de Papá, pero no podía imaginarse cuánto tiempo él estaría de viaje esta vez.

—Papito te quiere—, le dijo mientras le arrollaba un bucle dorado. —Pórtate bien—. Un beso para Arturo que estaba en los brazos de Mamá y un último beso para Flora, y para el bebé que estaba en camino.

—Adiós, Schatzi—, le dijo mientras se alejaba. Sus ojos estaban nublados mientras lo miraba irse por la calle y doblar en la esquina. Flora sentía una opresión interna al percibir cuán vacío se veía el mundo cada vez que él se iba, pero se propuso concentrarse anticipadamente en el regocijo del reencuentro.

—Vamos, pequeñuelos, tenemos mucho que hacer hoy—. Cerró la puerta y se encaminó a la pared del fondo donde tenía un calendario. Marcaría los días. Al principio se irían despacio, pero no se saltaría ninguno. Los días pasaban rutinariamente con las actividades de la cocina, ir de compras, lavar la ropa, limpiar la casa (que nunca fue su ocupación favorita), cuidar de los niños y leerles historias. Había amigos que visitar y estudios bíblicos que preparar y presentar. Pronto se dio cuenta que los días volaban más rápido de lo que se había imaginado. El tiempo más solitario llegaba después del culto familiar cuando los niños ya dormían. A menudo escogía un libro para leer y perderse en sus páginas.

Mientras tanto, Eduardo y el pastor José, viajaron de Cochabamba a Oruro para tomar el tren a La Paz y al Perú.

El viaje hasta Oruro no estuvo exento de peligros. Dos veces en un mismo día, el río creció tan rápidamente que tuvieron que ir por la falda de la montaña. Al bajar por una pendiente pedregosa, la montura del pastor Westphal se resbaló y la mula comenzó a corcovear. No pudo desmontar a tiempo y la mula dio un brinco que lo hizo caer hacia atrás, fuera del camino entre las piedras. Tuvo muchos golpes internos que hizo que sufriera mucho durante el resto del viaje. En Oruro tomaron el tren a La Paz. Llegaron al lago Titicaca y de allí llegaron a Puno. Tuvieron reuniones con los creyentes del lugar.[1]

Mientras viajaba, Eduardo escribía. En la revista de mayo relató algunas experiencias de su trabajo en Bolivia,

Los que desearían trabajar en la obra del Señor pero que temen que les va a faltar lo necesario para la vida, deberían leer estos textos bíblicos: Mat. 6: 24-24; Marcos 10: 28-30, y otros análogos.

Yo, sin ir más atrás que la última mitad del año pasado, he tenido experiencias que, creo, podrán servir para animar a otros a creer que verdaderamente Dios cuida de los suyos y les proporciona "lo que basta". 1 Tim. 6: 6. Nuestros gastos habían sido mayores que de costumbre a causa de la ida a Bolivia; teníamos que terminar el año debiéndole a la misión, porque teníamos necesidad de algunas cosas, el dinero parecía no alcanzar bien. Pero confiamos en Dios, y Él nos ayudó de diferentes maneras. En Cochabamba un caballero me regaló dos ternos en buena condición. Un sastre amigo me hizo los cortes y trazos que mi esposa no podía hacer sola para ajustar la ropa a mi cuerpo, y cuando le pregunté cuanto le debía, me dijo: "Un gracias, y si quiere me da dos." Cuando fui a Oruro a trabajar como colportor, un caballero me dio de balde una pieza muy cómoda para mí. Esto me evitó el estar pagando casa además de la que ocupábamos en Cochabamba. Y así Dios proveyó

[1] J. W. Westphal, "Los indígenas quechuas y aimaráes: II", *La Revista Adventista* 9/9 (1909): 12-13.

diferentes cosas que nos evitaron muchos gastos. Y si pienso en la providencia divina en años anteriores, realmente me parece que uno tendría que ser muy mal agradecido si desconfiara de la protección y provisión divinas. Yo no tengo motivos para desanimarme, y yo sé que Dios es bueno con todos los que confían en él.[1]

En su largo viaje hasta Estados Unidos, Eduardo acompañó al pastor Westphal en su visita por distintos países de la costa occidental de Sudamérica. De esa forma, juntaba informes para presentar en las sesiones de las reuniones a las que asistirían. Juntos visitaron Ecuador y sortearon la epidemia de fiebre amarilla y peste bubónica. Después de estar unos días en Ecuador llegaron a San Cristóbal en la zona del canal en Panamá. Allí hicieron reuniones mientras esperaban continuar el viaje. Eduardo habló dos veces, una en español y otra en inglés. El pastor Westphal informó también que, desde Cochabamba hasta el canal de Panamá, Eduardo había sido de mucha ayuda y había tomado 48 suscripciones a la revista y que, además, sus ventas de números sueltos habían sido de mucho más.[2]

Flora iba cada día al correo. Vino una carta de la tía María de Westphal de Pitrufquén, que también solía estar sola por los viajes de su esposo, Frank. Una carta especial le llegó desde Argentina contándole lo último sobre su hermanito Chester al que no conocía, y que ya tenía un año y medio. ¡Cuánto le hubiera gustado verlo! Y a Humberto de casi cuatro años. Olivia había garabateado, a lápiz, una nota en la carta de su padre: "Te quiero, Flora. Te hecho mucho de menos". Enrique añadió otra nota a la de Olivia: "Te extraño mucho". Recibió también una carta muy especial de su hermano Arturo, diciéndole de su compromiso con María Lust. Flora estaba encantada. Su hermano habría de casarse con su mejor amiga.

---

[1] E. W. Thomann, "Bolivia", *La Revista Adventista* 9/5 (1909): 12.

[2] J. W. Westphal, "Ecuador", *Review and Herald* 86/29 (July 15, 1909): 17; disponible en http://documents.adventistarchives.org/Periodicals/RH/RH19090715-V86-28.pdf; Internet (consultada el 13 de septiembre de 2017).

Familia de José Westphal. Año 1913. De izq. a der.: Arturo Leroy Westphal, su esposa María Lust de Westphal, en su regazo, con un año de vida, Eduardo Arturo Westphal, Alicia Clara (de Gerber), Heriberto Melvin Westphal, Jennie Peckover de Westphal, Chester Eduardo Westphal, Olivia Roberta Westphal, el pastor José Guillermo Westphal, Enrique Westphal, Arturo Eduardo Thomann, Flora Lilian Westphal de Thomann, Eduardo Werner Thomann y Dora Ester Thomann.

Por supuesto, sus cartas preferidas eran las que venían de Eduardo. A menudo comenzaban con "Muy querida Blumeli, Dorita y Arturo, Papá está muy lejos hoy, pero están muy cerca en mis pensamientos". Para Flora era imposible responder a las cartas de Eduardo porque cuando ella recibía él ya no estaba en la ciudad que figuraba en el sello postal.

A mediados de mayo la carta de Eduardo decía:

Ya ha pasado la mitad del tiempo que estaré lejos. Espero que haya pasado para ustedes tan rápido como lo fue para mí. He vendido muchas revistas *Las Señales* y tomado muchas suscripciones, pero déjenme contarles de mi viaje a Riobamba... y cuando comencé a clamar por la ventana de tren y dije: "Si usted lee esta revista será excomulgado", tendrían que haber visto a la gente empujándose para conseguir una copia.[1]

Cuando Flora terminó de leer la carta, abrazó a los pequeños y les dijo, —Demos gracias a Jesús por su papito y pidámosle que lo cuide en su largo viaje—.

En varias ocasiones Flora le había contado a Eduardo de su viaje a Nueva York, cuando era una niña, junto con su familia cuando estaban en camino a Sudamérica. Ella le había descripto la zona del puerto y la notable "Mujer con la lámpara". Eduardo trataba de imaginarse cómo sería, pero nunca pensó que alguna vez le sería posible estar allí y verlo con sus propios ojos. Al acercarse el barco a la entrada del puerto de Nueva York, parecía que todos querían estar en la proa. Eduardo pudo hallar un lugar adecuado y con interés miraba el recorrido por los estrechos. Por poco se pellizcó para estar seguro de que no era un sueño y que realmente estaba surcando las aguas territoriales de los Estados Unidos. Su excitación creció al ver una gran bahía abrirse ante ellos. Fue uno de los primeros en localizar la Estatua de la Libertad alzando en alto la antorcha. Ella tenía allí un poco más de veinte años. Se dio cuenta de que ella había llegado a América más o menos al mismo tiempo que él había llegado de Suiza a Chile. Esta idea orientó su mente en una catarata de recuerdos y añoranzas de sus seres queridos, pero Eduardo puso de lado eso para disfrutar mejor lo que estaba viendo. A menudo había pensado en la libertad y su mente casi siempre lo llevaba a recordar lo dicho por el apóstol Juan: "Si el Hijo os libertare, seréis verdaderamente libres" (Juan 8:36).

Al pasar junto a la isla de la Libertad, todos los pasajeros hablaban a la vez. Algunos tenían lágrimas en los ojos y otros tenían sonrisas anticipándose al reencuentro con sus seres amados. Eduardo estaba en verdad agradecido. Dios lo había bendecido en verdad. Esta era una experiencia que

---

[1] Cita de una carta personal de la familia Thomann escrita en las memorias de Elizabeth y Donaldo Thomann.

nunca olvidaría, una con mucha riqueza como para usar en muchos sermones.

Como Eduardo no era un inmigrante, el desembarco en la Isla Ellis no fue un problema para él. Un agente de viajes adventista lo recibió y lo llevó a la estación del ferrocarril, le dio instrucciones de a quién buscar al llegar a Washington y lo ayudó a iniciar el viaje. Todo funcionó tan bien que mucho antes de lo que él se había imaginado se estaba acomodando en el dormitorio del Seminario de las Misiones Extranjeras de Washington, actualmente la Universidad Adventista de Washington.

Antes de que anocheciera caminó por el campus del seminario. Todo estaba tan verde y fresco. Admiró el nuevo edificio del hospital y apreció la cordialidad de los que encontraba. Esa noche descansó en terreno sólido, aunque a veces le parecía que la cama se movía.

Eduardo había llegado a la convocatoria un par de días antes. Se habían hecho arreglos para que los delegados de otros países realizaran una gira por la capital y para ver el monumento de Washington. Era exactamente lo que Eduardo estaba deseando. Mientras el grupo esperaba el ascensor para llevarlos a la cima del monumento, Eduardo vio las escaleras. Decidió hacerles una carrera a sus compañeros, sabiendo que él estaba en buena condición física y que había estado viviendo a más de dos mil metros sobre el nivel del mar. Voló por las escaleras y los estaba esperando cuando el grupo llegó arriba. Posteriormente contaba con regocijo este incidente.

Esa noche dedicó tiempo para hacer apuntes sobre todo lo que había visto y lo que había sucedido. Quería recordarlo bien para poder compartirlo con Flora y los niños, y con cualquier otro al que le pudiera interesar.

Las sesiones fueron una fiesta espiritual y una valiosa escuela para Eduardo. Él era todo ojos y oídos. Quería aprender todo lo posible sobre la iglesia que amaba y de su organización. Se sintió especialmente bendecido por haber podido oír a la señora Elena de White que habló en once ocasiones durante esas tres semanas y cuatro días. No se perdió ni una sola reunión.

Eduardo llevó saludos de los creyentes de las tierras que representaba y que expresó en ocasión del devocional del 14 de mayo a las 6 de la mañana:

> Desde mi llegada aquí ayer, pasaron dos meses desde que comencé a viajar para llegar a la Asociación General. Los hermanos de la Costa Occidental de Sudamérica me han pedido que les extendiera sus saludos en esta ocasión, mi primera reunión con ustedes en Norteamérica.[1]

> Durante las sesiones de la Asociación General informó de la misión realizada en Bolivia. Después de dar algunos datos sobre la geografía y la población, informó que las personas autóctonas habían sido sometidos por muchos años por la Iglesia Católica y eran humildes y sumisos. Habían perdido la capacidad de dominio propio y por esa razón eran imprevisibles. Les costaba pensar por sí mismos y parecen meros autómatas bajo la influencia de los sacerdotes. Considera que el evangelio trae esperanza. Con paciencia y una labor perseverante puede ayudárselos a entender que son responsables por sí mismos ante Dios. Contó además varias historias personales que sufrió de persecución mientras colportaba. Y recomendó que se necesitaba defensores valerosos —cristianos buenos, pacientes y gozosos— para ese campo. Bolivia era un lugar difícil y desalentador. Finalmente apeló a la necesidad de misioneros dispuestos a ir donde fuera necesario, dispuestos a dejar toda comodidad personal y sufrir de todo por la causa de Cristo.[2]

Eduardo se sintió realmente privilegiado al poder

---

[1] "The Devotional Meeting, May 14, 6 A. M", *The General Conference Bulletin-Thirty-Seventh Session* 6/2 (May 16,1909): 14.

[2] E. W. Thomann, "The Dawn of Religious Liberty in Bolivia", *The General Conference Bulletin, Thirty-Seventh Session* 6/21 (June 7, 1909): 356-357. Disponible en http://documents.adventistarchives.org/Periodicals/GCSessionBulletins/GC B1909-21.pdf. Internet (consultada el 13 de septiembre de 2017).

hablar con el pastor Arthur G. Daniells, el presidente de la Asociación General. Tuvo una cita con el pastor Evans, el tesorero, para hablar de algo que era de interés mutuo: la obra de las publicaciones. También tuvo el gozo de encontrarse con el pastor Spicer. Hablaron de los momentos compartidos en las reuniones en Paraná y de la boda civil en Diamante. Eduardo lo puso al día sobre el progreso de la obra y de su familia. Eduardo también formó amistad con delegados de otras partes del mundo. Para esto echó mano de la ventaja que le daba saber alemán, inglés y español.

El tiempo pasó muy rápido. Pronto llegó el momento de las despedidas cuando cada delegado regresaba a su lugar de origen. Para algunos sería el viaje seria breve. Para otros, como Eduardo, les tomaría un mes o más. Durante estas reuniones el pastor y enfermero Stahl y su esposa se habían ofrecido para ir al Perú. Así que Eduardo viajó junto con el matrimonio y sus hijos buena parte del camino. Fue un placer contarles todo lo que él sabía sobre ese nuevo campo de labor. Se estaba contestando el anhelo de Eduardo de ver llegar más misioneros para trabajar en Bolivia y Perú.

Habían salido de Nueva York el 26 de junio rumbo a Bolivia. Eduardo mismo cuenta del viaje,

> Dios nos bendijo y nos favoreció mucho en muchas maneras en el viaje. En Colón, Panamá, nos dio favor con los empleados de aduana, de modo que pudimos pasar los bultos por el istmo sin tener que abrirlos. Y tan medida fue nuestra llegada al vapor en el Pacífico, que apenas hubimos embarcado partió. De modo que no perdimos nada de tiempo.

> Yo podría relatar muchos incidentes que demostrarían el favor y la bendición de Dios, pero solo diré que estamos con los corazones llenos de gratitud hacia Él por su bondad y misericordia. Todos llegamos bien de salud a La Paz, donde tendremos el futuro centro de la misión boliviana.

> Con decir que en tres semanas y tres horas hicimos el

trayecto desde Nueva York a la capital boliviana, viaje que tal vez nadie jamás ha hecho en tan poco tiempo, bastará para probar que el Señor ha sido con nosotros. Y con todo eso tuvimos dos días para estar con los hermanos en Puno, y también Cristóbal, Panamá, y en Arequipa, pudimos ver de paso a nuestros amados hermanos.

La familia Stahl está de buen ánimo para la obra. Y una vez que se establezca, podrá dedicarse al trabajo misionero.[1]

Desembarcaron en Mollendo, Perú, en los primeros días de julio, de 1909. Desde allí Eduardo los acompañó en el tren hasta Arequipa, conocida como "La ciudad blanca", a causa de la piedra toba blanca, de origen volcánico, que se consigue cerca de la ciudad. Esta piedra es liviana y fácil de labrar y, por lo tanto, fue muy usada en la construcción de muchos monumentos e iglesias, como también en las viviendas. Dominan el paisaje dos volcanes: el Misti con una altura de 5.822 metros y su rival el Chachani, con 6.057 metros de altura.

Una tardecita, con mucho placer, llevó al pastor Stahl a visitar a algunos amigos con quienes él había hecho contacto en sus visitas misioneras anteriores.

El día siguiente, a la siete de la mañana tomaron el tren que los llevaría a un paso elevado hasta unos 4.500 metros de altura para cruzar el primer cordón montañoso de la Cordillera de los Andes, y descender al altiplano y llegar a Puno a la puesta de sol. Allí tuvieron que esperar dos días para tomar el barco que los llevaría al otro lado del lago Titicaca. Durante ese tiempo, Eduardo tuvo la oportunidad de presentar al pastor Stahl al pequeño grupo de creyentes.

Juntos, Eduardo y la pequeña familia de los Stahl cruzaron el lago embarcados en el barco El Inca hasta Guaqui, Bolivia, luego un tren en pocas horas los llevó hasta La Paz, la capital de Bolivia. Llegaron allí el 17 de

---

[1] E. W. Thomann, "Nuestro arribo", *La Revista Adventista* 9/9 (1909): 13.

julio e inmediatamente se pusieron a buscar una casa. Allí los Stahl habrían de tener su hogar. Después de pasar una semana en La Paz, y dejar establecida a la familia, Eduardo y el pastor Stahl salieron para visitar a los creyentes de Oruro, Cochabamba y Quillacollo. Eduardo quería dejar en manos del pastor Stahl todos los elementos pertenecientes a la misión.[1]

> Pronto esperamos poder visitar a los creyentes de Cochabamba y Quillacollo. Estamos seguros que todos nuestros hermanos se alegrarán con ellos de que finalmente tenemos obreros que pueden dedicar todo su tiempo a la obra en este país. Oremos todos que el Señor bendiga su causa aquí, y que haga que todo esfuerzo para propagar su verdad sea coronado con éxito.[2]

Eduardo relata que el tuvieron un lindo viaje y pudieron visitar a los creyentes. Los encontraron de buen ánimo y deseosos de recibir más instrucción sobre Dios. Algunos ya habían vencido en su lucha contra el tabaco y el alcohol. El pastor Stahl ya estaba haciendo planes para volver a visitarlos cuando llegara Otto Schultz a trabajar con él. Tratarían de organizar a los grupos de creyentes.[3]

Tomaron el tren a Oruro donde compraron pasajes para el viaje de dos días en diligencia a Cochabamba.

El pastor Fernando Stahl también describió este viaje en su libro *En el país de los Incas.* Allí revela las dificultades del viaje que Flora había soportado dos veces y Eduardo muchas veces.

> El clima estaba crudamente frío, y el viento soplaba huracanado. Apenas nos habíamos sentado en el coche cuando el conductor mestizo dio un grito salvaje, y las ocho mulas arrancaron en una carrera de lo más desenfrenada, mientras aquel las golpeaba sin

---

[1] E. W. Thomann, "Visita a Oruro, Cochabamba y Quillacollo", *La Revista Adventista* 9/10 (1909): 13-14.

[2] Thomann, "Nuestro arribo", 13.

[3] Thomann, "Visita a Oruro, Cochabamba y Quillacollo", 13-14.

compasión todo el tiempo. Yo no podía soportar que castigara a aquellos pobres animales de tal modo, y me incliné hacia adelante para preguntarle por qué lo hacía, siendo que iban lo más ligero que podían, pero él no me contestó.

Íbamos demasiado rápido por la llanura, y el conductor continuaba golpeando a los animales. En determinado momento, vi que salía sangre de los costados de los animales. Sacudí algo bruscamente al conductor diciéndole que debía dejar de dar golpes a aquellas mulas. Pareció sorprenderse... pero al traducírsele lo que yo decía, desistió un tanto.

Después de pocas horas, abandonamos el llano y empezamos el descenso por la ladera, pasando a veces a lo largo de un borde angosto, y haciendo curvas alrededor de la montaña; y eso siempre tan ligero como lo permitía el galope de las mulas. En ocasiones, las pesadas ruedas del coche pasaban sobre grandes piedras del camino; esto nos hacía saltar de nuestros asientos, y con frecuencia pegábamos con la cabeza en el techo de la diligencia. Todo era una novedad para mí, y arrancó en el pastor Thomann muchas explosiones de risa al mirarme mientras viajábamos.

Después de unos días, tratamos de conseguir asientos en el coche para volver a Oruro, pero fue imposible; todos habían sido tomados semanas antes. Lo mejor que pudimos hacer fue viajar en el techo del carro de equipajes, entre bultos y baúles; pero cuando las mulas galopaban en un camino desparejo, tuvimos que hacer grandes esfuerzos a fin de evitar ser arrojados afuera, en el traqueteo. Quedamos completamente sucios y cubiertos de tierra, y experimenté sincera alegría cuando pudimos decir adiós a este medio de locomoción.

En Oruro, el pastor Thomann me dejó continuar mi viaje solo hacia la Paz, pues él se fue a su campo de labor en la Rep. de Chile. Me sentí muy solitario cuando nos separamos, pues él había sido un buen compañero y una gran ayuda para mí, a causa de su conocimiento del idioma del país.[1]

---

[1] Fernando A. Stahl, *En el país de los incas* (Buenos Aires: Casa Editora

Eduardo alentó a Stahl en su aprendizaje del idioma español.[1]

Antes de dejar Bolivia, Eduardo dejó relatados algunos incidentes,

> Visitamos los creyentes y tuvimos varias reuniones con ellos. Un día fuimos a Quillacollo para visitar a los creyentes de ese lugar, entre ellos estaba un abogado que fue el que puso en libertad al hermano Pereira, hace once años, cuando había sido sentenciado a muerte por hacer circular Biblias. Todos estaban felices de que por fin Bolivia estaba recibiendo obreros que pudieran dedicarse tiempo completo a la obra en el lugar.[2]

Aunque su estadía en la Misión Bolivia había sido breve, dos años, había hecho una buena obra al dejar en mano de la gente la revista *Las Señales de los Tiempos*. Dejó a varios observando el sábado en Cochabamba y otros lugares cercanos.

El mismo contó de los problemas que tuvo que enfrentar en Bolivia en un artículo que escribió en la revista adventista en inglés sobre libertad religiosa, *Liberty*. En su artículo contaba cómo el que quisiera introducir otra religión que no fuera la Católica, podía sufrir encarcelamiento y la pena de muerte en Bolivia. Muchos habían sido los misioneros protestantes que se habían aventurado a difundir el evangelio de Cristo, pero que la población fanática e ignorante hacía peligrosa la empresa. No era seguro incluso cuestionar la infalibilidad papal y otras creencias católicas relacionadas con la virgen María o las imágenes. Un colportor brasilero, Juan Pereira, se había interesado en llevar libros a Bolivia, entre ellos Biblias y otros libros

---

Sudamericana, 192[?]), 28-30.

[1] F. A. Stahl, "En Route to Bolivia", *Review and Herald* 86/33 (August 19, 1909): 15. Disponible en http://documents.adventistarchives.org/Periodicals/RH/RH19090819-V86-33.pdf, Internet (consultada el 13 de septiembre de 2017).

[2] "South American Union Conference", *Review and Herald* 87/24 (June 16, 1910), 51; disponible en http://documents.adventistarchives.org/Periodicals/ARAI/ARAI19090616-V87-24.pdf, Internet (consultada el 8 de septiembre de 2017).

religiosos. Fue hecho prisionero y sentenciado a muerte. Lo salvó un abogado y juez que se había interesado en el caso. Aunque fue deportado, dos años después estaba otra vez en Bolivia distribuyendo la revista *Las Señales de los Tiempos.* Nuevamente fue hecho prisionero y liberado por el mismo abogado que se había convertido en un creyente. El abogado envío varias copias de la revista al prefecto, la más alta autoridad del departamento o zona, llamando su atención al hecho de que no contenía ideas corruptas sino altos valores educativos. Eso hizo que se liberara a Pereira. Cuenta de otros casos y cómo esto hizo que se iniciara una petición para lograr la libertad religiosa. Para 1902, Eduardo mismo estuvo tres veces en peligro de ser tomado por una turba de fanáticos en Quillacollo, mientras vendía la revista *Las Señales de los Tiempos.* Fue desafiado por el sacerdote local a un debate, y tuvo la oportunidad de hablar tres veces a un gran número de los principales ciudadanos de la ciudad. Al momento del tercer debate ninguno de los sacerdotes apareció. Muchos quedaron gratamente impresionados por la presentación del evangelio y que no era tan herético como creían. Pocos años después, se concedió la libertar religiosa al modificar la constitución. Aunque había mayor libertad para predicar el evangelio, todavía había personas dispuestas a asesinar a cualquier misionero del evangelio pensando que servían a Dios.[1]

El pastor Frank Westphal contó que en una visita a Cochabamba, Bolivia, donde había estado Eduardo, todavía había algunos que consideraban que el séptimo día era el domingo, pero que la gente estaba dispuesta a aprender más.[2]

---

[1] E. W. Thomann, "The Dawn of Religious Liberty in Bolivia", *Liberty* IV/3 (Third Quarter, 1909): 37-38; disponible en http://documents.adventistarchives.org/Periodicals/LibM/LibM19090701-V04-03.pdf; Internet (consultada el 7 de septiembre de 2017).

[2] F. A. Stahl, "En Route to Brazil", *Review and Herald* 87/3 (January 20, 1910), 16. Disponible en http://documents.adventistarchives.org/Periodicals/RH/RH19100120-V87-03.pdf, Internet (consultada el 7 de septiembre de 2017).

Eduardo se mudó inmediatamente a Chile y dejó a Stahl supervisando la obra en Bolivia.[1]

> Una vez que el hermano Stahl se haya hecho cargo de la obra en Bolivia, pienso irme yo a Chile y dedicar mi tiempo y energía a *"Las Señales de los Tiempos"*, como fue recomendado por los delegados sudamericanos en la conferencia General en Wáshington. Oren por *Las Señales*, hermanos....

> Os saluda vuestro hermano y servidor en Cristo. Mi dirección de aquí en adelante será: Correo 3, Casella 43, Santiago, Chile.[2]

¡Por fin iba a encontrarse con su familia y juntos planear el regreso a Chile! ¡Qué bien se veía el hogar! ¡Qué alivio dejar su maleta en el piso por última vez! Tres meses habían hecho un gran cambio en su pequeño Arturo, que hacía dos semanas había experimentado su primer cumpleaños. Dorita había crecido algo y su Blumeli seguía tan dulce y risueña como siempre.

Eduardo bullía con noticias, relatos y experiencias. Hablaron hasta tarde en la noche, lo que por supuesto no alcanzó. Flora estaría oyendo acerca del viaje por muchos días.

Una vez en Chile, Eduardo se puso a trabajar como editor en el periódico y realizaba viajes por Chile. En septiembre estuvo en la convención celebrada en Púa, para las escuelas sabáticas del sur de Chile. Fue tal el entusiasmo despertado que se celebró otra más para la zona central de Chile en la ciudad de Santiago los días 18 y 19 de diciembre de 1909.[3]

El 22 de octubre, Dorita y Arturo dieron la bienvenida

---

[1] Greenleaf, *A Land of Hope*, 120.

[2] Thomann, "Nuestro arribo", 13.

[3] E. W. Thomann, "Convención de escuelas sabáticas", *La Revista Adventista* 9/11 (1909): 12-13; ídem, "Convención de las escuelas sabáticas de la parte central de Chile", *La Revista Adventista* 10/2 (febrero 1910): 9.

a una hermanita. La llamaron Olga en honor a la hermana de Eduardo.

En noviembre se le pide a Eduardo que asuma la responsabilidad de aunar los periódicos *La Verdad Presente*, que se publicaba en Argentina, junto con *Las Señales de los Tiempos*. El primer número se publicaría en enero de 1910, y por lo tanto Eduardo fue elegido como editor principal de nuevo periódico que se publicaría en Chile (Costa Occidental).[1]

---

[1] E. W. Thomann, "Extractos de los acuerdos del comité de la Conferencia Unión, tomados en el Colegio Adventista del Plata, Diamante, E. Ríos, Argentina; octubre 21 a noviembre 14 de 1909", *La Revista Adventista* 10/2 (febrero 1910): 13.

NUEVO DOMICILIO Y NUEVO INTEGRANTE FAMILIAR

El nuevo año de 1910, comenzó lleno de desafíos y pleno de actividades. Eduardo era miembro del comité de publicaciones de habla hispana y miembro de la Junta de la Casa Publicadora de Chile con sede en Santiago. Era editor de *Las Señales de los Tiempos* que se editaba en Chile, y además era pastor de la Conferencia Unión Sudamericana.[1] Para marzo estaba informando que la revista había aumentado a 32 páginas y que desde Perú habían aumentado su pedido de 1.500 ejemplares a 3.000.[2]

En verdad, la abnegación era una virtud común en Eduardo y Flora. Por esta razón no tomaban en cuenta la dureza de los tiempos o incluso descansaban poco. Estaban deseosos de difundir el evangelio, aunque eso implicara dormir poco y quedarse hasta tarde en la noche trabajando.

---

[1] La nueva dirección de Eduardo y su familia era Casilla 43, Correo 3, Santiago, Chile *1910 Year Book of the Seventh-day Adventist Denomination* (Takoma Park, Washington: Review and Herald Publishing Association, 1910?), 123, 124, 163, 176. Disponible en http://documents.adventistarchives.org/Yearbooks/YB1910.pdf, Internet (consultada el 13 de septiembre de 2017).

[2] "Notas editoriales", *La Revista Adventista* 10/3 (marzo 1910): 16.

Su hogar era un lugar donde también hospedaban a pastores o misioneros durante algunos días.

En febrero, Eduardo viajó para participar de las reuniones de la Conferencia Unión Sudamericana en Camarero, Entre Ríos, Argentina. Comenzaron el 27 de febrero y se extendieron hasta el 12 de marzo. Él mismo comentó que disfrutó de las reuniones como en ninguna otra ocasión. Sintió que habían sido realmente verdaderas fiestas espirituales. Apreciaba conocer a tantos nuevos creyentes de todas partes, animarse mutuamente en las dificultades de la misión y también en las alegrías de su progreso. Sobre todo, conocer cómo atender las diferencias y las situaciones que surgían en cada región.[1] En esas reuniones se decidió que con motivos de los festejos del Centenario de la Independencia en Argentina, se publicara un número especial de *Las Señales de los Tiempos* y otras revistas para exhibir en la exposición internacional que se haría el 25 de mayo. Imaginamos que esto habrá generado una carga extra sobre Eduardo como editor de la revista.[2]

De vuelta en Chile, el 20 de marzo partió junto con los pastores José W. Westphal, N. Z. Town y A. N. Allen. Antes se hospedaron dos días en su hogar. Flora estaba feliz de ver a su padre y a su esposo. Pero no duró mucho, Eduardo viajó con ellos para la reunión anual de la Misión de Chile.[3] Se celebró en Gorbea desde el 25 de marzo hasta el 3 de abril. Fue la más grande celebrada hasta ese momento en Chile. Allí se tomaron decisiones importantes que afectaban la tarea de Eduardo. Se apoyó la decisión de la Conferencia Unión Sudamericana de unir las imprentas de Chile y Argentina en Florida, Buenos Aires.[4]

---

[1] E. W. Thomann, "Ecos de la conferencia" e "Importancia de las reuniones generales, *La Revista Adventista* 10/3 (marzo 1910): 15.

[2] E. W. Thomann, "Río de la Plata", *La Revista Adventista* 10/4 (abril 1910): 12/5 (mayo 1910): 12.

[3] N. Z. Town, "A visit to Chile", *Review and Herald* 87/20 (May 19, 1910), 15. Disponible en http://documents.adventistarchives.org/Periodicals/RH/RH191 00519-V87-20.pdf, Internet (consultada el 13 de septiembre de 2017).

[4] J. W. Westphal, "La conferencia Chilena", *La Revista Adventista* 10/4 (abril 1910):

Por lo que se puede notar, Eduardo y Flora se olvidaban de sí mismos, de sus comodidades, y se mantenían activos llevando a otros el bendito mensaje que tanto amaban. Eduardo escribió una vez, al hablar a futuros misioneros para Perú,

> Quien venga debe despedirse de su familia, entendiendo que es probable que no los vuelva a ver hasta que el Señor reúna a sus escogidos en su gran día.[1]

Esa forma de trabajar tenía un costo. Eduardo se enfermó en abril, y tuvo que dejar provisoriamente sus tareas en Chile para ir a reponerse al Sanatorio Adventista del Plata en Diamante, Entre Ríos, Argentina.[2]

17 de abril 1910 pasó por el túnel de la Cordillera de los Andes el primer tren transandino, y se suprimió el servicio de trasbordo a carruajes y mulas que subían hasta el paso del Cristo Redentor. Probablemente, Eduardo disfrutó de esa comodidad en su viaje cruzando los Andes.[3]

Foto. Inauguración del tren trasandino en 1910.

11-12.

[1] Greenleaf, *A Land of Hope*, 146-147.

[2] "Notas editoriales", *La Revista Adventista* 10/8 (agosto 1910): 16.

[3] "Notas editoriales", *La Revista Adventista* 10/5 (mayo 1910): 16.

Silvia C. Scholtus - Mario E. Roscher

Flora no pudo acompañarlo en el viaje. Durante la ausencia de Eduardo, tuvo que afrontar la muerte de su pequeña beba Olga, en mayo.[1] Flora viajó en julio a Argentina para ir a cuidar a su esposo. Antes de llegar, Flora pasó unos días en Buenos Aires visitando a la familia de Víctor Thomann, el hermano de Eduardo.[2]

En el mismo año 1910, llegó el llamado que cambiaría sus vidas en muchos aspectos. El señor Hartman, gerente de la imprenta adventista en Buenos Aires, creía que la obra de publicaciones en Sudamérica serviría mejor a su territorio de influencia si estuviera consolidada en un solo lugar. Así, en 1910, las dos organizaciones, la de Chile y la de Argentina fueron unidas en Florida, Buenos Aires. Por eso se le pidió a Eduardo y su familia que se mudaran a ese lugar en Argentina donde Eduardo podría continuar su labor editorial.[3]

A Flora le parecía que su vida de casada había sido un adiós detrás de otro. Esta sería la cuarta vez, en los cuatro años de casada. Pero percibía un arco iris alrededor de esta mudanza. Verían a los recién casados, su hermano Arturo junto con María Lust, su mejor amiga y a toda su querida familia. Pero fue difícil alejarse de la familia de Eduardo y de la pequeña tumba de su beba que dejaba en Chile. Como en otras ocasiones, Flora y Eduardo ansiaban el día en que ya no habría despedidas. Pero igualmente estarían cerca de Víctor, hermano de Eduardo, y su familia.

En octubre, Eduardo había mejorado un poco y salió un artículo suyo describiendo los diferentes periódicos que se publicaban en español en diferentes lugares del continente americano. Invitó a los lectores a suscribirse a los que aparecían en sus propios campos en forma prioritaria y

---

[1] "Notas editoriales", *La Revista Adventista* 10/9 (septiembre 1910): 16.

[2] "Necrologías", *La Revista Adventista* 10/9 (septiembre 1910): 16.

[3] *1911 Year Book of the Seventh-day Adventist Denomination* (Takoma Park, Washington: Review and Herald Publishing Association, 1911?), 122, 162, 177, 211. Disponible en http://documents.adventistarchives.org/Yearbooks/YB1911. pdf, Internet (consultada el 13 de septiembre de 2017).

252

a difundirlos.[1] Ese mes también tenía planeado asistir a diferentes reuniones, entre ellas la de la Conferencia Argentina. Pero en vista de que el presidente de la Asociación General no podría venir y en su lugar llegaría el vicepresidente L. R. Conradi, la fecha se pospuso para realizarse entre el 2 y el 12 de noviembre.[2] Mientras tanto se dedicó a establecerse en forma definitiva en Florida para trabajar en la imprenta.[3] Fue en ocasión de estas reuniones que se dedicó la imprenta.[4]

A fines de 1911, Eduardo registró que había asistido a la reunión anual en la iglesia de Las Tunas, provincia de Santa Fe.[5] A su regreso, relató que participó el sábado 18 de noviembre de un bautismo de 13 personas en Buenos Aires. Los creyentes tenían un salón de cultos en la Avenida del Tejar n.º 2558.[6] De estos bautizados, siete habían aceptado las creencias adventistas por la labor de un colportor hacía un año.[7] Con tristeza también se lamenta de la muerte de Tomás H. Davis, quien fuera uno de los dos primeros misioneros enviados a Chile y que preparó el camino para el ingreso del adventismo a Ecuador.[8]

En 1912, Eduardo trabajó intensamente como escritor y editor. Preparó varios artículos e informes. En general, sus artículos tenían que ver con la forma de consagrarse a Dios para hacer su obra, cómo hacer mejor la tarea del colportaje, consideraba que el Señor no hacía discriminación de

---

[1] E. W. Thomann, "Circular", *La Revista Adventista* 10/10 (octubre 1910): 13-14.

[2] J. W. Westphal, "Visita a Sud América", *La Revista Adventista* 10/11 (noviembre 1910): 16; C. E. Knight, "La reunión anual de la Conferencia Argentina", *La Revista Adventista* 10/12 (diciembre 1910): 14.

[3] "Notas Editoriales", *La Revista Adventista* 10/10 (octubre 1910): 16, nota 6.

[4] "Notas Editoriales", *La Revista Adventista* 10/10 (octubre 1910): 16, nota 8; J. W. Westphal, "Dedicación", *La Revista Adventista* 10/11 (noviembre 1910): 16.

[5] G. Block y J. Wedekamper, "Ecos de la Reunión Anual Argentina", *La Revista Adventista* 12/1 (enero 1912): 12.

[6] E. W. Thomann, "Buenos Aires", *La Revista Adventista* 12/1 (enero 1912): 13.

[7] E. W. Thomann, "Animación para los hermanos", *La Revista Adventista* 12/1 (enero 1912): 14.

[8] E. W. Thomann, s/título, *La Revista Adventista* 12/1 (enero 1912): 15.

personas para dedicarse a hacer la misión.[1] Apelaba a la importancia de congregarse para los diferentes cultos de la iglesia, las semanas de oración.[2] Es probable que muchos de los informes de la sección de noticias generales y noticias editoriales fueran redactados por Eduardo, aunque no aparezca como responsable directo.

Algunas de sus frases

> Ahora bien, si Dios no hace acepción de personas, cualquiera que quiere puede ser discípulo de Cristo tiene que principiar por humillarse, y muy especialmente si quiere tener parte en la obra del Señor.[3]

Al poco tiempo de llegar a Buenos Aires, la esposa de su hermano Víctor se enfermó y tuvieron que viajar a Chile. Por recomendaciones de los líderes, la Conferencia Chilena lo aceptó a Víctor para trabajar en su campo.[4]

Del 7 al 10 de marzo, Eduardo viajó a Uruguay para las reuniones generales que se celebraron para informar de la obra en ese país. Se realizó en la casa de Carlos Gerber (hijo) cerca del Rincón. Estuvo presente uno de los vicepresidentes de la Asociación General, el pastor W. A. Spicer y el nuevo superintendente de la Misión, pastor F. L. Perry.[5]

Durante el mes de septiembre, Eduardo estuvo participando de una reunión de la Conferencia Unión Sudamericana donde se tomaron decisiones en relación

---

[1] E. W. Thomann, "Cómo comenzar en la obra del Señor", *La Revista Adventista* 12/2 (febrero 1912): 4.

[2] E. W. Thomann, "La Semana de Oración", *La Revista Adventista* 12/3 (marzo 1912): 3-4.

[3] Thomann, "Cómo comenzar en la obra del Señor", 4.

[4] Eduardo W. Thomann, "La Cuarta Reunión bienal de la Conferencia Unión Sudamericana", *La Revista Adventista* 12/4 (abril 1912): 12.

[5] L. Perry, "Uruguay", *La Revista Adventista* 12/5 (mayo 1912): 13; E. W. Thomann, "Perspectivas para el Futuro en el Uruguay", *La Revista Adventista* 12/5 (mayo 1912): 14; E. W. Thomann, "La Reunión Anual de la Misión Uruguaya", *La Revista Adventista* 12/5 (mayo 1912): 14.

con la imprenta y la ubicación de algunos misioneros del área pastoral y de salud.[1]

Una noticia triste para la familia de Flora llegó en septiembre de 1912. Su abuelo, G. F. Westphal, padre de José y Frank Westphal, había fallecido el 2 de junio en Estados Unidos.[2]

Del 10 al 20 de octubre se celebró en Nogoyá, Entre Ríos, la reunión anual de la Conferencia Argentina. En ocasión del encuentro, se dieron conferencias públicas en carpa. Eduardo registró que fueron reuniones muy bendecidas en el que se notó la presencia del Espíritu de Dios.[3] En esa ocasión se informó que Eduardo había estado colaborando y predicando regularmente en varios lugares de la ciudad de Buenos Aires y sus suburbios.[4]

---

[1] "Reunión del Comité de la Conferencia U. S. A.", *La Revista Adventista* 12/10 (octubre 1912): 15.

[2] "Necrología", *La Revista Adventista* 12/9 (septiembre 1912): 15.

[3] E. W. Thomann, "La Reunión Anual Argentina", *La Revista Adventista* 12/11 (noviembre 1912): 5-6.

[4] C. E. Knight, "Extracto del Informe del Presidente de la Conf. Argentina, pastor C. E. Knight", *La Revista Adventista* 12/11 (noviembre 1912): 7.

OTRO AÑO CON DESAFÍOS

C omo ya se vio, la revista publicada en Argentina se llamaba *La Verdad Presente*. La revista de Chile siempre había sido *Señales de los Tiempos*. De las fusión de las dos se decidió producir una con el nombre chileno, que mantuvo hasta 1913, cuando fue cambiado a *El Atalaya*. También se aumentaría la cantidad de páginas de *La Revista Adventista*.[1] Se observó un cambio en el diseño de las revistas, así como de su contenido. En la revista *Señales* solían aparecer información de las actividades de los pastores y creyentes adventistas. Con la aparición de *La Revista Adventista*, la revista *Señales* y después *El Atalaya*, dejó de tener ese tipo de noticias y se restringió solamente a artículos para todo público.

Eduardo estaba contento con su trabajo, y se sintió motivado. Sus responsabilidades eran ser editor asistente de *La Revista Adventista*, cuya editora por varios años fue Lydia Greene de Oppegard y posteriormente Edgar Brooks.

---

[1] "Notas editoriales", *La Revista Adventista* 12/10 (octubre 1912): 16. Le ayudarían como redactores corresponsales los que eran responsables de la administración de los diferentes campos de las misiones en el territorio para habla hispana de la Misión Unión Sudamericana.

Eduardo era también editor de la revista *El Atalaya*. Además formaba parte del comité ejecutivo de la Conferencia Unión Sudamericana, y era miembro del comité ejecutivo de la Conferencia Argentina. Por supuesto, también era ministro en este campo. Lo que hacía que tuviera que viajar para atender diferentes responsabilidades.[1] En ocasiones era miembro de la Junta de Publicaciones de la Casa Editora.[2]

Además de viajar para predicar en diferentes iglesias de Buenos Aires, recibía invitaciones de otros lugares. En abril fue invitado por el superintendente de la Misión Uruguaya para visitar la Iglesia de Nueva Palmira. Era una de las iglesias más antiguas de Sudamérica. Muchos de los creyentes del lugar se habían traslado a otros lugares. Los creyentes que quedaban vivían muy dispersos, pero celebraran reuniones con regularidad cada sábado en un local dedicado por una hermana especialmente para ese propósito. Eduardo visitó a todos los creyentes que pudo en sus casas durante los tres días que estuvo por la zona. Hicieron reuniones el sábado y celebraron una santa cena. En ese lugar estaba como anciano el señor Guinovart. La familia Raina que había estado trabajando por un tiempo en la Escuela de Púa, Chile, también se encontraba en el lugar.[3]

A Eduardo le alegraba poder enviar a Flora y los niños

---

[1] *1914 Year Book of the Seventh-day Adventist Denomination* (Takoma Park, Washington: Review and Herald Publishing Association, 1914?), 143, 178, 194. Disponible en http://documents.adventistarchives.org/Yearbooks/YB1914.pdf, Internet (consultada el 13 de septiembre de 2017).

[2] Ibid., 143, 178, 194. Disponible en http://documents.adventistarchives.org/Yearbooks/YB1914.pdf, Internet (consultada el 13 de septiembre de 2017); *1916 Year Book of the Seventh-day Adventist Denomination* (Takoma Park, Washington: Review and Herald Publishing Association, 1916?), 151, 187, 204. Disponible en http://documents.adventistarchives.org/Yearbooks/YB1916.pdf, Internet (consultada el 13 de septiembre de 2017); *1917 Year Book of the Seventh-day Adventist Denomination* Takoma Park, Washington: Review and Herald Publishing Association, 1917?), 159, 197, 213, 284. Disponible en http://documents.adventistarchives.org/Yearbooks/YB1917.pdf, Internet (consultada el 13 de septiembre de 2017).

[3] E. W. Thomann, "Nueva Palmira, Uruguay", *La Revista Adventista* 13/6 (junio 1913): 12.

a la casa de los abuelos Westphal en Camarero, por lo menos una vez al año, que todavía vivían cerca del colegio y del sanatorio. Los niños pasaron muchos días en la finca con sus tíos Arturo, Olivia y Enrique y...., los tres últimos que eran más o menos de la misma edad y parecían más bien hermanos.

En agosto de 1913, Flora y los niños hicieron un viaje a Camarero muy importante para ellos. Fue para esperar la llegada de un nuevo integrante de la familia. Nació el 11 de noviembre y Flora lo llamó Donaldo José. José en honor a su papá José Westphal. Dorita que tenía seis años y medio, estaba contenta con otro hermano. Arturo, que tenía cinco años no estaba contento. Quería otra hermana, pero para "reemplazar" a la que ya tenía. Pero en poco tiempo este hermanito ganó su corazón.

Mientras tanto Eduardo, había sido invitado por la junta directiva de la Conferencia Argentina a visitar las ciudades de Concordia, Galarza y Rosario de Tala, en la provincia de Entre Ríos, Argentina. Allí se dedicó a visitar a los creyentes. En Concordia, apoyó a los hermanos que estaban débiles en la fe. Algunos tomaron la decisión de bautizarse. Lo mismo pasó en la Iglesia de Galarza. Muchos apreciaron la visita de Eduardo y sus consejos espirituales. Ya habían sido visitados por el pastor Fernando Stahl una semana antes. En Rosario de Tala, Eduardo tuvo cuatro reuniones. Una la realizó en la plaza de la ciudad, pues los creyentes no consiguieron un local y pidieron el permiso correspondiente para reunirse en ese lugar. El tema que abordó fue "La cuestión del Oriente a la luz de la Profecía". Un caballero ofreció lugar en su casa nueva y espaciosa para escuchar el siguiente tema "El cambio efectuado por el Papado en la Ley de Dios". Ese hombre tomó la decisión de bautizarse. Otras dos reuniones las tuvo en el campo en el hogar de un creyente.[1]

---

[1] E. W. Thomann, "Concordia, Galarza y Rosario Tala", *La Revista Adventista* 13/9 (septiembre 1913): 10-11.

Del 10 al 16 de noviembre de 1913, Eduardo viajó a Camarero, Entre Ríos. Allí se realizaba la decimotercera sesión de la Conferencia Argentina.[1] Relató de los momentos conmovedores cuando varias personas tomaron la decisión de bautizarse. Se realizó en un arroyo distante a un kilómetro del Colegio. El pastor José Westphal ofició el bautismo de diez personas.[2]

El año terminó en familia. El papá de Flora vino a visitarlos y atender reuniones de la Conferencia Unión Sudamericana y la Conferencia Argentina. Se quedó para pasar Navidad y Año Nuevo con su familia, desde el 21 de diciembre al 1 de enero. Probablemente estuvo también su esposa. Deseaban visitar a sus hijos.[3]

---

[1] Godofredo Block, "Aviso Importante", *La Revista Adventista* 13/10 (octubre 1913): 15.

[2] E. W. Thomann, "Diez bautizados", *La Revista Adventista* 13/12 (diciembre 1913): 12.

[3] "Notas editoriales", *La Revista Adventista* 14/1 (enero 1914): 16.

LA GUERRA EN EUROPA

Los primeros días del año, Eduardo disfrutó de estar con la familia de su esposa. Del 12 al 22 de febrero, ya estaba anunciado que tendría que viajar a Uruguay para la reunión de la Conferencia Unión Sudamericana que se realizaría en Montevideo. Debió viajar antes, para llegar el 5 de febrero, ya que antes se celebraría una reunión de los obreros o misioneros empleados por la administración de la Iglesia.[1]

Entre las visitas que recibieron Flora y Eduardo que venían para dirigirse a Montevideo, estaba el hermano de Flora, Arturo Westphal. Sería una ocasión también de despedida. Arturo iba a asumir como secretario y tesorero de la Misión Unión Incaica y de la Misión Peruana. Así que la separación por la distancia sería mayor.[2]

En julio, Flora recibió otra vez la visita de su padre. Sus hijos disfrutaron de las historias del abuelo y también los

---

[1] F. L. Perry, "Conferencia Unión Sudamericana", *La Revista Adventista* 14/1 (enero 1914): 16.

[2] "Notas editoriales", *La Revista Adventista* 14/2 (febrero 1914): 16; "Ecos del Campo", *La Revista Adventista* 14/4 (abril 1914): 9.

adultos pudieron conocer cómo iba la misión en diferentes lugares.[1]

Entre los adventistas se vivía un clima de expectación por causa de que se inició la guerra mundial en Europa. En *La Revista Adventista* de septiembre y octubre, Eduardo publicó artículos en los que aplicaba este evento a señales proféticas que anunciaban la segunda venida y el fin del mundo. Interpretó que se estaba viviendo en el tiempo que precede inmediatamente a las plagas del Apocalipsis y consideró que era un momento para que el mensaje se pueda propagar por todo el mundo pues las puertas estaban abiertas para eso. No iba a ser fácil, pero decía "nuestro corazón debemos tenerlo ahora en la causa de Dios".[2] "No hay tiempo de buscar comodidades ahora", decía para invitar a los hermanos a buscar a Dios en oración y a disponer sus recursos para la difusión del evangelio para ayudar a las personas que necesitaban oírlo en esos momentos difíciles.[3] Además publicó un número especial de *El Atalaya* sobre la cuestión de la guerra y saldría otro en enero de 1915.[4]

Eduardo tuvo que viajar a Rosario para la reunión anual Argentina a realizarse del 8 al 18 de octubre.[5] Informó en noviembre que todos estaban felices porque había mucha concurrencia y apoyo de los creyentes a la causa de Dios.[6] Una semana antes y en ocasión de la asamblea de los misioneros empleados, estos salieron a vender la

---

[1] s/título, *La Revista Adventista* 14/8 (agosto 1914): 16, nota 7.

[2] E. W. Thomann, "La gran guerra actual", *La Revista Adventista* 14/9 (septiembre 1914): 1-2.

[3] E. W. Thomann, "La situación actual del mundo y las necesidades de nuestra obra", *La Revista Adventista* 14/10 (octubre 1914): 1-2.

[4] s/t, *La Revista Adventista* 14/10 (octubre 1914): 16, nota 7; s/t, *La Revista Adventista* 14/10 (octubre 1914): 16, nota 3.

[5] B. C. Haak, "La Reunión Anual Argentina", *La Revista Adventista* 14/8 (agosto 1914): 16; B. C. Haak, "La Reunión Anual Argentina", *La Revista Adventista* 14/9 (septiembre 1914): 13; "Aviso", *La Revista Adventista* 14/9 (septiembre 1914): 15.

[6] E. W. Th., "La Reunión Anual de la Conferencia Argentina", *La Revista Adventista* 14/11 (noviembre 1914): 11-12.

revista *El Atalaya,* que contenía noticias sobre la guerra en Europa. Vendieron un total de 2.500 ejemplares.[1] En esas reuniones se propuso que cada miembro comprara cinco ejemplares del periódico misionero *El Atalaya* para tener para distribuir entre gente interesada. Por el éxito tenido con la venta del periódico, se programó lanzar un tercer número especial también con temas sobre la guerra en marzo de 1915.[2]

---

[1] s/t, *La Revista Adventista* 14/10 (octubre 1914): 16, nota 4; "La decimocuarta Asamblea Anual de la Conferencia Argentina", *La Revista Adventista* 14/12 (diciembre 1914): 10.

[2] Del primer número especial de *El Atalaya* sobre el tema de la guerra, se habían vendido cerca de 35.500 ejemplares en Paraguay, Argentina, Chile, Perú, Bolivia, Uruguay y Ecuador. Y, hasta ese momento, del segundo número especial se habían vendido cerca de 15.000. Véase, "El tercer 'Atalaya' sobre la guerra" y "Los Nos. I y II de 'El Atalaya' sobre la guerra" en *La Revista Adventista* 14/12 (diciembre 1914): 16. El tercero saldría en marzo, s/t, *La Revista Adventista* 15/2 (febrero 1915): 16, nota 7.

RECUPERANDO LA SALUD

E l constante esfuerzo de Eduardo por la excelencia, las largas horas que trabajaba y las privaciones que había soportado como niño, se evidenciaron a fines de 1914. Afectado por tuberculosis, se le dio tiempo para ir a recuperarse al Sanatorio Adventista del Plata en Camarero, Entre Ríos, desde el mes de noviembre de 1914.[1] El Dr. Roberto Habenicht lo examinó y dijo que la enfermedad estaba en un estado incipiente y que debía cuidarse bien, descansar, consumir buen alimento y estar un clima favorable. En *La Revista Adventista* de enero de 1915, se anunció que los médicos tenían confianza de que saldría de esta enfermedad y se pide oración especial por él.[2]

Eduardo relató,

Después de estar tres semanas recibiendo tratamiento en el Sanatorio, se me invitó a ir a Sta. Fe, a trabajar un poco con *El Atalaya*, porque había quienes creían

---

[1] E. W. Thomann, "La Cumbre, Córdoba, Rep. Arg.", *La Revista Adventista* 15/7 (julio 1915): 13.

[2] s/t, *La Revista Adventista* 15/1 (enero 1915): 16, nota 9.

que allí no se podía vender, y ayudar un poco en las conferencias que los hermanos Wheeler, Ernst y Tulín estaban dando.

Aunque muy débil todavía y con algo de fiebre varias veces casi todos los días, pude vender cerca de trescientos ejemplares de *El Atalaya* en poco tiempo y además dar instrucción en la venta a un niño. Estuve tres semanas en Santa Fe. Durante los últimos días que estuve allí, recibí parte del original inglés del nuevo libro, "La Crisis del Mundo," alcanzando a traducir allí un capítulo, sirviéndome de dactilógrafo el pastor Wheeler, que tenía consigo su máquina de escribir.

Entonces volví a Florida, donde acabé de traducir el libro. Habiendo estado allí tres semanas, volví a irme a Entre Ríos, y el 1 de marzo a Córdoba, deteniéndome algunos días en San Francisco con los hermanos de allí.[1]

Tal como comentó Eduardo, regresó a Buenos Aires por tres semanas entre fines de enero y febrero para dejar todo listo en manos del impresor el tercer número especial de *El Atalaya* sobre la guerra, que saldría finalmente en abril, y el librito *La crisis del mundo a la luz de la profecía*. Ya andaba un poco mejor de salud, pero siguen pidiendo en *La Revista Adventista* que se ore por su restablecimiento.[2]

Al volver a Camarero con su familia, y antes de partir para Córdoba, es invitado por el director del Colegio Adventista del Plata, H. U. Stevens, a la ceremonia de apertura de ese año y recorrerlo. Quedó muy impresionado por la enseñanza que se daba en los distintos niveles. Describió esta experiencia en un artículo en el que expresaba gratitud por las instituciones de enseñanza para los niños, los jóvenes y los adultos que se preparaban como misioneros.[3]

---

[1] Thomann, "La Cumbre, Córdoba, Rep. Arg.", 13.
[2] s/t, *La Revista Adventista* 15/3 (marzo 1915): 16, nota 7 y propaganda.
[3] E. W. Thomann, "Una visita al Colegio Adventista del Plata", *La Revista Adventista* 15/5 (mayo 1915): 11-12.

Los administradores le conceden un tiempo de licencia, a partir de marzo, para ir al pequeño pueblo de La Cumbre, provincia de Córdoba, en la cordillera central de Argentina, para reponer su salud ayudado por el clima de la sierra.[1]

Eduardo comentó que,

Era algo difícil decidir a qué punto de la sierra irme, y mi salud y los gastos que hubiera ocasionado no permitían ir a muchos lugares a ver cuál me sería el más conveniente, así que rogué a Dios de ayudarme a entender a dónde debía ir y dirigirme. Lo único que puede considerar como respuesta fue la memoria de un sueño que había tenido algún tiempo antes, en que me hallaba en un punto donde se dividían las aguas, bajando las unas en una dirección y las otras en otra. Reflexionando sobre ello, entendí que La Cumbre podría ser un lugar tal, y allí fui a buscar casa, y habiéndola encontrado, llamé a mi familia, que se había quedado con los hermanos en San Francisco.

A los pocos días de estar en La Cumbre, me dejó la fiebre. Pero solo alcancé a estar allí diez días, cuando volvía a Córdoba y San Francisco para pasar una semana de oración con los hermanos de estos lugares. Recibí muchas bendiciones espirituales durante esa semana, y además de ayudar y visitar a los hermanos y dirigir algunas reuniones, pude vender también un regular número de *El Atalaya* especial correspondiente al mes de marzo. Sin embargo, después de algunos días, habiendo hecho cierto día mucho calor, me volvió a dar fiebre, pero ésta me dejó de nuevo como dos semanas después de haber vuelto a La Cumbre.[2]

Por lo visto, Eduardo era muy inquieto. Apenas se sentía mejor comenzaba a trabajar como siempre y eso hacía que recayera. Debe haber sido muy difícil para un hombre tan activo tener que descansar. Pero finalmente, trató de entender que era importante descansar,

---

[1] Informó que su nueva dirección sería La Cumbre, F. C.A. del N., Córdoba, Argentina. Véase s/t, *La Revista Adventista* 15/4 (abril 1915): 16, nota 8.

[2] Thomann, "La Cumbre, Córdoba, Rep. Arg.", 13.

> Habiendo estaba en casa en ésta un poquito más de un mes, durante cuyo tiempo no hice casi nada de trabajo misionero, con excepción de vender cuestión de 200 *Atalayas*, en la estación a la pasada de los trenes y en el pueblecito mismo, recibí una carta del hermano Hartman en la cual me decía que si mi salud me lo permitía, deseaba que viniera a Florida por algunas semanas, a ayudar en el trabajo de la redacción, pues se estaban atrasando. Aunque hacía tan poco que había llegado a La Cumbre, ya me hallaba bastante restablecido de manera que me animé a ir.[1]

Sus hijos relataron después su determinación por sanarse. Comenzaba cada día echándose encima medio balde de agua fría, que dejaba afuera toda la noche. En ocasiones tenía que romper el hielo de la superficie para que el agua saliera. Entonces hacía calistenia y ejercicios. Durante el día caminaba mucho. Echaba mano de todo medicamento que se enteraba.

Flora había comprado en Buenos Aires un armonio de lengüetas, y eso también fue a La Cumbre. No había ningún otro instrumento en el pueblo. Siempre fue un placer para ella, luego de un poco de práctica, tocar el Himno Nacional u otras selecciones de música para programas escolares y celebraciones.

No había doctor en el pueblo, pero había una curandera también llamada Flora. Pero ella perdió su popularidad cuando "doña Flora," como le decían a la Blumeli de Eduardo, hacía milagros con hidroterapia y remedios sencillos. A menudo Flora tenía que dejar sus niños, Dorita, Arturo y Donaldo solos en la casa mientras ella iba a atender a alguna persona enferma.

Había recibido todo el año noticias de lo bien que se vendía *El Atalaya* y de los frutos que daba en todas partes de Sudamérica difundiendo el mensaje que tanto amaba Eduardo y su familia.[2]

---

[1] Ibid.

[2] Véase por ejemplo, Jorge Casebeer y colaboradores, "La obra en Buenos Aires",

Así fue que Eduardo mejoró un poco de salud, y ante el pedido de Hatman, viajó a Buenos Aires para ayudar algunas semanas en el trabajo de redacción. "Aunque hacía tan poco que había llegado a La Cumbre, ya me hallaba bastante restablecido, de manera que me animé a ir".[1] Fue probablemente para el mes de mayo. Decidió hacer un número especial de *El Atalaya* sobre el tema de la temperancia. El tema ya se lo habían pedido hacía más de un año, pero con la cuestión de la guerra, había postergado armarlo. En julio, se publicaría este número especial que trataría temas por medio de especialistas sobre drogas, alcohol y otras cuestiones relacionadas y también contendría artículos interesantes de las revistas de Norteamérica y Europa.[2]

En Florida, Dios también me ha bendecido con salud y fuerzas, de manera que he podido trabajar. El tiempo también me ha sido muy favorable, pues solo hemos tenido muy pocos días nublados y húmedos. Así que, al presente, después de haber estado en Florida cerca de un mes y medio, me hallo bastante bien todavía.[3]

Aunque Eduardo se sentía bien, escribió,

Dentro de unos pocos días pienso, si Dios quiere, volver a La Cumbre; espero ir por vía de Entre Ríos para que el doctor me examine nuevamente, para ver si yo puedo, sin arriesgarme mucho, ponerme a la obra otra vez, o cuánto tiempo piensa que debo esperar todavía.

Hermanos, oren por mí, para que si es la voluntad de Dios y El[sic] puede ser glorificado en mi vida, me vuelva a restablecer lo suficiente la salud para poder seguir siendo útil en su obra. Mi determinación es de ser fiel al Señor y trabajar en la propagación de su santo mensaje, y, en lo que pueda, animar a los

La Revista Adventista 15/6 (junio 1915): 10; Pedro y Adela Brouchy, "Corrientes, Rep. Argentina", *La Revista Adventista* 15/6 (junio 1915): 10-11; Jacobo A. Koch, "Colportando en el Uruguay", *La Revista Adventista* 15/6 (junio 1915): 15.

[1] Thomann, "La Cumbre, Córdoba, Rep. Arg.", 13.
[2] La Redacción, "El Atalaya de julio", *La Revista Adventista* 15/6 (junio 1915): 16.
[3] Thomann, "La Cumbre, Córdoba, Rep. Arg.", 13.

demás hermanos a perseverar fieles y firmes hasta que aparezca nuestro amantísimo Salvador en las nubes del cielo.

Os salud a todos vuestro hermano en Cristo.[1]

Y así era Eduardo, un misionero de corazón. Deseaba predicar del mensaje del evangelio que tanto amaba todo el tiempo que pudiera. Durante ese tiempo fue el encargado de dedicar, el sábado 19 de junio, el nuevo salón de cultos construido para la iglesia de Florida y la casa editora.

La iglesia y la casa editora de Florida están de parabienes. A mediados de junio quedó listo para servicio el nuevo salón de cultos que para este fin (como también para reuniones de comité y algunos trabajos de redacción), hizo construir la Conferencia Unión juntamente con la nueva pieza para los redactores. Ambas piezas son cómodas y están bien ventiladas, teniendo cada una, además de grandes ventanas, una claraboya. El Sábado, 19 de junio, tuvo lugar la reunión de dedicación, la cual estuvo a cargo del pastor E. W. Thomann, asistido por los hermanos Hartman y Oppegard, y en la cual tomaron parte casi todos los presentes, expresando ellos su agradecimiento al Señor y renovando sus votos de consagración a Él y a su obra.[2]

También había estado colaborando en la obra en Buenos Aires. El sábado 3 de julio, había participado de la Santa Cena asistiendo al pastor J. W. Westphal y Casebeer.[3]

En *La Revista Adventista* de agosto, se dice que Eduardo había estado en Florida por más de un mes y sin tener problemas de salud.[4]

Aprovechaba cada tanto a dar consejos sobre cómo

---

[1] Thomann, "La Cumbre, Córdoba, Rep. Arg.", 13.

[2] s/t, *La Revista Adventista* 15/8 (agosto 1915): 16, nota 8.

[3] Ibid., 16, nota 7.

[4] E. W. Thomann, "A los vendedores de periódicos y revistas", *La Revista Adventista* 15/8 (agosto 1915): 14-16, nota 4.

vender periódicos para difundir el evangelio y promocionar los nuevos números de *El Atalaya*.[1]

Deben haber pasado meses de extrañar a la familia. En su regreso a La Cumbre, pasó primero por Camarero y registra que uno de los pacientes había recibido de regalo una revista *El Atalaya* y deseaba conocer quién había sido pues la carta que venía adjunta no tenía nombre. Eduardo dice,

> Yo le expliqué que la Sociedad de Jóvenes Misioneros Voluntarios y Sociedad Misionera de la Iglesia de allí de Camarero, lo mismo como las de otras partes, hacían obra misionera, enviando periódicos y cartas a las personas cuyos nombres obtenían, y que la persona que a él le escribió debe haber olvidado de firmar.

> Menciono este incidente para mostrar que la obra hecho con el envío de nuestros periódicos despierta interés, pero que cada vez que se escribe una carta a una persona, no debería olvidarse de firmar.[2]

Durante el viaje, Eduardo no podía con su genio, al viajar de Camarero a La Cumbre, Córdoba, aprovechó a vender revistas mientras le daban permiso para hacerlo.[3]

Al llegar a Paraná, aprovechó que el pastor Godofredo Block (padre) también viajaba a la provincia y el chaco de Santa Fe, y lo acompañó a visitar una familia de creyentes. Estaban contentos porque la reunión general de la Conferencia Argentina se haría en ese lugar. En cada lugar que iba aprovechaba a vender la revista *El Atalaya*.[4]

Mientras viajaba por el río en un barco a vapor, aprovechó a tomar suscripciones a la revista y a escribir.

---

[1] Ibid., 14-15; "El Atalaya de agosto", *La Revista Adventista* 15/8 (agosto 1915): 16. Probablemente escribió consejos de cómo enviar ejemplares de *El Atalaya* con una carta misionera en el artículo sin autor "Una carta misionera", *La Revista Adventista* 15/9 (septiembre 1915): 9.

[2] E. W. Thomann, "De regreso a La Cumbre", *La Revista Adventista* 15/9 (septiembre 1915): 12.

[3] Ibid.

[4] Ibid.

En Santa Fe, después de visitar una familia, como el pastor Block decidió quedarse para ayudar a los creyentes del lugar, Eduardo continuó solo su viaje. Al llegar a San Francisco lo estaba esperando el hermano Herbes, que lo llevó a la casa del anciano de Malbertina. Al día siguiente, el hijo de Herbes lo llevó a visitar una familia de la Iglesia de Malbertina que hacía tiempo no la visitaban. Había allí un hombre venido de Francia que había oído sobre las creencias adventistas de parte de Adolfo Barraud y que las había aceptado y pedía ser bautizado. Lo bautizaron al día siguiente en la Iglesia y celebraron también una santa cena. El día domingo, partió con Herbes en su carro tilbury a unos 25 km de distancia, donde vivía una familia de creyentes, en Colonia Mortero.[1]

Al llegar, aunque ya tarde en el día, los creyentes salieron a avisar a los que vivían en los alrededores y a la noche tuvieron juntos una reunión que terminó a la una de la mañana. El segundo día también tuvieron reuniones en la tarde y la noche. Al tercer día, Eduardo viajó con Herbes unos tres km más para tener reuniones en casa de una familia argentina de creyentes. Ellos deseaban oír el evangelio junto con sus padres, tíos y vecinos. La casa estaba llena de gente. Aunque regresaron tarde a Mortero, los creyentes tuvieron otra reunión, y a la noche, a eso de las 22 h., se bautizó un creyente de origen portugués que había conocido el evangelio por medio de la familia Pahud. Los creyentes del lugar compraron varios periódicos, himnarios y el nuevo librito *Crisis*.[2]

Después de estas visitas, Eduardo regresó a Malbertina y partió al día siguiente para Córdoba donde se quedó dos días y tres noches. Tuvo reuniones con los creyentes del lugar y también pudo vender algunas revistas.

Parecía que Eduardo nunca llegaría a La Cumbre. Pero después de estar esos días en Córdoba, llegó finalmente

---

1 Ibid.

2 Ibid.

a donde estaba su familia. En el viaje aprovechó a vender algunos periódicos, pero no estaba permitido en algunos lugares.[1] El relató,

> Habiendo estado de viaje desde Buenos Aires dieciocho días, y ausente de casa, dos meses y medio.... Llegando a La Cumbre, hallé a los míos bien, gracias a Dios. Mi salud, aunque sufrió algo durante el viaje, se repuso a los pocos días de estar en casa. De manera que puedo dedicarme al trabajo de redacción sin impedimento, y los días que pasan trenes, aprovecho las oportunidades para ofrecerles literatura a la gente.[2]

Pero Eduardo no permaneció mucho tiempo en ese lugar. Para mediados de octubre, se dispone a viajar para llegar a la decimoquinta sesión anual de la Conferencia Argentina que se realizó en Camarero, Entre Ríos, del 28 de octubre al 10 de noviembre. Es probable que esta vez viajara con su familia. Estas reuniones siempre fueron una ocasión para el reencuentro familiar. Flora visitaría a sus padres y demás integrantes de su familia. En esas reuniones, se le pide a Eduardo que sea parte de la Junta Directiva de la Conferencia Argentina para el siguiente período.[3] Durante los días previos a las reuniones, Eduardo y su familia pudieron asistir a los actos de colación de grados del Colegio Adventista del Plata y del Sanatorio Adventista del Plata. La del Colegio por la mañana y la del Sanatorio por la noche. Eduardo registró lo que vivió en ese momento,

> Los salones del Colegio se hallaban adecuadamente decorados, y a la hora de apertura estaba el salón grande del Colegio atestado de interesados espectadores.
>
> El programa del Colegio, que tuvo lugar por la mañana, fué[sic] variado y provechoso, tomando parte en él los alumnos de todos los grados con

---

[1] Ibid.

[2] Ibid.

[3] Guillermon Emmenegger, "La Decimoquinta Sesión Anual de la Conferencia Argentina", *La Revista Adventista* 15/12 (diciembre 1915): 6-8.

demostraciones de las diferentes materias que habían aprendido. Pero no solo era digno de verse y oírse lo que los alumnos presentaban, sino que era también grandemente conmovedor observar la expresión de satisfacción y complacencia que se dibujaba en los rostros de los padres al ver ellos las evidencias del adelanto y aprovechamiento de sus hijos. Se veía a padres que habían hecho grandes sacrificios para poder enviar sus hijos al Colegio derramar lágrimas de regocijo al ver lo que la educación había hecho por ellos, y estamos seguros que nadie creyó demasiado grandes los sacrificios hechos para poder mandarlos, sino, al contrario, todos deben haberse resuelto allí y entonces, si no estaban decididos ya, de hacer aun mayores esfuerzos para proveer a todos sus hijos de una educación tan valiosa e importante.

Durante la tarde del día se les dió[sic] a los presentes el privilegio de visitar la exposición de trabajos hechos durante el año escolar por los alumnos, trabajos que mostraban el grado de adelanto a que habían legado.

Al final de la parte matutina de la fiesta les fueron entregados sus diplomas a los alumnos de las tres clases siguientes, que habían terminado satisfactoriamente sus respectivos cursos, a saber los del sexto grado escolar, los del curso especial para obreros y los del curso misionero.

Por la noche, despues[sic] de una interesante velada de temperancia, y demostraciones de algunos tratamientos práctico dados por los enfermeros y enfermeras que habían terminado con éxito su curso de tres años de estudio, les fueron entregados también a éstos sus diplomas.[1]

En el mes de diciembre de 1915, Eduardo volvió a escribir en *La Revista Adventista* sobre la libertad religiosa en Perú. El 20 de octubre se había votado la reforma de la constitución suprimiendo la cláusula que prohibía todo culto que no fuese el católico romano. No obstante, esto era tolerancia y estaba lejos de lograrse una igualdad y

---

[1] E. W. Thomann, "Fiesta Escolar de Fin de Año", *La Revista Adventista* 15/12 (diciembre 1915): 14.

completa libertad religiosa. No obstante, era motivo de alegría saber que los misioneros contarían con leyes que los protegieran, así como también a los lugareños que aceptaran otra práctica religiosa fuera de la católica.[1]

En ocho meses, para diciembre, Eduardo estaba lo suficientemente bien como para poder continuar su trabajo en Buenos Aires. En *La Revista Adventista* se comunica que es grato informar que "el pastor Ed. Thomann se halla otra vez en Florida. Su salud está mucho mejor, tanto que el doctor cree que, cuidándose, puede seguir trabajando".[2]

El hermano de Eduardo, Walter, había recibido una invitación para trabajar como misionero en la Misión Uruguaya. Fue a ayudar al pastor F. Perry en la ciudad de Montevideo.[3] Eso hizo que pudieran estar un poco más cerca para verse.

Hacia el fin del año, el 8 de diciembre, Eduardo expresó palabras de consuelo en alemán para la familia Brunsch. Había fallecido a los 27 años, Elena V. de Brunsch, que había venido de Rusia y que conoció las creencias adventistas a los 13 años. Había sido miembro de la Iglesia de Belgrano.[4]

---

[1] E. W. Thomann, "Tolerancia de cultos en el Perú", *La Revista Adventista* 15/12 (diciembre 1915): 12.

[3] s/t, *La Revista Adventista* 15/12 (diciembre 1915): 16, nota 2.

[3] Ibid., 16, nota 8.

[4] E. W. Thomann, "Necrología", *La Revista Adventista* 16/1 (enero 1916): 15.

ALEGRÍAS Y TRISTEZAS

D urante 1916, Eduardo estaba activamente trabajando como editor y pastor.

Ya a principios de año comenzó a tener intensas actividades. No sabemos si participó de las reuniones que desde el 7 de enero empezaron a realizarse para los obreros antes de la reunión bienal de la Conferencia Unión Sudamericana que se realizaría en febrero.[1] Al menos, en el segundo mes del año acompañó a varios misioneros que habían llegado para realizar esfuerzos especiales de evangelismo en la ciudad y también en ocasión de la reunión bienal de la Unión Asociación Sudamericana que se realizó en La Plata, del 10 al 19 de febrero. En esa reunión se decidió la formación de la División Sudamericana, que ya había sido sugerido por los delegados que habían asistido a las reuniones del concilio bienal de la Asociación General el año anterior. Allí se había tomado un voto autorizando la recomendación de organizar América del Sur en una Conferencia División que abarcara las conferencias Unión Sudamericana, Unión Brasileña y la Misión Unión Incaica.

---

[1] s/t, *La Revista Adventista* 16/2 (febrero 1916): 16, nota 7.

Foto: Delegados a la Conferencia Unión Sudamericana de 1916.[1]

Llegarían para esa ocasión los pastores W. W. Prescott, en representación de la Asociación General, el pastor O. Montgomery, propuesto como futuro presidente de la Conferencia División Sudamericana, y el pastor Nelson Z. Town, secretario del departamento de publicaciones de la Asociación General.[2] Durante las tardes, entre los horarios de las reuniones, todos salían a hacer alguna actividad misionera como distribuir avisos para las conferencias públicas, otros a colportar con *El Atalaya*, y algunos a dar estudios bíblicos a personas interesadas.[3]

Fue otra ocasión de reencuentro familiar con las familias de Flora y Eduardo que vivían distantes en

---

[1] Foto "Grupo de delegados", La Revista Adventista 16/3-4 (marzo-abril 1916): 9. En la foto se observa a Eduardo como parte del grupo de delegados a estas reuniones.

[2] "Para la América del Sur" y "Reunión de la Conferencia Unión Sudamericana", *La Revista Adventista* 16/1 (enero 1916): 16; "Organización de la División Sudamericana de los Adventistas del Séptimo Día", *La Revista Adventista* 16/3-4 (marzo-abril 1916): 5.

[3] E. Brooks, "La reunión de los obreros en La Plata", *La Revista Adventista* 16/2 (febrero 1916): 15.

Foto: Pastores ordenados en la Conferencia Unión Sudamericana.[1]

diferentes países del continente donde estaban trabajando como misioneros.[2]

La Revista Adventista sacó páginas adicionales con las noticias del congreso bienal aunando los números de marzo y abril de 1916. En esas reuniones, la Conferencia Unión Sudamericana cambió su nombre al de Asociación Unión Austral de los Adventistas del Séptimo Día, y también se recomienda que se deje de usar la expresión "Conferencia" y se utilice el término "Asociación" para describir mejor los propósitos de organización en el ámbito legal.[3]

---

[1] Foto "Grupo de pastores que han sido ordenados en la Conferencia Unión Sudamericana", La Revista Adventista 16/3-4 (marzo-abril 1916): 18. En la foto, Eduardo aparece como parte del grupo de pastores ordenados en la Conferencia Unión Sudamericana.

[2] H. U. Stevens, "La Plata and La Ensenada", *Review and Herald* 97/25 (June 17, 1920), 14; disponible en http://documents.adventistarchives.org/Periodicals/ RH/RH19200617-V97-25.pdf; Internet (consultada el 7 de septiembre de 2017); J. L. Shaw, "Conventions and Conferences in South America", *Review and Herald* 97/27 (July 1, 1920), 2, 18-20; disponible en http://documents.adventistarchives. org/Periodicals/RH/RH19200701-V97-27.pdf; Internet (consultada el 13 de septiembre de 2017).

[3] G. E. Hartman, "Informe del secretario", *La Revista Adventista* 16/3-4 (marzo-

En esas reuniones Eduardo fue nombrado como parte de la Junta Directiva de la Casa Editora y que formase parte del comité que se encargaría de la publicación de un himnario de 150 himnos de los cuales no menos de 25 fueran de composición propia de adventistas y que trataran de doctrinas que distinguen a los adventistas de otras iglesias protestantes. Los himnos restantes se elegirían de otros himnarios. Además debía ser sin música. Este himnario apareció a fines de noviembre.[1] También se le pidió que se encargara de la obra misionera local en la Unión.[2]

Eduardo solía apoyar una vez al mes al pequeño grupo que se estaba iniciando en la ciudad de La Plata, sobre todo después del esfuerzo hecho durante las reuniones del congreso de la recién nombrada División Sudamericana.[3] Así que viajaba hasta allí desde Florida. Un viaje de más de dos horas en tren por hermosas extensiones de tierra.

En la semana del 19 de mayo, se celebraron diferentes cultos especiales en la Iglesia de Florida, Buenos Aires, donde asistían Eduardo y su familia. Se estaban realizando reuniones de la junta directiva de la reciente fundada División Sudamericana, y los pastores que formaban parte de su junta directiva solían tener los cultos para todos los creyentes y el vecindario. Los temas fueron de gran bendición espiritual.[4]

Para junio de 1916, llegó a Buenos Aires, el hermano de Flora, Arturo, que regresó de trabajar en Perú. Se le había pedido que trabajara un tiempo Buenos Aires junto

---

abril 1916): 11, acuerdo n.º 20 y 23; "Estatutos de la Unión Austral de los Adventistas del Séptimo Día", *La Revista Adventista* 16/3-4 (marzo-abril 1916): 23; "Cambios de nombres", *La Revista Adventista* 16/3-4 (marzo-abril 1916): 32.

[1] "Acuerdos de la Junta Directiva de la Unión Austral (I)", *La Revista Adventista* 16/3-4 (marzo-abril 1916): 26; Propaganda "El nuevo Himnario", *La Revista Adventista* 16/11 (noviembre 1916): contratapa.

[2] E. W. Thomann, "La obra misionera local", *La Revista Adventista* 16/3-4 (marzo-abril 1916): 30.

[3] s/t, *La Revista Adventista* 16/3-4 (marzo-abril 1916): 32, nota 6.

[4] Roscoe T. Baer, "Reunión de la Junta Directiva de la División Sudamericana", *La Revista Adventista* 16/7 (julio 1916): 5-6.

con el pastor Casebeer y luego asumiera la responsabilidad de dirigir la misión en Asunción, Paraguay.[1]

Evidentemente, era un privilegio para Eduardo ser el editor responsable del periódico misionero de la División Sudamericana para habla hispana. Permanentemente recibía noticias de personas que habían aceptado las creencias adventistas por la lectura del periódico. Eso hacía que fuera más entusiasta por difundirlo permanentemente en propagandas que salían el *La Revista Adventista*, así como diferentes testimonios de colportores o personas que habían tenido contacto con *El Atalaya*.

A mediados de 1916, Eduardo empieza a entrenar a Edgar Brooks como director asociado de la revista *El Atalaya*. En 1918, Edgar Brooks asume por completo la dirección editorial de la revista. Y Eduardo se dedica más de lleno a trabajar con *La Revista Adventista*.

---

[1] s/t, *La Revista Adventista* 16/6 (junio 1916): 16, nota 5.

DE LOS DESAFÍOS EDITORIALES A LOS PASTORALES

En 1918, cuando Eduardo asumió como el redactor responsable de *La Revista Adventista,* esta aumentó su tirada a dos ejemplares mensuales. Se propusieron 25 números en el año para dejar una semana libre para la instrucción de los misioneros. Cada departamento de la misión tendría una página para publicar sus novedades.[1]

Esta responsabilidad lo liberó de informar sobre la obra misionera local, ya que se había hecho cargo de ello el reciente misionero A. A. Cone.

Desde el 14 al 24 de marzo, Eduardo viajó a San José, Uruguay, para participar de las reuniones anuales de la Misión Uruguaya. Allí se encontró con amigos y conocidos. Lo recibió Federico Mangold.[2] Posteriormente informó que no hubo tanta asistencia como se esperaba. Eduardo fue como representante de la Unión Austral junto con C. P. Crager, A. R. Sherman y Lydia Greene de Oppegard. Las

---

[1] J. W. Westphal, "Algunos acuerdos tomados por la Junta Directiva de la Unión Austral", *La Revista Adventista* 18/1 (3 enero 1918): 6.

[2] "Fechas que recordar", *La Revista Adventista* 18/6 (14 marzo 1918): 16; s/t, *La Revista Adventista* 18/7 (28 marzo 1918): 16, nota 4.

reuniones se realizaban en un local ubicado en el centro de la ciudad a media cuadra de la plaza principal. Se habían anunciado conferencias públicas, además de las que se tenían para los delegados a las reuniones.[1]

En junio realizó un viaje a Entre Ríos. Como era costumbre de Eduardo, llevó folletos y libros para vender durante su viaje en barco. Desembarcó en Diamante. Al llegar al Sanatorio, en la zona de Camarero, en forma imprevista tuvo que salir con el doctor a ver a una enferma. Por el camino y aldeas aprovechó a vender también varias publicaciones.

Durante el penúltimo sábado de junio, le tocó visitar la Iglesia de Crespo y tener allí reuniones. A su regreso en barco, también pudo dejar algunos ejemplares de la literatura que estaba llevando. Al llegar a Rosario, Santa Fe, visitó el local donde se reunían los creyentes. En ese lugar se realizaría el próximo congreso de la Asociación Argentina en unos meses más, entre el 24 de octubre al 3 de noviembre. De Rosario, tomó el tren a Buenos Aires y pudo vender algunos ejemplares más de *El Atalaya*.[2] Como vemos, en cada viaje que hacía, Eduardo cargaba con una buena cantidad de folletos, libros y revistas para vender.

Durante los últimos días del mes de septiembre, estuvo ocupado asistiendo a las sesiones de las juntas de la División Sudamericana y de la Unión Austral que se realizaron en Florida, Buenos Aires.[3]

Después que terminaron estas reuniones hubo que prepararse para asistir a las reuniones de la Asociación

[1] E. W. Thomann, "La reunión anual de la Misión Uruguaya", *La Revista Adventista* 18/8 (11 abril 1918): 10. *Review and Herald* 95/25 (June 20, 1918), 24. Disponible en http://documents.adventistarchives.org/Periodicals/RH/RH19180620-V95-25.pdf, Internet (consultada el 13 de septiembre de 2017).

[2] E. W. Thomann, "Una visita a Entre Ríos", *La Revista Adventista* 18/14 (4 julio 1918): 12, 15; Roscoe T. Baer, "El congreso anual de la Asociación Argentina", *La Revista Adventista* 18/16 (1 agosto 1918): 15.

[3] "Las sesiones de las juntas de la División Sudamericana y Unión Austral", *La Revista Adventista* 18/20 (26 septiembre 1918): 16

Foto: "Algunos de los obreros presentes en el reciente congreso anual de la Asociación Argentina, celebrado en la ciudad de Rosario, Santa Fe". Sentados de izquierda a derecha: C. E. Krieghoff, J. H. McEarchen, R. T. Baer, O. Montgomery, E. H. Meyers y T. E. Saviano. De pie, de izquierda a derecha: L. A. Rojas, A. R. Sherman, Flora de Thomann, E. W. Thoamnn, Sra. Block, G. Block, J. G. Casebeer, L. Ernst, y E. W. Everest.[1]

Argentina en Rosario, Santa Fe. En esa ocasión lo acompañó Flora y su familia.

Fue otra ocasión interesante de encuentro con amigos y familiares.

Al año siguiente, para la misma fecha, presentó varios temas en la reunión anual de la Misión Uruguaya realizada en la ciudad de Rosario, Uruguay.[2]

La experiencia de Eduardo como editor, colportor, pastor y conferenciante era motivo de que lo incluyeran

---

[1] Foto, "Algunos de los obreros presentes en el reciente congreso anual de la Asociación Argentina, celebrado en la ciudad de Rosario, Santa Fe", *La Revista Adventista* 18/23 (21 noviembre 1918): 1.

[2] Oliver Montgomery, "Uruguay", *Review and Herald* 96/30 (July 24, 1919), 15. Disponible en http://documents.adventistarchives.org/Periodicals/RH/RH1919 0724-V96-30.pdf, Internet (consultada el 13 de septiembre de 2017).

como miembro de diferentes juntas. Esto lo mantenía ocupado con reuniones, además de viajes.[1]

Continuó en ese trabajo hasta 1920.[2] Durante ese tiempo entrenó e inició en la obra de las publicaciones a dos bien conocidos escritores españoles. Uno de ellos fue probablemente a Edgar Brooks, quien primero estuvo como editor asistente de la revista *El Atalaya,* y luego Marcelo I. Fayard, quien posteriormente colaboró como editor asistente con Edgar Brooks en la misma revista, además de traducir y publicar artículos en *La Revista Adventista.*[3]

Foto: Personal de la Casa Editora Unión Sudamericana. En la primera fila sentado, Eduardo es la tercera persona de izquierda a derecha.[4]

Por su parte, en este tiempo en Buenos Aires, Flora a menudo cocinaba para los obreros y para las visitas. También daba estudios bíblicos y parte del tiempo enseñaba

---

[1] *1919 Year Book of the Seventh-day Adventist Denomination* (Takoma Park, Washington: Review and Herald Publishing Association, 1919?), 158, 160, 214, 299. Disponible en http://documents.adventistarchives.org/Yearbooks/YB1919. pdf, Internet (consultada el 13 de septiembre de 2017).

[2] *1920 Year Book of the Seventh-day Adventist Denomination* (Takoma Park, Washington: Review and Herald Publishing Association, 1920?), 177, 221. Disponible en http://documents.adventistarchives.org/Yearbooks/YB1920.pdf, Internet (consultada el 13 de septiembre de 2017).

[3] s/t, *La Revista Adventista* 18/24 (5 diciembre 1918): 16, nota 4.

[4] "Foto: Personal de la Casa Editora Unión Sudamericana", *La Revista Adventista* 19/21 (9 octubre 1919): 1.

en la escuela de la Iglesia de Florida donde asistían sus dos hijos mayores. Como si eso no fuera suficiente, mientras atendía su casa y su familia, tradujo libros de texto con lecciones bíblicas que fueron usados en muchas de las escuelas de la iglesia en América del Sur. Cuando llegaba el tiempo de las reuniones anuales siempre era demandada y se las ingeniaba para proveer comidas nutritivas y sabrosas a pesar de las escasas facilidades disponibles.

En febrero de 1920, Eduardo estuvo asistiendo al congreso de la Unión Austral que se celebró en Buenos Aires hacia fines de febrero, y después de esa reunión se celebró otra en Camarero para una reunión general de la Asociación Argentina (25 al 28 de marzo).[1] Ese año, Eduardo dejó de ser parte de la junta de la Unión Austral.

Foto: Junta Directiva (saliente) de la Unión Austral.
Eduardo aparece en segunda fila de pie, el quinto de izquierda a derecha[2]

El 20 de mayo de 1920, Eduardo publicó el último número de *La Revista Adventista* como redactor responsable. En el siguiente número, E. W. Everest, gerente de la Casa Editora, informó lo siguiente:

> Hace unos veinte años, se emprendió la publicación en la América del Sur de un pequeño periódico que se ha desarrollado en lo que es hoy La Revista Adventista.

---

[1] s/t, *La Revista Adventista* 19/6 (11 marzo 1920): 16, nota 2; F. L. Perry, "Aviso", 19/6 (11 marzo 1920): 16.

[2] "Foto: Junta Directiva (saliente) de la Unión Austral", *La Revista Adventista* 20/7 (25 marzo 1920): 12; E. W. Th., "Reseña de los congresos de la División y Unión Austral", *La Revista Adventista* 20/7 (25 marzo 1920): 16, 14.

Al principio se publicó para suplir la necesidad definida que se sentía en este campo nuevo de un periódico para la gente aquí. Se ha encontrado muchas adversidades y se han vencido muchas dificultades. El precio de la subscripción al periódico no ha sido nunca suficiente para cubrir los gastos de redacción, publicación y franqueo. El Hno. Eduardo Thomann fundó el periódico, y de su propio bolsillo pagó las pérdidas que causaba el periódico en sus tempranos días. El ha dedicado sus mejores esfuerzos al periódico, dándose siempre cuenta de que él era responsable delante de Dios por el mensaje que La Revista daba a la gente. Hubiera sido difícil encontrar un hombre más cabalmente consagrado y concienzudo.

Una de las difíciles situaciones que confrontan a nuestros hermanos hoy es la necesidad de hombres para responder a los pedidos que continuamente llegan en demanda de hombres. La América del Sur necesita grandemente mayor número de obreros. Se necesitan predicadores para proclamar la verdad. Es necesario que cada departamento de la obra conserve hombres para que haya número suficiente, a fin de que se pueda responder a las demandas de hombres.

En una reunión de la Junta Directiva de la Casa Editora Sudamericana, celebrada con el propósito de trazar planes para el futuro, se dio estudio cuidadoso a la cuestión de la redacción de cada uno de los periódicos que publicamos. Los gastos de traducción y redacción son muy subidos, y se pensó que tal vez fuese posible reducir el número de obreros en la oficina de redacción, realizando así una considerable economía en los gastos, y al mismo tiempo proveyendo a un hombre para responder al pedido de ayuda ministerial en el campo. El Hno. Thomann fue libertado de la responsabilidad editorial de La Revista Adventista y respondió al llamamiento de la Asociación Argentina para emprender obra ministerial en aquella Asociación.[1]

Fue así que Eduardo fue enviado a pastorear el distrito de Santa Fe que abarcaba un gran territorio. Su actividad en ese distrito se extendió hasta 1926 aproximadamente.

---

[1] E. W. Everest, "Aviso", *La Revista Adventista* 20/12 (3 junio 1920): 16.

En ese distrito vivían los más antiguos adventistas de Sudamérica. Eduardo y Flora llevaron a su familia a Santa Fe. Ahora estaban más cerca que nunca de la familia de Flora y enviaron a Dorita y Arturo a la casa de los abuelos para que pudieran ir a la escuela allí.

A fines de septiembre, Luis Emmenegger de Paraná informó en *La Revista Adventista,*

> Ahora tenemos el privilegio de tener cada domingo al pastor E. W. Thomann, de Santa Fe, con nosotros. El Hno. Thomann está preparando unos candidatos para el bautismo y visita sin cansarse los miembros del grupo y miembros interesados. Nuestra escuela sabática cuenta ahora con 30 miembros.[1]

Eduardo mismo escribió de sus primeros esfuerzos en la zona,

> La obra aquí en Santa Fe ha sufrido una considerable pérdida con la ida de los Hnos. Juan Cánepa, Eustaquio Rivero y Francisco Rivero y familia; pero la pérdida nuestra ha sido tanto de ganancia para la obra en las partes adonde se han ido. Tenemos algunos nuevos interesados, que esperamos tomarán más tarde el lugar de aquéllos aquí; pero aun sentimos la pérdida.
>
> En lo futuro tendremos las reuniones en la casa que hemos alquilado en el Bulevar Pellegrini No. 140, entre San Jerónimo y 9 de Julio, adonde también invitamos que vengan a visitarnos los hermanos que se hallen de paso por Santa Fe. A pesar de que todas las denominaciones se quejan de que Santa Fe es un lugar difícil para trabajar, y ha sido esto también la experiencia de todos nuestros hermanos que hasta ahora han tenido ocasión de trabajar aquí, sin embargo he tenido el privilegio de encontrar en otros diferentes puntos, como también en esta localidad misma, algunas personas que aquí aceptaron la verdad en años pasados, y que todavía siguen fieles. Pueden mencionarse entre éstos al Hno. Cartoccio y esposa, de Reconquista, el Hno. Kaerst y esposa, de San Carlos Sud, y la Hna. Siegried, que se

---

[1] "La obra en Paraná (R. A.)", *La Revista Adventista* 20/19 (9 septiembre 1921): 16.

halla aquí. Y, al presente, estamos esforzándonos para hallar las almas susceptibles de ser influenciadas por la verdad, visitando de casa en casa a las familias con los folletos en sobres. También usamos 400, y a veces más, ejemplares de *El Atalaya* por mes. La Hna. Elvira D. de Foley sola usa 200 de éstos, y además está colocando muchos ejemplares del librito "Epidemias" en las casas.

Con la ayuda de Dios esperamos tener un buen número de interesados para el tiempo del congreso anual, que se piensa celebrar aquí en los últimos días de febrero y primeros de marzo, en el cual esperamos la visita de muchos de nuestros amados hermanos de otras partes. Oren, hermanos, por la obra en Santa Fe.[1]

Para fortalecer el esfuerzo que se realizaba en Santa Fe, del 24 febrero al 5 de marzo del año 1921 se celebró la reunión anual de la Asociación Argentina en la ciudad capital de la provincia de Santa Fe.[2] A diferencia de otros años, esta vez se hizo hacia fines del verano en lugar de la primavera como era costumbre. Unos 10 días antes los pastores Casebeer y Godofredo Block, ayudados por Eduardo, realizaron reuniones nocturnas para el público que continuaron durante todo el congreso. Se alquiló un salón con suficiente espacio para tener reuniones espirituales. Cuando comenzó el congreso, durante el día había distintas reuniones, pero en la noche se daban las charlas especiales para todo público. Un buen número de personas quedaron interesadas y Eduardo quedó encargado de atenderlos.

La presentación de los programas durante la noche despertó el interés de varias personas, incluso personas influyentes. Fue tal el interés que se le pidió a Eduardo y al pastor Godofredo Block que se quedaran después de terminadas las reuniones generales para mantener el interés y preparar a los que habían solicitado el bautismo. Se tenía

---

[1] Eduardo W. Thomann, "La obra en Sta. Fe (R. A.)", *La Revista Adventista* 21/3 (31 enero 1921): 9.

[2] F. L. Perry, "Aviso", *La Revista Adventista* 21/1 (3 enero 1920): 14.

esperanza de que pronto hubiera una iglesia organizada en la ciudad de Santa Fe.[1]

Después de unas semanas, Eduardo comentaba que aunque costaba que las personas se decidieran, algunos eran susceptibles a la obra del Espíritu de Dios.[2] En su recorrida por Felicia, acompañó en su tristeza a la familia Dupertuis ante el fallecimiento el 4 de mayo de Ida Arn v. de Dupertuis.[3]

No obstante, su tarea pastoral y viajes continuos, Eduardo seguía leyendo y participando de *La Revista Adventista*. "Le felicito por La Revista", escribió en una carta, "El último número que llegó, me fue de mucha animación. Lo que siento es que no todos los hermanos hayan asegurado aún el recibirla subscribiéndose, pues a todos les haría bien leerla".[4]

Después de atender el interés en Santa Fe, Eduardo recibió el pedido de que fuera a la penitenciaría de Reconquista para bautizar a veinticuatro personas. Flora no se sentía bien desde hacía unos días y Eduardo no quería ir, aunque igual armó el viaje. Antes de irse tostó un poco de harina y le enseñó a Donaldo, de seis años, cómo hacer una salsa en caso de que su madre estuviera demasiado enferma para poder cocinar. Flora prometió que iría al hospital si empeoraba. Eduardo tomó el tren hacia el norte, a Reconquista.

Uno de los hombres que él había de bautizar era Ramón Blanco. Ramón había matado a un adventista, a Pedro Peverini, porque, como confesó más adelante, "cada vez que nos encontrábamos me hacía sentir culpable". La hermana Peverini, armada con su Biblia, iba a la cárcel y estudió con

---

[1] Roscoe T. Baer, "The Argentine Camp-Meeting", *Review and Herald* 98/22 (June 2, 1922), 19. Disponible en http://documents.adventistarchives.org/Periodicals/ RH/RH19210602-V98-22.pdf, Internet (consultada el 7 de septiembre de 2017).

[2] "La obra en Sta. Fe (R. A.)", *La Revista Adventista* 21/11 (23 mayo 1921): 9.

[3] E. W. Thomann, "Necrologías: Dupertuis", *La Revista Adventista* 21/11 (23 mayo 1921): 15.

[4] s/t, *La Revista Adventista* 21/11 (23 mayo 1921): 16, nota 12.

Ramón hasta que él dio su corazón a Jesús. Ramón, a su vez, había convertido a veintitrés otros reclusos en la cárcel. Estos fueron los hombres que Eduardo fue a bautizar y los organizó en un grupo con Ramón como director.

Cuando Eduardo volvió a su casa no había familia. Él supo inmediatamente lo que había pasado. Sin desarmar su maleta fue a tomar el primer barco que saliera para Paraná.

Cuando llegó al Sanatorio en Camarero, el primo de Flora, el Dr. Carlos Weshphal, hijo del tío Frank y la tía María, acompañó a Eduardo hasta el cuarto de Flora. Mientras iban hacia allí, le dijo a Eduardo que estaban haciendo todo lo que sabían hacer. Eduardo estaba seguro que era así porque sabía cuánto amaba Carlos a su prima.

Flora saludó a Eduardo con una pequeña sonrisa, pero ella estaba muy débil. A eso de las once de la noche, con toda su familia alrededor de la cama, ella les dio su adiós mirando a cada uno y antes de cerrar sus ojos balbuceó: — Los veré en la resurrección—.

Era el 7 de julio de 1921. Cuán rápidos y alegres habían pasado esos quince años. Cuan tristemente habían terminado. Su padre el pastor José Westphal y su hermano Arturo no pudieron llegar al servicio religioso realizado en su memoria y oficiado por el Dr. Roberto Habenicht y G. W. Casebeer.[1] El brillo del sol se había ido de dos hogares, pero no la esperanza del recuento final. Ella fue llevada a descansar en el cementerio cercano al Sanatorio y al Colegio. De allí en más la casa de los abuelitos Westphal llegó a ser el hogar para los hijos de Flora y Eduardo.

La Revista Adventista informó de su fallecimiento,

[1] s/t, *La Revista Adventista* 21/15 (18 julio 1921): 16; G. W. Casebeer, "Mrs. E. W. Thomann", *Review and Herald* 98/51 (December 22, 1921), 29. Disponible en http://documents.adventistarchives.org/Periodicals/RH/RH19211222-V98-51.pdf, Internet (consultada el 7 de septiembre de 2017). Véase también O. Montgomery, "Report of the South American Division", *The General Conference Bulletin* 9/8 (May 22, 1922): 181. Disponible en http://documents.adventistarchives.org/Periodicals/GCSessionBulletins/GCB1922-08.pdf, Internet (consultada el 13 de septiembre de 2017).

Después de una penosa enfermedad, falleció, en el sanatorio de Puiggari (R. A.), el 7 de julio ppdo., nuestra muy amada hermana en la fe, Flora W. de Thomann, a la edad de treinta y cinco años, dejando entristecidos a su esposa, el pastor E. W. Thomann, sus tres niños, la familia Westphal y a cuantos tuvieron el privilegio de conocerla. Nació en New London, estado de Wisconsin, Estados Unidos, el 9 de octubre de 1886, siendo hija del pastor J. W. Westphal. Se convirtió joven al Señor, siendo bautizada a una edad tierna. Cuando tenía 14 años, vino, con su padre y familia, a Sudamérica, asistiendo durante algunos años al Colegio Adventista del Plata y más tarde, durante un corto período desempeñó el cargo de maestra de una pequeña escuela de iglesia en Lehmann, Sta. Fe.

En 1906, contrajo matrimonio con el pastor E. W. Thomann, acompañando luego a éste a Chile, donde trabajaron hasta mayo de 1907, cuando partieron para Bolivia, radicándose en la ciudad de Cochabamba, donde permanecieron dos años y medio.

Vueltos a Chile, se restablecieron en Espero, cerca de Santiago, donde entonces se hallaba la imprenta, y durante diez meses permanecieron allí, atendiendo él a los trabajo de redacción de *Las Señales de los Tiempos*, periódico que redactaba ya antes de ir a Bolivia.

En junio de 1910, el pastor Thomann se enfermó de gravedad, teniendo que ir urgentemente a nuestro Sanatorio, para recuperar su salud. El mes siguiente, habiendo sido resuelto unificar la imprenta de Chile con la de Buenos Aires, la Hna. Thomann, con sus niños emprendió viaje también para Argentina, vía la Cordillera, y después de una corta estada en casa de su padre, en Camarero, habiendo recuperado ya su esposo suficientemente la salud para poder seguir desempeñando las obligaciones de redactor, se trasladaron a Florida, donde permanecieron durante diez años.

En junio de 1920, habiendo sido invitados por la Asociación Argentina, fueron cedidos por la Casa Editora y Unión Austral, y se trasladaron a Santa Fe, donde trabajaron hasta el tiempo de la enfermedad y muerte de ella. Dos semanas y media antes de fallecer ella, viendo que ya se debilitaba, propuso ser llevada a Entre Ríos, para estar allí, al cuidado de nuestros médicos.

Hizo el viaje, llegando a la casa de su padre sumamente débil. Parecía primero ir mejorando, pero los médicos pronto se convencieron de que era menester proceder a una operación como último recurso, a fin de salvar su vida, si fuera posible, se hizo todo cuanto la ciencia y el buen cuidado podían hacer por ella, pero viéndose que se agravaba aún más y más, se llamó por telégrafo a su esposo, el cual alcanzó a llegar a su lado siete horas antes de su fallecimiento.

Durante los últimos días de su vida, la Hna. Westphal pasó al lado de ella y hablaron en cuanto a la confianza en el Salvador. Ella manifestó su completa confianza en Jesús, y a menudo repetía estrofas del hermano himno en inglés: "Jesus, lover of soul" (Jesús amante de mi alma). Y cuando llegó su esposo, y le preguntara si tenía paz con el Señor, ella, auqneu no podía decir mucho, dijo: "Jesús es mi mejor Amigo". Y esta expresión la pronunció más de una vez.

Viéndose que sufría mucho físicamente, se llamó a los ancianos de la iglesia para que conforme a Sant. 5:14, 15, orasen por ella y la ungiesen con aceite, hecho lo cual ella al instante fue aliviada de sus dolores, quedando en quietud y tranquilidad hasta que expiró.

Doloroso fue para su esposo e hijitos, como también para los de la familia de su padre y para su amigos, el fallecimiento de ella, pero se consuelan con la esperanza de que si perseveran fieles en el Señor hasta el fin, han de volver a verla en la primera resurrección (I Tes. 4:16-18), cuando ya la muerte no vendrá más a entristecer a los redimidos del Señor. Por doquiera que estuvo la hermana Thomann se ha granjeado el aprecio y amistad de cuantos tuvieron el privilegio de conocerla, y aun fuera del círculo de la grey de Cristo, hay personas que la lloran. Pero aunque ella duerme ahora en el Señor, sus obras le siguen. Apocalipsis 14: 13.[1]

Eduardo trajo sus muebles y cosas a la casa de los

---

[1] "Necrología", *La Revista Adventista* 21/19 (26 septiembre 1921): 13.

Foto: La Hna. Flora W. de Thomann, quien falleció
recientemente en Puiggari (R. A.).[1]

abuelos. Pero como ellos ya tenían un órgano, y el Colegio
no tenía un buen instrumento en la capilla, Eduardo les
prestó el órgano de Flora. Entonces él se dedicó, soportando
su pena, a trabajar en Santa Fe.[2]

Siempre que podía venía a ver a los niños. Durante
esas visitas jugaba con ellos, hablaba con ellos, los amaba y
les hacía juguetes. En una visita, hizo una magistral cabeza
de caballo con una hermosa crin con una sierra de arco y
una escofina, le puso en la punta de un palo de escoba, y le
agregó riendas para que Donaldito jugara a cabalgar.

A fines del año 1921, salió de Santa Fe a recorrer
Reconquista, Ocampo y Las Toscas. Mientras hacía el
viaje en tren aprovechó a vender libros y revistas. Llegó
a Reconquista, donde lo aguardaba el hno. Moisés Jones.
Con él fue hasta la casa de la familia Jones que sería el lugar

[1] Ibid.

[2] La nueva dirección de Eduardo en Santa Fe, era San Gerónimo 120, Santa Fe.
1921 Year Book of the Seventh-day Adventist Denomination (Takoma Park,
Washington: Review and Herald Publishing Association, 1921?), 119, 276, 297.
Disponible en http://documents.adventistarchives.org/Yearbooks/YB1921.pdf,
Internet (consultada el 13 de septiembre de 2017).

de reuniones ese sábado. Las reuniones se extendieron también al día domingo. El lunes fueron a la ciudad de Reconquista donde realizaron reuniones también con otros interesados, incluso una joven de la estación de Malabrigo.

En el camino al hotel, aprovechó a vender varios libros. Esa noche no tuvo tiempo para dormir, pues a la una de la madrugada partió en diligencia hacia la localidad de Villa Ocampo. Mientras pasaba frente a algunas casas, arrojaba literatura. En todo lugar donde podía iba dejando algo para que la gente pudiera leer. Incluso mientras cambiaban los caballos de la diligencia.

Se hospedó en casa de Zenón Hardy, hasta que vinieron a buscarlo y llevarlo a la casa de Daniel Peverini. Allí realizó reuniones casi todas las noches. Justo era el momento del emparve del lino, y los trabajadores asistían aunque venían muy cansados. En la casa de la familia Hardy se reunieron para la Escuela Sabática y el momento de la predicación. Se juntaron allí varios de los que vivían en Villa Ocampo. A la tarde, realizó otra reunión en la casa de los Peverini.

Recuerda haber visitado a la familia Zaragoza a la puesta del sol. Allí dos personas pidieron bautismo, y en el culto de la noche, lo hicieron tres más.

El lunes hizo varias visitas a los creyentes e interesados en el pueblo. Dos personas más manifestaron interés en bautizarse.

El martes, a mediodía, partió con la diligencia hacia Las Toscas. Fue recibido por Pedro Peverini y su esposa. Eduardo dijo,

> El veterano hno. Pedro Peverini, y esposa, los primeros que hasta donde se sepa, comenzaron a obedecer la verdad presente en Sudamérica –años antes de volver de Estados Unidos el hno. Riffel y llegar a Chile los hnos. Dessignet.[1]

---

[1] E. W. Thomann, "Una jira por el norte de la Rep. Argentina", *La Revista Adventista* 22/3 (30 enero 1922): 5.

Eduardo contó que tuvo varias reuniones en la casa de Peverini y una en el campo en la casa del anciano de la iglesia, el hno. Otto Rhiner.

Por dos días salió a colportar con libros, periódicos y folletos diversos. Un día, el hno. Juan Rhiner lo llevó en sulky a visitar varias familias interesadas que vivían en el campo. Con ellos estudió varios temas de la Biblia y pudo también vender algunos libros.

El 24 de noviembre de 1921 estuvo de regreso en la casa del hno. Daniel Peverini y tuvieron juntos la escuela sabática y el culto regular, y a la tarde un bautismo en el arroyo Amores. Los cuatro candidatos se incorporaron a la Iglesia de Villa Ocampo. Hubo varios observando el evento, ya que se había corrido con anticipación de boca en boca en la zona. Eduardo aprovechó la oportunidad para dirigirles una invitación a buscar al Señor. Las personas quedaron interesadas en oír más, y después del bautismo se reunieron en casa de Peverini a la tarde y después el domingo por la noche. Había llegado de visita el profesor Howell, quien tuvo a su cargo unas charlas.

A pesar del calor sufrido, que a veces llegó a 43 grados, recordó esos momentos como muy bendecidos. Disfrutó de la hermosa vegetación que había en todos los lugares en abundancia.[1]

En febrero de 1922, ya había varios interesados en Santa Fe. Eduardo había logrado ayudar a organizar el interés que se había empezado a abrir en la ciudad capital de la provincia. Además, logró despertar interés en el adventismo en un lugar cercano denominado Empalme San Carlos. Una familia numerosa aceptó las creencias adventistas y a mediados de enero de 1923 el hno. Juan D. Haynes vino de Rosario a dar una serie de conferencias públicas. El resultado fue que varios más aceptaron las creencias adventistas. El 25 de febrero fueron los interesados de Empalme a Santa Fe para recibir el bautismo junto con

---

[1] Ibid., 5-6.

otros interesados de Santa Fe. Se bautizaron un total de 13 personas. Otros diez debieron postergar el bautismo por problemas de salud algunos. Ese mismo día se organizó una iglesia. Ofició el pastor Roth, presidente de la Asociación, junto con Eduardo y el hno. Haynes.[1]

Ese año de 1922, se trasladó a Rosario, Santa Fe, para continuar realizando actividades en esa ciudad.[2]

Entre el 13 al 21 de octubre, asistió al congreso anual de la Asociación Argentina del Norte celebrado en Camarero, Entre Ríos. Fue una linda ocasión para visitar a sus hijos que estudiaban en el Colegio y a sus suegros.

Fue probablemente en ese momento que tuvo un accidente que casi le costó la vida. Como el Colegio pudo comprar un muy necesitado piano, en una de sus visitas para ver a sus hijos, Eduardo decidió mudar el órgano a la casa de los abuelos Westphal. Con un amigo y el chofer cargaron el órgano en el camión del Sanatorio. Eduardo iba detrás del órgano, teniéndolo para que no se moviera. Sin darse cuenta el chofer condujo el camión bajo los alambres de un tendedero entre dos árboles. Los alambres engancharon al órgano empujándolo hacia atrás y atrapando las piernas de Eduardo contra la puerta trasera del camión. Al seguir la marcha los alambres volcaron el órgano del camión llevando también a Eduardo. El órgano dio en tierra y se volcó sobre la cabeza de Eduardo, fracturándola en siete lugares. Rápidamente lo llevaron al Sanatorio donde estuvo en coma por sietes días. Fue un milagro providencial que sobreviviera, pero su visión y oído quedaron disminuidos y los sentidos del olfato y gusto habían desaparecido.

Cuando finalmente abrió los ojos, sus primeros

---

[1] E. W. Thomann y J. D. Haynes, "Organización de una nueva iglesia en la Asoc. Arg. del Norte", *La Revista Adventista* 22/7 (27 marzo 1922): 7.

[2] Su nueva dirección era Laprida 2200, Rosario, Santa Fe. *1922 Year Book of the Seventh-day Adventist Denomination* (Takoma Park, Washington: Review and Herald Publishing Association, 1922?), 124, 276. Disponible en http://documents.adventistarchives.org/Yearbooks/YB1922.pdf, Internet (consultada el 13 de septiembre de 2017)

pensamientos fueron sobre la necesidad de levantarse e ir a predicar sobre la venida del Señor.

En 1923 continuó trabajando en la parte central de la provincia de Santa Fe y desde la segunda mitad de febrero hasta principios de abril visitó otra vez la zona norte de Santa Fe o zona del chaco santafesino. Las intensas lluvias le impidieron hacer todo lo que deseaba porque los caminos con lodo dificultaban el traslado de un lugar a otro. Estuvo ayudando y reuniendo distintas ofrendas de los hermanos para ayudar en la obra filantrópica de la iglesia. Pasó por Villa Ana y Villa Guillermina donde algunos interesados que quedaron de años anteriores por la lectura de la literatura que había dejado Eduardo, lo hospedaron sin costo.[1]

Entre el 11 al 20 de septiembre, Eduardo estuvo visitando el Colegio de Puiggarí (Camarero). Participó de la Exposición Rural que tuvo lugar en Paraná, Entre Ríos, ya que el Colegio presentó varias vacas de su chacra obteniendo los tres primeros premios por sus vacas lecheras, además de otros premios más. Varios productos del colegio obtuvieron premios. El queso, obtuvo el primer premio en la categoría de queso suizo. Un alumno obtuvo el primer premio en el concurso de ordeñadores. Lo que llamó la atención fue el pan de harina de Graham hecho en la panadería del Colegio, producto que se vendió mucho en esa ocasión, así como varios otros productos de la panadería y pastelería.[2]

Entre el 20 y 29 de septiembre viajó a Rafaela porque la Asociación Argentina del Norte celebraría un congreso anual. Ese año se acordó celebrar dos congresos, el segundo fue en Puiggari, Entre Ríos, del 19 al 23 de octubre.[3]

[1] E. W. Thomann, "Ecos del Chaco Santafecino, R. Arg.", *La Revista Adventista* 23/12 (4 junio 1923): 4.

[2] E. W. Thomann, "Premios dados a nuestro Colegio de Puiggari (R. A.) en una exposición", *La Revista Adventista* 23/21 (8 octubre 1923): 11.

[3] E. W. Thomann, "El Congreso celebrado en Rafaela (R. A.)", *La Revista Adventista* 23/22 (22 octubre 1923): 11

Silvia C. Scholtus - Mario E. Roscher

Para 1924, se trasladó a Córdoba.[1] Nuevos eventos y decisiones aguardaban en su vida para ese año.

---

[1] Eduardo W. Thomann, "La Iglesia de Córdoba (R. A.)", *La Revista Adventista* 24/4 (11 febrero 1924): 7.

ROSA Y LOS ÚLTIMOS AÑOS DE UN PIONERO

ORACIÓN

Oh Señor, que yo pueda ser un serrucho en tu mano,
O un cepillo o un formón.
¡Oh no, Señor! Me arrepiento en humildad.
Demasiada grandiosa es para mí tal oración.
Mejor ponme rendido en tu banco
Como un pedazo de madera escogida.
Y con tu serrucho, tu cepillo y tu formón,
Hazme algo útil, una cosa buena

(George McDonald)

M ientras Eduardo permanecía convaleciente en el Sanatorio, alrededor de fines de 1922, su suegro, el pastor José Westphal le habló varias veces de segundas nupcias. Era una decisión muy difícil de tomar. Nadie, jamás, podría tomar el lugar de su Blumeli. Pero el pastor le dijo que él conocía la persona exacta para él. Era alguien que podía comprender su dolor. Era una misionera, esposa de misionero, que hacía poco había quedado viuda. Estaba en Brasil enseñando en una escuela. Era suiza, había nacido a solo unos pocos kilómetros de donde Eduardo había pasado su infancia. En sus conversaciones el pastor

Westphal no mencionó su nombre. Él quería saber primero cuál sería su reacción ante la idea de un nuevo casamiento.

José Westphal, por su trabajo, viajó a Brasil y se encontró con esa dama y le comentó la historia de Eduardo

Foto: El pastor E. W. Thoman y su esposa Rosa Zwald.[1]

---

1 "Foto: El pastor E. W. Thomann y esposa. El pastor Thomann aceptó nuestra verdad en Chile y durante veintisiete años se ha dedicado a su promulgación. Ha trabajado en Chile, Bolivia y la Rep. Argentina", *La Revista Adventista* 24/18 (1 septiembre 1924): 11.

Foto: Acta de casamiento

preguntándole si le interesaría formar una nueva pareja. La carta del pastor José con la respuesta afirmativa y el nombre de la dama llegó mientras Eduardo todavía estaba en el Sanatorio. Como su visión era todavía muy pobre para leer la carta, le pidió a su hijo, Arturo, que tenía solo catorce años, que se la leyera. Una vez leída, Eduardo le encargó a su hijo que mantuviera en secreto la proposición.

Fue un tiempo después, cuando Eduardo estaba mejor, que finalmente decidió escribirle a Rosa Zwald, viuda de Enrique Hoefft. Mientras se desarrollaba una amistad epistolar, se le pidió a Eduardo que se mudara otra vez. En esta ocasión para ser pastor en el distrito de Córdoba. Esto lo pondría mucho más lejos de sus hijos y de la posibilidad de verlos, acentuando su soledad. Después de unos días en Córdoba, finalmente Eduardo le escribió a Rosa pidiéndole que se casara con él. Ella aceptó la propuesta. Se vieron por primera vez en la casa del pastor José y de mamá Jane, y en febrero de 1924, papá José los casó.

Rosa trajo consigo un poco de esos rayos de sol que Eduardo había estado añorando. Fue bueno tener otra vez un hogar para sus hijos.

Continuaron juntos trabajando en Córdoba. Eduardo continuó difundiendo como siempre, el evangelio mediante las publicaciones. Eduardo cuenta de las dificultades que tenía en Córdoba para difundir el mensaje de Dios debido a la intervención de "un inmenso ejército de frailes y monjas". Durante el mes de agosto, consiguió un local más grande para la congregación de creyentes en la calle más céntrica del barrio de San Martín (Castro Barro 740). Todos los domingos daba conferencias públicas de noche.[1]

Al año siguiente, 1925, por problemas de salud, Eduardo se jubiló con 51 años, y la familia se mudó a Florida, cerca de Buenos Aires. Los años que siguieron fueron fructíferos. Allí pudo pasar tiempo en algo que le gustaba: escribiendo y traduciendo, especialmente para los hermanos de habla alemana. También continuó realizando obra pastoral en la ciudad y comunidades vecinas. Había fines de semana en que predicaba hasta cinco veces. Pudo ver al grupo de creyentes de la ciudad de Buenos Aires, que primero se reunían en el balcón de un teatro, por fin tener una iglesia propia en Palermo, en un edificio que tenía también las oficinas de la Asociación.[2]

Solía también dar instrucción sobre distintos temas en distintos encuentros de líderes. Por ejemplo, en septiembre

---

[1] s/t, *La Revista Adventista* 24/16 (4 agosto 1924): 16; E. W. Thomann, "La obra en la ciudad de Córdoba, R. A.", *La Revista Adventista* 24/22 (27 octubre 1924): 6.

[2] La Iglesia se organizó como tal en 1932. Véase la información disponible en el siguiente link: https://www.facebook.com/pg/IglesiaAdventistaPalermo/about/?ref=page_internal

de 1928, hubo una reunión de colportores con 20 personas presentes en la Asociación de Buenos Aires. Eduardo habló sobre la santificación. Uno de los presentes, el pastor Pedro Tabuenca, director de colportaje de la Asociación, relató:

> La importancia del tema y el poder de Dios, unidos a la claridad con que el pastor E. W. Thomann nos lo presentó, produjo tal impresión en nosotros, que nos hizo sentir nuestra indignidad para llevar los vasos divinos del evangelio, a menos que seamos santificados y llenos del Espíritu de Dios y del amor por las almas que perecen...[1]

Las reuniones estuvieron a cargo de Eduardo, A. M. Buzugherián, y los directores de las revistas E. Brooks y Marcelo I. Fayard.[2]

Allí en Florida la familia vivía, trabajaba y estudiaba junta, y de allí partieron, con los años, cada uno de sus hijos por su camino.

Durante todos estos años Rosa fue una compañera fiel. Siempre estaba al lado de Eduardo. Queda, como era por naturaleza, nunca reemplazó a Flora en lo concerniente a las actividades fuera de la casa, pero lo apoyó en todo lo que él hacía.

Siempre convencido del valor de los materiales impresos para promover el evangelio, Eduardo, por las limitaciones en su visión, siguió trabajando y difundiendo el mensaje que amaba. Entregaba fiel y personalmente copias de la revista que él había editado por tantos años a los editores de la mayoría de los periódicos de Buenos Aires, aunque ahora eran otros los que la producían.

También siguió trabajando como pastor de la Unión

---

[1] P. R. Tabuenca, "La Asamblea de Colportores de la Asociación Buenos Aires", *La Revista Adventista* 28/21 (29 octubre 1928): 7.

[2] Ibid.

Austral y de la Asociación Bonaerense hasta aproximadamente el año 1936.[1]

En cierta ocasión, cuando estaba en esta misión, un camión cargado con largas vigas que sobresalían mucho por la parte posterior, al dar vuelta en una esquina, lo golpeó fuertemente en la cabeza, rompiendo nuevamente varios huesos del cráneo. Inconsciente, una ambulancia lo levantó y un oficial de policía lo acompañó al hospital y se quedó con él. Este policía resultó ser una provisión divina porque cuando niño había pasado varios años en Suiza, y en los desvaríos inconscientes de Eduardo comenzó a hablar en el dialecto suizo-alemán. Con las horas el oficial fue uniendo información y logró conectarse con Rosa. El amoroso cuidado de Rosa durante el largo período de convalecencia fueron un solaz y una bendición para Eduardo.

Eduardo siempre les había dicho a sus hijos: —Yo no voy a tener nada que dejarles como herencia, pero ustedes van a tener una educación—. Este era el blanco que mantenía ante ellos y hacia el cual los ayudó cuanto podía. De su pequeño ingreso ahorró suficiente dinero para pagar el pasaje de su hijo menor para ir al Pacific Union College [Colegio Unión del Pacífico] a estudiar. Él pudo ver a todos sus hijos dedicar sus vidas al servicio del Señor. Nada en este mundo podría haberle dado más satisfacción.

En 1948, Dorita, ya casada y enseñando en California, les mandó a sus padres lo necesario para ir a vivir con ella. Aún allí Eduardo no podía dejar de trabajar. La Unión del Pacífico, en Estados Unidos, lo nombró ministro honorario en algunos años de la década de 1950.[2]

---

[1] Véanse los registros que figuran en el *Year Book* de esos años, particularmente *1936 Year Book of the Seventh-day Adventist Denomination* (Takoma Park, Washington: Review and Herald Publishing Association, 1935?), 181, http://documents.adventistarchives.org/Yearbooks/YB1936.pdf, Internet (consultada el 7 de septiembre de 2017). Durante esos años cambió de dirección cambia a partir de 1933 cuando reside en Calle Llavallol 3227, Florida, Buenos Aires. A partir de 1936, su dirección fue Calle Uriarte 2429, Plaza Italia, Buenos Aires.

[2] Véase, por ejemplo, *1955 Year Book of the Seventh-day Adventist Denomination* (Takoma Park, Washington: Review and Herald Publishing Association, 1939?),

Vivían cerca de la Iglesia Adventista hispana de Los Ángeles, y constantemente Eduardo colaboró en cualquier cosa que podía encontrar para hacer, incluso la custodia de la iglesia.

Eduardo había nacido el 19 de febrero de 1874, en Suiza, y después de trabajar intensamente por el Señor, descanso poco antes de cumplir sus 81 años, el 16 de febrero de 1955.

Rosa, su fiel esposa por treinta y cinco años, y Dorita estuvieron a su lado. Sus dos hijos, Arturo, que trabajaba en Buenos Aires, y Donaldo que era profesor de Biblia en la escuela de Montemorelos, México, fueron demorados por un accidente automovilístico, llegando ocho horas después de que él falleció. Poco tiempo antes la familia había sufrido otra pérdida. Dorita perdió a esposo, Roy Beverly Lessard, el 1º de enero de 1955.[1]

Fueron semanas de tristeza en la familia Thomann, pero con la mirada en la segura esperanza de Dios en Cristo.

---

48. http://documents.adventistarchives.org/Year books/YB1955.pdf, Internet (consultada el 13 de septiembre de 2017). Aunque fue el año de su muerte, este anuario registra lo del año anterior, 1954.

[1] "In Remembrance", *Review and Herald* 132/17 (April 28, 1955), 27. Disponible en http://documents.adventistarchives.org/Periodicals/RH/RH19550428-V132-17.pdf, Internet (consultada el 13 de septiembre de 2017).

EL LEGADO DE EDUARDO THOMANN

Eduardo dejó como legado el ejemplo de un siervo del Señor verdaderamente dedicado, que creía con todo su ser que la obra más importante en este mundo era la obra de Dios; y como su hijo creía que la responsabilidad más importante era "ser" su siervo todos los días y estar donde Dios quería que estuviera haciendo lo que Él quería que hiciese. En obediencia a estas convicciones, Eduardo Thomann fue un evangelista de la página impresa que abrió las puertas al evangelio en diferentes lugares de Chile, Bolivia, Ecuador, Perú (en el área del Lago Titicaca) y Argentina.

Su amor por el evangelio y su disposición a difundirlo, y su amor a otros, permitieron que el Espíritu de Dios desarrollase en él diferentes habilidades, sagacidad, fuerza, inteligencia para ver las necesidades y anticiparse en atenderlas. Eso lo fue capacitando como pionero en diferentes áreas: publicaciones, como originador de revistas y publicaciones en otros idiomas, editor y colportor para distribuir el evangelio en forma impresa, evangelista para penetrar en lugares difíciles y aún no alcanzados. En lo familiar, fue un esposo y padre fiel y cariñoso. Un cristiano que amaba la venida de Cristo y deseaba que otros conocieran el evangelio de salvación.

Su labor editorial lo llevó a escribir y traducir materiales para artículos y libros sobre diversos temas. Lo hizo no solo para los periódicos en los cuales trabajó como editor, sino también para periódicos de la Iglesia Adventista en otros países debido a que manejaba otros idiomas. En ellos informó mayormente del progreso de la misión en Sudamérica. Encontramos artículos de Eduardo en revistas en inglés como *Review and Herald* y *Liberty*.

Algunos de los temas sobre los que escribió, fueron:

• Traducción de libros y escritos de Elena de White.[1]

• Interpretación de las profecías bíblicas.[2] Casi todos los números de *Señales de los tiempos* contienen explicaciones sobre las profecías referentes al juicio, el santuario, los 144.000, la segunda venida de Cristo y otras.[3]

• Varios temas sobre los espiritistas y sus creencias.[4]

• El progreso de la libertad religiosa en Perú. En un artículo expuso algunos de los abusos cometidos por los sacerdotes y monjes católicos contra los indígenas y cómo la Asociación Pro Indígena salió en defensa de ellos, y presentó una carta que comenta las resoluciones del gobierno peruano.[5]

• La importancia de la educación en colegios adventistas.[6]

---

[1] E. W. Thomann, *Revista Adventista* 1/2 (1901): 1.

[2] Por ejemplo, E. W. Thomann, "La gran guerra actual", *La Revista Adventista* 14/9 (septiembre 1914): 1-2; E. W. Thomann, "La situación actual del mundo y las necesidades de nuestra obra", *La Revista Adventista* 14/10 (octubre 1914): 1-2; E. W. Th., "Tiempos peligrosos", *La Revista Adventista* 17/7 (julio 1917): 5-6.

[3] Véanse los artículos de *Señales de los tiempos* de los primeros años.

[4] Ibid.

[5] E. W. Thomann, "La libertad de cultos en el Perú", *La Revista Adventista* 16/1 (enero 1916): 5.

[6] Por ejemplo, E. W. Thomann, "Fiesta Escolar de Fin de Año", *La Revista Adventista* 15/12 (diciembre 1915): 14

- La contribución de los periódicos misioneros y las publicaciones en la difusión de las creencias adventistas y su aceptación.[1] Al recordar un poco sobre historia de los periódicos adventistas de habla hispana, Eduardo se puso a escribirla en un artículo que salió en junio de 1917.[2] Lo interesante es que en ningún momento informó de su relación con esa historia y el rol tan importante que jugó en ella. Aquí se puede observar algunos detalles de sus motivaciones de vida y que era una persona humilde.

- También escribió artículos orientando cómo mejorar en la tarea del colportaje.[3]

- Redactó varios informes. En 1918, Eduardo estaba ocupado reuniendo los informes como responsable del departamento de "Obra Misionera Local" de la División Sudamericana. Estuvo en esa función en forma interina. Este departamento se encargaba de juntar información sobre la actividad realizada por cada iglesia en relación con la difusión del evangelio. Entre ellas figuraban las cartas que se habían escrito y recibido, si se habían hecho visitas, dado estudios bíblicos y todo tipo de atención a necesitados y carenciados.[4]

---

[1] E. W. Thomann, "¿Cuánto ha contribuido nuestro periódico misionero para traer gente a la verdad?", *La Revista Adventista* 16/3-4 (marzo-abril 1916): 29-30; E. W. Thomann, "¿Cómo escaparemos de la ira del Cordero?", *La Revista Adventista* 16/8 (agosto 1916): 9; E. W. Thomann, "Palabras de aprecio" y "El Atalaya para 1918", *La Revista Adventista* 17/9 (septiembre 1917): 16 ; E. W. Thomann, los artículos de la sección "Obra Misionera Local"; *La Revista Adventista* 17/10 (octubre 1917): 11-12. Algunos informes de ese año no aparecen firmados por él, pero es evidente que estuvo encargado de escribirlos.

[2] E. W. Thomann, "Breve reseña histórica del órgano general de nuestra iglesia" y "Breve historia de 'La Revista Adventista'", y "Unas palabras en cuanto a la Revista", *La Revista Adventista* 17/6 (junio 1917): 11-13, 14, 15.

[3] Por ejemplo: E. W. Thomann, "A los vendedores de periódicos y revistas", *La Revista Adventista* 15/8 (agosto 1915): 14-15; "El Atalaya de agosto", *La Revista Adventista* 15/8 (agosto 1915): 16. Probablemente escribió consejos de cómo enviar ejemplares de *El Atalaya* con una carta misionera en el artículo sin autor "Una carta misionera", *La Revista Adventista* 15/9 (septiembre 1915): 9.

[4] E. W. Thomann, "Obra misionera local", *La Revista Adventista* 17/4 (abril 1917): 11; ídem/6 (junio 1917): 11.

- También escribió Necrologías. En 1917, le tocó informar de la muerte de Jorge Riffel (19 de enero de 1917), quien fuera de los primeros misioneros que vinieron a Argentina, para dar a conocer las creencias adventistas entre sus amigos de Entre Ríos.[1]

- A Eduardo le gustaba destacar la importancia de la lectura de la Biblia y otros libros devocionales, en un artículo de febrero de este año, escribió:

  Necesitamos que los miembros de nuestras iglesias desempolven sus Biblias, las lean, las marquen, las lleven a la iglesia para leer por sí mismos lo que el ministro va leyendo o citando.

  Creemos que convendría también que cada miembro de la Iglesia tuviera su propio himnario y lo llevase consigo al culto.[2]

- Era muy afecto a mencionar la importancia de mostrar el daño que hacía la cultura o la moda al comportamiento cristiano y orientar con relación a los consejos bíblicos sobre estos temas.[3]

- Escribió artículos dando sugerencias sobre cómo realizar algunas prácticas en los cultos de la Iglesia. Por ejemplo, la forma de celebrar la santa cena.[4]

---

[1] E. W. Thomann, "Necrología", *La Revista Adventista* 17/4 (abril 1917): 15; E. W. Thomann, "Fallecimiento sensible", *La Revista Adventista* 16/3-4 (marzo-abril 1916): 31; E. W. Thomann, "Necrología: Alarcón", *La Revista Adventista* 18/2 (17 enero 1918): 15; ídem, "Necrología: Pólvora" y "Necrología: Dessignet", *La Revista Adventista* 18/23 (21 noviembre 1918): 15; ídem, "Necrología: Greene", *La Revista Adventista* 19/20 (11 septiembre 1919): 15; ídem, "Necrología: Greene", *La Revista Adventista* 19/20 (11 septiembre 1919): 15; ídem, "Necrología: Folino", *La Revista Adventista* 20/8 (8 abril 1920): 15; ídem, "Necrologías: Dupertuis", *La Revista Adventista* 21/11 (23 mayo 1921): 15.

[2] E. W. Thomann, "Tu Biblia y tu Himnario", *La Revista Adventista* 14/2 (febrero 1914): 5. Véase también, E. W. Thomann, "Libros del Antiguo y del Nuevo Testamento", *La Revista Adventista* 14/8 (agosto 1914): 7.

[3] E. W. Thomann, "Los cristianos y la moda", *La Revista Adventista* 14/8 (agosto 1914): 5.

[4] E. W. Thomann, "La Cena del Señor", *La Revista Adventista* 6/7 (1906): 5.

- Preparó propagandas y avisos sobre los periódicos, particularmente de *Las Señales de los Tiempos* o *El Atalaya*. Los avisos consistían en dar información sobre dónde dejar datos o enviar cartas.

- Un rasgo interesante de Eduardo fue que le gustaba componer poesía.[1]

He oído de un bello y santo país
Do pecado ni muerte habrá,
Do por siempre dichosa y feliz
La nación de los santos será;
Es la tierra que Dios a Abrahán prometió
Por herencia eterna de dar,
Es la patria que todo creyente esperó,
De los santos perenne hogar.

La dicha allí sin fin será,
Y jamás sentiráse dolor;
Contienda y guerra tampoco habrá,
En todo reinando el amor;
Con su pueblo Dios mismo allí morará
Y el Cordero que los rescató;
Las lágrimas él las enjugará,
Por cuanto lo antiguo pasó.

La tierra, tan linda se dice, será
Cuan lindo fue lindo el Edén;
La ciudad, del reino el centro será,
La Nueva Jerusalén;
De vida un río del trono saldrá,
Tan claro cual puro cristal;
Y en sus riberas un árbol habrá
Que da fruto de vida inmortal.

Eduardo participó en la edición del primer himnario en español que salió sin música. Entre los himnos adventistas propiamente aparecen las letras compuestas por varios pioneros, entre ellos su hermano, Víctor E. Thomann (himnos 2, 68, 95, 96, 97, 111, 114, 115,

---

[1] E. W. Thomann, "El bello país", *La Revista Adventista*, 17/10 (octubre 1917): 1.

146, 152, 170, 173), uno que Eduardo mismo escribió ("La segunda venida de Cristo", himno 104),[1] y otros de Roberto H. Habenicht (himnos 50, 98, 107). Hubo varias mujeres que hicieron su contribución en el himnario ya que varias de ellas compusieron melodías y los versos de varios cantos.[2] Seguidamente aparece la letra del himno que compuso:

La segunda venida de Cristo
un suceso imponente será,
tan grandioso cual nunca fue visto;
más glorioso jamás se verá.
De los cielos el Hijo del hombre
en la gloria del Padre vendrá;
"Verdadero y Fiel» es su nombre,
y el cetro del reino tendrá,
Verdadero y Fiel» es su nombre,
y el cetro del reino tendrá.
Cual relámpago, luce del este
una nube con luz de crisol,
cuyo brillo, que alcanza al oeste,
sobrepuja los rayos del sol;
es la hueste de ángeles santos,
refulgentes de gloria y luz,
que escoltan y loan con cantos
al invicto y glorioso Jesús,
que escoltan y loan con cantos
al invicto y glorioso Jesús.

Los impíos de miedo se espantan
y perecen al ver al Señor;
mas los justos las manos levantan
hacia Cristo, su buen Redentor.
Contemplando sus gratos fulgores,
le aclaman con férvida voz:

---

[1] Publicado por primera vez en *La Revista Adventista* 9/3 (marzo 1909): 3. Se ha publicado también en los siguientes himnarios, y en el último *Himnario Adventista*, publicado por Asociación Casa Editora Sudamericana en el año 2009, aparece bajo el número 170.

[2] *Himnos y cánticos espirituales* (Buenos Aires: Casa Editora Unión Sudamericana, [1916]). Véanse los himnos, escritos por mujeres, 38, 45, 52, 72, 90, 94, 103, 109, 112, 113, 117, 122, 124, 126, 134.

"Rey de reyes, Señor de señores;
mil hosannas al Hijo de Dios",
«Rey de reyes, Señor de señores;
mil hosannas al Hijo de Dios».

Del sepulcro, los lazos quebranta
que ataban al pobre mortal;
a sus santos Jesús los levanta
revestidos de luz inmortal.
Y los lleva consigo al cielo,
los corona y palmas les da,
y entonces disfrutan sin velo
la presencia del Dios Jehová,
y entonces disfrutan sin velo
la presencia del Dios Jehová.

Otro poema más apareció en 1919, titulado "Lema provechoso", para motivar al aprendizaje de la Escuela Sabática:

Nunca tarde en nuestra escuela;
Siempre a tiempo en tu lugar;
Aprendido bien el tema,
O lección, en el hogar.

Se atento al maestro.
No mirando en derredor;
Ni charlando, ni con gesto
Distraer a un menor.

Himno o texto a la visita
Le ayudarás a hallar;
El versículo recita
A tu turno sin faltar.

Al hacérsete preguntas,
Con candor respuesta dar,
Pues, presente en tales juntas
Cristo prometió estar.[1]

---

[1] E. W. Thomann, "Lema provechoso", *La Revista Adventista* 19/24 (4 diciembre 1919): 7.

- Le gustaba buscar y publicar curiosidades de historia, de la sociedad y diversos temas. También publicaba noticias breves del mundo, particularmente en *Las Señales de los Tiempos* o *El Atalaya*.[1]

Eduardo W. Thomann fue un misionero convencido del valor de las publicaciones y de la urgencia de la misión. Escribió:

Mas, es necesario que cada uno –cada adventista– haga algo para propagar la verdad. Dedicad a lo menos el domingo a la venta de nuestro periódico de propaganda. Pedid al Señor que os de valor, y no seáis tímidos; mirad que no hay nada de vergonzoso en la obra del Señor. Hermanos, hermanas y niños todos pueden y deben principiar esta tarea. Los pastores y demás obreros deben dar el ejemplo.[2]

Arthur E. Thomann afirma que su padre nunca perdió su interés en la obra de publicaciones.[3] Escribió H. F. Ketring: "El Señor ha dado éxito especial al hermano Thomann en su obra de recoger suscripciones para nuestro periódico 'Las Señales'".[4]

Habría quizás mucho más por decir de los frutos de las actividades que realizó este pionero, pero terminamos este registro de Eduardo Thomann con dos frases que lo motivaron a lo largo de su vida:

Hay muchas maneras de hacer bien, pero solo hay un espíritu que nos induce a hacer el bien. Ese espíritu es el Espíritu Santo, el Espíritu del Padre y del Hijo. ¡Oh, pidamos ese Espíritu, y entonces tendremos gusto en dar nuestra vida para el bien de otros, y así podremos

---

[1] Véanse las secciones "De todo el mundo" (generalmente en la primera página) y "Noticias diversas" (generalmente en la última página).

[2] E. W. Thomann, "A la obra hermosa", *La Revista Adventista* 1/8 (agosto 1901): 2.

[3] A. E. Thomann, "Eduardo Thomann and the SDA Publishing Work" (manuscrito no publicado. Copia en archivo del Centro de Investigación White, Universidad Adventista del Plata, Libertador San Martín, Entre Ríos, Argentina).

[4] H. F. Ketring, "Memoria de la obra de la Misión de la Costa Occidental por el año de 1904", *La Revista Adventista* V/2 (febrero 1905): 5.

darles a conocer el amor de Dios.[1]

Si no nos cansamos de sembrar para la vida eterna, nunca nos cansaremos de segar.[2]

---

[1] Eduardo W. Thomann, "Los dos platillos de la balanza", *La Revista Adventista* 5/5 (1905): 7.

[2] Ibid.

BIBLIOGRAFÍA

Brown, Walton John. "A Historical Study of the Seventh-day Adventist Church in Austral South America". 4 vols. Tesis de Doctorado en Filosofía, University of Southern California, 1953.

Erickson Andross, Matilda. *The Story of the Advent Message.* Takoma Park, Washington: Review and Herald Publishing Association, 1926.

"Familia Peschke Schmidt en Chile Colones en Ercilla". Disponible en http://peschkechile.blogspot.com/2005/09/familia-peschke-schmidt-en-chile.html; Internet (consultada el 19 de mayo de 2018).

General Conference Committee. Disponible en http://documents.adventistarchives.org/Minutes/GCC/

Greenleaf, Floyd. *A Land of Hope.* Tatuí, San Pablo: Casa Publicadora Brasileira, 2011.

Himnos y cánticos espirituales. Florida, Buenos Aires: Casa Editora Unión Sudamericana, [1916].

Index of Proceedings of the Seventh-day Adventist Foreign Mission Board, March 16, 1897 to January 6, 1899, and of the Board of Trustees of the Foreign Mission Board of Seventh-day Adventists, February 13, 1899 to February 21-1901. Disponible en http://documents.adventistarchives.org/Minutes/FMBM/FMBM18970316.pdf, Internet (consultada el 8 de septiembre de 2017).

La Revista Adventista. Desde 1900 a 1931.

Lacoste, Pablo. *El Ferrocarril Trasandino* (Santiago, Chile: Editorial IDEA, 2013), 181, disponible en https://dlc.dlib.indiana.edu/dlc/bitstream/handle/10535/9703/El%20FFRR%20Trasandino.pdf?sequence=1&isAllowed=y; Internet (consultada el 11 de noviembre de 2017).

"Lesson 12- A Survey of the Rise and Progress of the Last Gospel Message. June 21, 1924", véase "South America", en *Sabbath School Lesson Quarterly*/116 (April, 1924): 35. Disponible en http://documents.adventistarchives.org/SSQ/SS19240401-02.pdf, Internet (consultada el 8 de septiembre de 2017).

Nonis, Christian. "Embarcaciones Históricas", *Perú Titicaca.* Disponible en http://www.titicaca peru.com/?c=pagina&m=ver&p=titicaca/embarcaciones&idioma=es; Internet (consultada el 12 de diciembre de 2017).

Olmedo, Juan Carlos. "La Voz ya es Historia". *La Voz*, 1972, 11.

Olsen, M. Ellsworth. *A History of the Origin and Progress of Seventh-Day Adventists*, 2.ª ed. Takoma Park, Washington, D. C.: Review and Herald Publishing Association, 1926.

Review and Herald. Desde 1890-1955. Disponible en http://documents.adventistarchives.org/Periodicals/RH/

Schifferli Coloma, Patricia. *Nuestras raíces suizas*, auspiciado por la embajada de Suiza. Temuco, Chile: Imprenta Austral, 2007. Disponible en http://www.memoriachilena.cl/archivos2/pdfs/MC0052245.pdf; Internet (consultada el 19 de mayo de 2018).

Señales de los tiempos. Desde 1899-1903.

Seventh-day Adventist Year Book. Disponible en http://documents.adventistarchives.org/Yearbooks/

South American Bulletin. Disponible en http://documents. adventistarchives.org/Periodicals/SAB/

Stahl, Fernando A. *En el país de los incas.* Florida, Buenos Aires: Casa Editora Sudamericana, 192[?].

The General Conference Bulletin. Disponible en http:// documents.adventistarchives.org/Periodicals/ GCSessionBulletins/.

Thomann, A. E. "Eduardo Thomann and the SDA Publishing Work" (manuscrito no publicado. Copia en archivo del Centro de Investigación White, Universidad Adventista del Plata, Libertador San Martín, Entre Ríos, Argentina).

Thomann, Elizabeth y Donaldo. "Eduardo Thomann". Documento inédito.

Thomann, E. W. "The Dawn of Religious Liberty in Bolivia". *Liberty* IV/3 (Third Quarter, 1909): 37-38. Disponible en http://documents.adventistarchives. org/Periodicals/LibM/LibM19090701-V04-03.pdf. Internet (consultada el 7 de septiembre de 2017).

Westphal, Francisco. *Hasta el fin del mundo.* Libertador San Martín, Entre Ríos: Universidad Adventista del Plata, 2017.

Westphal, J. W. "Sabbath, October 21, Items from the History of the Work in the Inca Union–No. 1". *Missions Quarterly* 11/4 (Fourth Quarter, 1922): 8.

Whitefield Spalding, Arthur. *Christ's Last Legion.* Washington, D.C.: Review and Herald Publishing Association, 1949.

Whitefield Spalding, Arthur. *Origin and History of Seventh-day Adventists.* Washington, D.C.: Review and Herald Publishing Association, 1962.

FORTALEZA
EDICIONES
librosfortaleza@gmail.com

Made in the USA
Middletown, DE
12 September 2022

10367807R00179